晚清遺事

高伯雨等——原著
蔡登山——主編

《晚清遺事》（正、續編）編輯前言

蔡登山

早在十多年前當時筆者常在中研院圖書館找資料，屢屢翻閱諸多港台老舊文史雜誌，見到有好的文章就隨手影印下來，時日既久，累積文章之多，可謂盈千累萬，但苦無時間整理。直至二〇一四年間，見堆積之文章已氾濫成災，乃費時分類整理出一部份，將之編輯成書，分別有《袁世凱的開場與收場》、《北洋軍閥：雄霸一方》、《北洋軍閥：潰敗滅亡》、《太陽旗下的傀儡：滿洲國、華北政權與川島芳子秘話》諸書之出版，然而這僅是我蒐集的這些資料的一小部分而已，但礙於沒時間整理，其餘也就繼續擱著。這兩年適逢疫情肆虐及中研院近史所圖書館外觀在整修，院外人士無法入內，於是我就利用這段時間把這舊有的資料再整理一下，將陸續編出《晚清遺事》（正、續編）、《民初珍史》、《抗戰紀聞》諸書。

這些文章幾乎都是香港雜誌居多，他們當時十之八九都用的是筆名（甚至臨時隨意採用一個名字），因此真實姓名就很難查考，雖是如此，但其所寫的文章卻都是親歷親聞，有根有據的，這批執筆者學問都很好，或為遺老或因政治原因寓居香江，他們之前都曾任要職，如「花寫影」者，從文章得知是位將領級的人物，但其詩詞古文的造詣又極高，可惜真實姓名無從查考。其他的諸多作者情況亦然。而用真實姓名的如費子彬，其祖籍江蘇武進的孟河，他的遠祖費宏，在明世宗朝官居首輔，因鑑於宦海多故，勉子孫勿再從政，開始以醫為業。計自明中葉以迄有清一代，孟河費氏之醫學，代有傳人，亘數百年之久而盛譽不衰。清代著名文人如俞樾、翁同龢、李慈銘等人的著作，都有關於孟河費氏醫藥之記載。尤以從不輕許人的李慈銘，在其《越縵堂日記》中推崇孟河費伯雄為「當代第一名醫」。費伯雄有獨子費畹滋，通六藝，精書畫，著有《舌鑑》、《群方警要》二書，皆為醫學名著。畹滋有三子，其中老三費惠甫，就是費子彬的父親。費子彬儘管家學淵源，但他並不急於繼承醫道。在他裘馬少年時代即遠走京華，公卿笑傲，極得段祺瑞之器重。燕都本為人文薈萃之區，他所結交的又都屬當代碩彥，側帽歌場，寄情詩酒，又誰知他從政之外，還懷有濟世活人之絕學？到了一九二六年秋，他南旋上海，在靜安寺路鳴玉坊，創設孟河費氏醫院。當時求者紛沓，有醫門如市之盛。其所以如此，不但是由於三百多年的名醫世家，還在於費子彬對於治症有獨擅的心得，所謂「輕藥治重症」，這是中醫最難達到的造詣，譬之太極拳術之「四兩撥千金」，寥寥幾味草藥，卻讓您藥到病除，不費吹灰之力。一九四九年春，費子彬由上海南下，懸壺濟世於香江數十年。費子彬於龔定盦詩集研讀甚精，掩卷背誦，無所掣肘，故其於診務之餘，遺興寄情，每就龔句剪裁，綴集渾融，天衣無縫，曾寫有《古玉虹樓集龔定厂詩》。至於宋訓倫字馨菴，號心冷，原籍浙江吳興，生於福州，移居上海，幼承家學，身受古典庭訓，一九三二年畢業於國立中央大學，先後供職於浙江地方銀行、上海中國銀行總行、香港郵政儲金匯業局等，一九四九年後，離滬寓港，服務於香港航運巨擘經營之輪船公司三十餘年，後寓泰國曼谷。他賦詩填詞以寄託情興，文辭燦燦而有勝趣，曾匯集詞作與論詞相關文稿成《聲菴詞稿》一書。而劉豁公，安徽桐城人。近代戲劇理論家。在上海主要從事戲曲創作和理論研究，與京劇理論家馮小隱、姚哀民、楊塵因等編輯《鞠部叢刊》，發表了不少關於京劇名伶的評價文章。出版《京劇考證二百齣》、《戲學大全》、《梅郎集暨新曲本》，還親自創作戲劇，編輯、撰寫通俗小說，又主編《戲劇月刊》，奠定了他在戲劇評論界的重要地位。策劃和運作了「四大名旦」的選舉，所出《梅蘭芳》、《尚小雲》、《程硯秋》、《荀慧生・言菊朋》、《譚鑫培》、《楊小樓》六個專號，為後來研究中國近代戲曲史，提供了珍貴的史料。一九四九年以後來臺，除在雜誌報刊發表文章外，亦主編《戲劇叢談》不定期刊物。近日我蒐集他來台後的文章，有《劉豁公文存》一書出版。

而書中的「林熙」、「竹坡」、「洛生」、「高伯雨」、「楊竹樓」都是高伯雨的筆名，其中「楊竹樓」之筆名，我透過香港著名的收藏家和掌故家許禮平先生詢問其女兒高季子女士說不知他父親有此筆名，但我根據其文章內容，行文風格，引用文獻，判斷還是他，其中的鐵證是楊竹樓在〈記辜鴻銘這個怪人〉中有寫到「這個王某畢業後，在貝滿女子中學教物理，有一個時期，他住北辰宮寄宿舍，和我的房間相對，我一見到他，就想起辜鴻銘的影響之大。」而高伯雨曾以「林熙」的筆名寫有〈我和北平的北辰宮公寓〉（發表於一九八〇年十一月一日出版的《大成》雜誌）時間上是在一九三四年，是完全吻合的。高伯雨原名秉蔭，又名貞白，筆名有超過二十五個之多，是著名的掌故大家。在港期間，高伯雨編過晚報副刊，為報紙寫過稿，也開過畫展（因他曾隨溥心畬習畫，從楊千里習篆刻），更辦過文史刊物《大華》雜誌。但終其一生，可說寫稿為生，一寫就是五十多年，他曾自嘲為「稿匠」。據保守估計他一生所寫文字當有千萬字之多。然而令人遺憾的是，如此龐大的著作，最後結集出版的只有以「聽雨樓」命名的文集五種（一九九八年遼寧教育出版社出版的《聽雨樓隨筆》，還在高氏去世之後），及以秦仲龢為名翻譯的《紫禁城的黃昏》和《英使謁見乾隆紀實》。其他還有幾種雜著，如《乾隆慈禧陵墓被盜記》、《中國歷史文物趣談》、《春風廬聯話》、《歐美文壇逸話》等，但都是㦮㦮小冊。直至二〇一二年香港牛津出版社整理出版高氏著作十巨冊《聽雨樓隨筆》，其中多冊是首次結集出版。有的是在《大華》雜誌的、有的是在《信報》的專欄，都屬於較短小精幹的文章。二〇一六年許禮平撰寫《掌故家高貞白》一書出版（香港牛津出版社）。

《晚清遺事》內容極為豐富，可謂琳瑯滿目，美不勝收，而由於篇幅過大，因此分為正、續編出版。書中提及的人物有龔定盦、袁子才、王湘綺、曾國藩、左宗棠、李鴻章、張之洞、張謇、載灃、端方、夏壽田、羅振玉、哈同、曾紀芬、陳三立、譚嗣同、吳保初、丁惠康、辜鴻銘、胡雪巖、袁世凱、張佩綸、彭玉麟、翁同龢、瞿鴻禨、李文田、寶竹坡、吳樾、楊崇伊、咸豐皇帝、慶親王、康有為、徐世昌、清道人、盛宣懷、冒鶴亭、溥心畬、溥雪齋、溥傑、嵯峨浩等等。涵蓋的範圍非常廣，有皇帝王公大臣、疆吏大員、名士才子、財閥譏臣、富商烈士、王孫畫家等等不一而足。而如曾國藩、左宗棠、李鴻章、張之洞、張謇、辜鴻銘、王緗綺、溥心畬等人更同時有多篇文章來描述他們，從不同的角度切入，讓你能做一更全面的觀照。

相傳晚清咸（豐）同（治）中興諸賢，有撰聯語，或單句，或錄古人格言，懸諸座右，以作警惕自勉習慣；此習慣起於陶澍、林則徐等督兩江時，而盛於文正（曾國藩）時代。花寫影在〈晚清中興名賢聯話〉中提及清同治年間，欽差大臣沈葆楨來台籌辦防務，上疏朝廷，為鄭成功追謚建祠，列入祀典。將開山王廟擴建成「明延平郡王祠」。沈葆楨親撰聯曰：

開萬古得未曾有之奇，洪荒留此山川，作遺民世界；
極一生無可如何之遇，缺憾還諸天地，是刱格完人。

有「同治甲戌冬月穀旦，巡臺使者沈葆楨敬書」字樣。此聯寫出鄭成功當年之處境，最為貼切，讓其餘諸聯為之失色！沈葆楨是林則徐的乘龍快婿，其才識學力，實不在張之洞、李鴻章之下，為船政大臣，連膺疆寄。花寫影寫〈曾國藩薄皇帝而不為〉談到諸將領都想擁曾國藩而自立為王，但沒想到曾國藩卻光風霽月，朗朗乾坤，「不為」就是「不為」，決不是可為不可為，更不是敢不敢為，或能不能為，而是壓根兒不想為。於是他提筆寫下：

倚天照海花無數；
流水高山心自知。

我們更冥想當文正為此聯時，其浩氣流轉，襟懷磊落之概，已穆然躍於紙上！而其對諸將手寫此聯時之手揮目送，無人無我意態，所謂高也明也！悠也久也！感人之深也！而林斌寫〈談談曾國藩的私生活〉其中有談到曾國藩善於觀人，曾國藩有他一套的說法：「邪正看眼鼻」「真假看嘴唇」，「功名看器宇」，「事業看精神」，「壽夭看指爪」，「風波看跟腳」，「若要看條理，盡在語言中」。一日李鴻章令淮勇中三位將領往見國藩，次日李往問究竟，曾氏對李說：「昨天臉上有麻子那一位，將來功名事業，恐不有你我之下；那個子高高的也很好；至於那位身材短小的，前途有限，將來頂多做一個道員罷了。」李問曾氏何以見得？國藩說：「他們三人來時，我叫他們在我大廳閣子外面階臺上站著，始終沒有正式見面，沒同他們說一句話，大約快有兩個時辰，我就叫他們走了。在這中間，那位痲子認為我不傳見他們，叫他們站立許久，是一種恥辱，因此面紅耳赤，大有攘袖揎拳、要打人之勢，可見他有大丈夫威武不能屈的氣概。那位高個子，在這很長的時間中，始終彬彬有禮，毫無倦容的站著，表示此人沉毅有為，亦是絕好的人才。你知道，我大廳內，有一個穿衣鏡，我這一兩個時辰中間，在廳內兩頭走動，無論我面對他們，或背對著他們，所有他們一舉一動，我都看得十分清楚。當我面對他們的時候，那個矮個子恭恭敬敬的站好；我背過去，他就隨便懈怠下來，有時還向那兩位嬉笑，這種人，實在沒有多大出息。」。而所謂有痲子的，是劉銘傳，大個子是張樹聲。矮小的一位，是吳××。後來他們的成就正如曾國藩所料者也。

高伯雨（竹坡）的〈閒來無事話狀元〉談到說起狀元之矜貴，真是世上無雙，較諸今日鍍金的洋博士要名貴千百倍。三年出一個狀元，已經難得了，何況這名狀元又是從全國那幾十萬個讀書人中考出來的一個第一名。舊時代的女子以嫁得狀元郎為榮，故此舊小說、戲曲、彈詞等，都是小生落難、小姐後花園贈金、高中狀元後奉旨完婚那一套。試問博士有否乎？而他以林熙筆名寫的〈中國第一位實業家：張謇中狀元記〉及費子彬的〈南通狀元張謇外史〉，澤蒼的〈從張謇跪接西太后說起〉到鈞天的〈張季直在開國前後的重要事蹟〉這幾篇都在寫張謇，也就是張季直，他是晚清狀元，是南通著名的實業家。在南通隨處可見張謇所創之事業，如公園、博物院、天文臺、圖書館、通州師範、女工傳習所。後人常盛讚張季直：「當清民交替之際，國人談教育，談實業，談自治者，必首舉南通，事雖發動於一隅，而影響及於全國。」

聞愚的〈李鴻章對待洋人有一套手法〉和思遙的〈李鴻章出使瑣事〉都在寫李鴻章與外國人打交道的情況。李鴻章是清代咸同中興名臣之一，其後更迭主外交事務，成為中外知名的人物。當時李氏譽滿天下，謗亦隨之。譽之者稱他忍辱負重，老成謀國；毀之者罵他媚外辱國，甚至加以「漢奸」的頭銜。而李鴻章遺疏有無保薦袁世凱，曾引起過爭論。高山流的文章說他閱過全文，其中並無保薦任何人繼任直督的話，這是事實。由此，可證流傳或不足信。袁世凱以戊戌告密，簾眷至隆，拳亂保障一方，又頗博時譽，兼有榮祿在內奧援，復得洋人之推重，擢督畿輔，固不必恃文忠之保薦也。但花寫影的文章則有不同的看法，他說徐世昌曾告訴他當時于式枚（晦若）曾用「附片」代合肥（李鴻章）草疏薦袁，有「環顧宇內人才，無出世凱右者！」。袁世凱有致于晦若函云：「……此雖出節相之口授，實亦由足下之玉成，弟當詔示子孫，永銘大德！茲隨函奉上骨董八件（另附一單於函末），戔戔之物，聊表謝忱……」看了袁氏此函，則合肥臨逝前，有薦袁一疏，殆為事實。

鈞天的〈左宗棠與胡光墉一段深厚關係〉和鐘起鳳的〈晚清江浙活財神胡雪巖興衰史〉談的就是「紅頂商人」胡雪巖（光墉）的故事。胡雪巖為清末之江浙巨富，長袖善舞，曾有「活財神」之稱。左宗棠征新疆時，他在滬杭專責為左氏料理軍餉武器的採辦轉運諸務，並經常借墊巨款，供前方支付軍餉，為當時左氏最得力的助手。胡雪巖以金融業和國際貿易崛起，涉身龐大的政商勾結系統，他前後和王有齡、蔣益澧、左宗棠等疆吏權臣互相利用，不斷提升層次。做為他政治靠山的疆吏權位愈高，他的事業和信用也水漲船高、急速擴張。他龐大的關係企業建立在政商一體兩面的信用擴張上，他的金錢王國也潰敗於斯。小說家高陽曾寫過胡雪巖系列小說六冊：包括《胡雪巖》（上）（中）（下）、《紅頂商人》、《燈火樓臺》（上）（下）轟動一時，而其取材卻是在此真實的史料中。

高伯雨還有一篇談及〈曾國藩的幼女崇德老人〉這和同為掌故大家的徐一士的〈讀崇德老人紀念冊〉有異曲同工之巧合，似乎這本《崇德老人自訂年譜》成了掌故家必讀的書。崇德老人其實就是曾國藩的幼女曾紀芬，書中記載了曾紀芬後來嫁給了聶緝槼（仲芳），因此該年譜可視為聶家與曾家整個家族史，甚為好看，也是難得一見的豐富珍貴史料，是研究掌故者的瑰寶。其中談到曾紀澤的日記中對聶仲芳負面的評語，左宗棠認為「日記云云，是劼剛一時失檢，未可據為定評」。但關於曾紀澤光緒四年九月十五日的這段日記，據高伯雨說僅見於最早的《曾侯日記》（光緒七年秋申報館仿聚珍版排印，尊聞閣主人編），而後來的《曾惠敏公日記》，（見《曾惠敏公遺集》，光緒十九年江南製造總局刊印），及曾紀澤的孫子曾約農在臺灣影印的《曾惠敏公手寫日記》，（見吳相湘主編之《中國史學叢書》第十三輯，臺灣學生書局一九六五年據手稿影印出版。）均找不到此段記載。高伯雨認為「曾紀澤一定後來因妹夫已漸『生性』，而且也出來替皇上辦事了，不好留下這些話給子孫，傷了兩家的感情，於是把這天的日記重寫，不留一些塗抹之跡。」由此可見日記也可以刪改的，例如《翁同龢日記》手稿本也有過挖補的痕跡。另外曾紀芬記錄光緒八年時任兩江總督的左宗棠約她見面的情形。原來十年前，擔任兩江總督之任的正是曾國藩，那時候曾紀芬尚待字閨中，隨父母一同住在這座府邸裡。曾紀芬說：「別此地正十年，撫今追昔，百感交集，故其後文襄雖屢次詢及，余終不願往」。左宗棠知悉其意後，特意打開總督府的正門，派人把曾紀芬請進去。曾紀芬在其《自訂年譜》中云：「肩輿直至三堂，下輿相見禮畢，文襄謂余曰：『文正是壬申生耶？』余曰：『辛未也。』文襄曰：『然則長吾一歲，宜以叔父視吾矣。』因令余周視署中，重尋十年前臥起之室，余敬諾之。」左宗棠與曾紀芬這段對話，非常精妙。曾國藩長左宗棠一歲，左宗棠固久知之，此處顯然是故意說錯曾國藩的生年，然後借機搭話，向曾紀芬表達關照的意願，做得自然而然、不露痕跡。然後左宗棠很暖心地陪著曾紀芬找到了當年她曾經住過的起居之室。可以想像當時曾紀芬的內心，會是何等的溫暖。都說官場人情淡薄，而左宗棠卻在曾國藩故去多年之後，把他心底最溫情的父輩之情給了曾紀芬。後來曾國荃到南京時，曾紀芬還回憶道：「嗣後忠襄公（按：曾國荃）至寧，文襄語及之曰：『滿小姐已認吾家為其外家矣。』湘俗謂小者曰滿，故以稱余也。」——也就是說，左宗棠認為自己家就是曾國藩小女曾紀芬的娘家了。

以上僅能鼎爐一嚐，書不盡意。非常感謝這些精彩的作者群，雖然十之八九不知真實姓名，或有的知道但也聯繫不上後人，在此僅能致上萬分謝忱。感謝許禮平兄幫我聯繫上香港的高伯雨女兒高季子女士，蒙其應允收錄其父親的幾篇文章，以光篇幅。而在台北的著名建築設計師宋緒康兄也答應我收錄其父親宋訓倫的文章，並贈送我其父的著作《聲菴詞稿》一書，該書在宋訓倫生前就已出版，當時還請翻譯《紅樓夢》的英國著名漢學家閔福德（John Minford）譯成英文，中英並存。更難得是附有錄音，把詞真正地唱出來，別開詞壇的新境界。這些都是值得我再三感謝的，附記於此，以誌莫忘。

目次

三位風流才子的怪行趣聞——從龔定盦、袁子才到王湘綺

志彬

從清道光朝起直至民國肇造為止，先後二百餘年間，若論風流才子，當以本文所記的龔、袁、王三位為最突出。他們好賭、好色、好名，各有其玩世不恭、狂放不羈的特色；因為他們是才子，所以種種怪行趣聞，也就變成了後人筆下的佳話！

龔定盦：狂放不羈

龔自珍，仁和人，字蘧人，號定盦，清道光進士。其學出入於九經七緯諸子百家，而自成一家之言。為文幽渺深邃，詩亦奇境獨闢，以奇才名天下。惜其不能作館閣體小楷書，以是不能入翰苑。龔氏既狂放不羈，且好罵人及賭博，生平所得金皆隨手散盡，京師人士以怪物目之。道光己丑會試，龔氏卷落王中承（植）房，閱頭場第三篇，以為怪，笑不可遏。隔房溫平叔侍郎聞之，索閱其卷，曰：「此浙江龔定盦也。性喜罵，如不薦，罵必甚，不如薦之。」王植不欲開罪於怪人，果

然薦而得雋。揭曉之日，人問其房師為誰？龔大叫曰：「實稀奇，乃無名小卒王植也。」王後聞之怨漚曰：「依汝言薦矣，中矣，仍不免被龔所罵，奈何！」

定盦以不善館閣體書不能入翰林，改官部曹，大恨。除作「干祿新書」以譏刺執政外，則凡其女、其媳、其妾、其寵婢，悉令學館閣體書，其夫人頡雲女史更有書名。有言及某翰林者，龔必哂曰：「今日之翰林猶足道耶！我家婦人無一不可入翰林。」以其工書法也。

龔為某部主事，其叔方為尚書。一日龔往謁，甫就坐，忽閽人報有小門生求見，其人固新入翰林者。龔乃避入側室中，聞尚書問其人以近作何事，其人以寫白摺對。尚書稱善，且告之曰：「凡考卷字跡宜端秀，墨跡宜濃厚，點畫宜平正，則考時未有不入彀者。」其人方唯唯聽命，龔忽自側室出，鼓掌曰：「翰林學問原來如是！」其人惶遽去，尚書大怒訶之，由是叔姪之間廢往還。

定盦交遊最雜，舉凡宗室貴人、山僧名士、緇流儈儈、閨秀優倡、市井博徒等無不往來。出門則日夜不歸，到寓則賓朋滿座。揮金如土，囊罄又向人告貸。因此，徐星伯先生曾錫以渾號為「無事忙」。

定盦嘗寓仁和魁星閣下，閣之上層供魁星，中層供孔子，下層住客。定盦一日書一聯於柱曰：

告東魯聖人，有鰥在下；
聞西方佛說，非法出精。

見者無不捧腹。又定盦恒自稱龔老定，其友許印林（山東日照人）笑曰：「河南人以小官為賣尻，我山東人以為賣定（按：定指臀部也），老定之稱殊屬不雅。」闔座大笑，龔氏從此不復稱老定矣。

定盦生平最嗜賭，尤愛壓寶（即番攤），自謂能以數學占盧雉盈虛之來復。其蚊帳頂上滿畫一二三四等字數，蓋皆攤纜攤路之數也。無事輒臥於牀，仰觀帳頂以研究其消長之機，每自鳴其賭學之精。

一日揚州某鹽商家大開宴會，名士巨賈輩畢集，乃於屋後花圃中作樗蒲戲。有王君者是日適後至，見定盦獨自一人拂水弄花，昂首觀行雲，有蕭然出塵之概。

王趨語云：「想君厭繁囂，乃獨留此，君真雅人深致哉！」

龔笑曰：「陶靖節種菊看花，豈其本意！特無可奈何，始放情於山水，以寄其滿懷之憂鬱耳。故其所作詩文愈曠達，實為愈不能忘情於世事之微，亦猶余今日之拂水弄花，無以異也！」語次復云：「今日攤路吾本計算無訛，適以資罄，遂使英雄無用武之地，惜世間無豪傑之士能假我以金錢耳！」王君本傾慕其文名者，乃解囊贈之。偕入局，每戰輒北。不三五回合，所借之資已全數烏有。定盦怒甚，遂狂步出門以去。

定盦既自負其精於博，有詢之何以屢負而傾其家貲？定盦蹙然曰：「有人才抱馬班，學通鄭孔，入場不中，其魁星不照也。如予之精於博，其如財神不照應何！」

袁子才：一生好色

袁枚，字子才，年少登科，壯歲歸隱，享盡園林之趣；抑極聲色之娛。桃李滿墻，遞及巾幗；姬妾盈庭，數逾金釵。年四旬，姬妾已十餘，猶是到處尋春，思得佳麗。年已六旬，其鍾姬始生子，自云六十衰翁，學為人父。而看花之興，至老不倦。年登七旬，尚復清狂不已。

乾隆六十年，袁年八十，三月初二日，其生辰也。袁避壽吳中，並送二公子就婚故里，以桃熟之年，賦桃夭之句，暮年得子，尚及見佳兒佳婦，「老尚風流是壽徵」非虛語也。世人多以此七字為袁句，其實不然，蓋乃何士顒之句也。據《隨園詩話》載：「人謀事久而未得，則意轉淡，何士顒秀才感懷云：『身非無用貧偏暇，事到難圖念轉平。』真悟後語也。其他如『貧猶買笑為身累，老尚多情或壽徵。』『書因補讀隨時展，詩為留刪盡數抄。』不愧風人之旨。歿後余聞信飛遣人到其家，搜取詩稿三百餘首，為付梓行世，板藏隨園」云。

袁老風流，恆不避形迹，其所畫《隨園雅集圖》，垂三十年，當時名流題詠殆盡，獨少閨秀一門。畢秋帆中丞篷室周月尊，字漪香，工吟詠，袁知其在蘇州，逕自修札，索之題詩，乃甫封寄，而漪香書來，索題《採芝圖》，不謀而合，業已奇矣；袁臨《採芝圖》副本藏之隨園，後始告知漪香。詎漪香同時亦臨《隨園雅集圖》存之深閨，尤更巧合。畢秋帆中丞遂命漪香師事之，袁亦以次子阿遲，寄名漪香膝下為乾兒，作通家之好。後漪香在陝西，以火鼠袍統，種穀羊帽簷，玉桃帶扣，遠道寄贈乾兒，袁竟匿而不報，留作自用；既而為鍾姬所知，不懌。袁於是陰命匠人仿造贗鼎與之阿遲，自匿原物。出則用之，歸則藏之，足見袁對美人贈物之珍親，其風趣如此。

席佩蘭字韻芬，嫁常熟孫子瀟，固袁得意女弟子也。袁刻有《女弟子詩選》，以佩蘭居首，佩蘭有詩呈袁曰：

一篇新刻玉台成，入手先驚見姓名。
餘力尚能傳弟子，長留竟許託先生。
得攀驥尾原知福，直冠蛾眉卻過情。
恰似春風吹小草，青青翻獲領群英。

袁子才嘗贈佩蘭香囊唾壺，舊日男女鮮相投贈，所以避嫌；蓋夙昔婦女，每置精巧小唾壺於床上被架，以盛香津者。袁可謂不拘小節。席佩蘭亦脫略，復函謝曰：

春風入座，小草生香。偶呈彤管之章，深荷色絲之譽。正擬金釵換酒，代夫婿以相留；何期彩鶴乘潮，載先生而竟去。瞻依未遂，悵望奚勝？乃蒙仙史重來，瑤珍遠貺。飛蓬陋影，得邀橘島之題；落絮微吟，屢入玉台之選。如聞謦賞，示以唾壺；應與薰蒸，加之蘇合。從此心香一瓣，祇在隨園；還期珠玉九天，分來茅屋。恭修短簡，用布微忱。報稱為難，何處結三生之草？感恩有自，終當綉五色之絲。

說者謂周漪香贈袁之次子衣物，袁匿而私之，美人之貺，視同拱璧，諸如此類，或疑為老年人之一種心理變態也。

袁子才一生好色，嘗曰：「惜玉憐香而不心動者，聖也；惜玉憐香而心動者，人也；不知玉不知香者，禽獸也。人非聖人，安有見色而不動者？人之異於禽獸也。世之講理學者，動以好色為戒，則講理學者，豈即能為聖人耶？偽飾而作欺人語，殆自媿於禽獸耳。世無柳下惠，雖是坐懷不亂？然柳下惠但曰不亂也，非曰不好也。男女相悅，大欲所存。天地生物之心，本來如是。蘆杞家無妾媵，卒為小人；謝安挾妓東山，卒為君子。好色不關人品，何必故自諱言哉！」

子才戀花不倦，自廿九歲時，陶姬來歸，為納寵之權輿；迄年近古稀，猶以尋春為事，吳七姑其婪尾也。姬妾不止十二金釵，而以最初之陶姬，與最末之七姑，尤為子才所寵愛。陶姬亳州人，來歸時年僅十四，工棋善繡，通文翰，能為詩，得子才之指導，所學尤精，花晨月夕，閨中唱和甚多，年才廿五歲，遽爾病亡。彩霞易散，子才悼痛不已，云女子有才致為造物所忌，故後娶諸姬，遂不在才而轉求其貌，是以粉黛成行，無有能解吟詠。此後芸芸眾姬中，如蘇州方聰娘、蘇州金姬、白下金姬、蘇州張姬、陸姬、鍾姬，雖為子才所嬖，然俱不及亳州陶姬也。

距陶姬死後三十一年，子才又納一寵陶氏，秦淮人，未及一年亦香銷玉殞。據傳：先是子才尋春儀徵，泊舟燕子磯，夢裘文達攜一麗人來，言為水府龍十三王女侍桃兒，謹以為贈，請留之。語畢裘翩然而去，麗人含顰默坐床上，子才蘧然醒，時為四月十五夜。越十數年，納秦淮舟人陶姓女為妾，年方破瓜，四月十五生也。陶姬豈真水龍王侍兒轉世耶？陶與桃音又相似，若有夙緣。陶姬聰慧，因前有亳州陶姬，故稱為小陶姬，孰料歸來踰年即逝。

子才暮年，乃尋春不倦，閱歷花叢，了無當意，獨屬意吳七姑。七姑年華二八，豐容盛鬋，通書史，自命甚高，後為謝未堂司寇以八百金買定，而未迎歸；及知子才先已垂青，乃命人送歸隨園。子才喜出望外，作表為謝，謂東山太傅，其度量非人所及。七姑寵擅專房，子才所謂「以蘭蕙之新姿，娱桑榆之晚景」是也。不料恨月難圓，七姑竟先子才而死。溯七姑乾隆四十七年壬寅七月來歸，年十七；乾隆五十一年丙午九月二十一日病亡，年二十一。時子才自顧年衰，頓失所歡，老懷感慨至深，再無力作非非之想矣！

王湘綺：不離周嫣

湘潭王闓運，字壬秋，自領鄉薦，屢試不中進士，遂絕意科名。迨其晚歲，承旨特賜進士出身，授翰林院檢討。清初如秀水朱彝尊、蕭山毛奇齡、長洲尤侗輩，均以文學負盛名；而皆召試鴻博，經簡拔後始入翰林。尚不若王氏之特開創例，可謂極文士之榮也。嘗於所居築室藏書，自署「湘綺樓主」。學者尊之，皆稱王湘綺而不名。

湘綺中歲尚有功名之念，嘗自言於風雪中入都，行過齊河道上，大雪三尺，人馬瑟縮如蝟。嘆曰：「安能以有涯之生，應無涯之役耶？即日驅車返里也」云云。

先是湘綺於咸豐十年應會試，大學士周培祖時為正總裁官。第二場試經義、禮記題為「萍始生解」。制限須在三百字外，湘綺謂數十字即可盡，遂改作賦一篇，此時已視科名如戲。蓋闈中文有定式，違制則必被黜落也。湘綺樓文集中尚存此篇，題為「會試萍始生賦」。起句有「有一佳人之當春兮，蘊遙心於層瀾；澹融融不自持兮，又東風之無端；何浮萍之娟娟兮，寫明漪而帶寒；隱文藻與冰苔兮，若攬秀之可餐」等語。其事其文，盛傳於時。

曾文正國藩在江南大營時，湘綺數往干之。一日謁見，於時事有所獻納。方申言其意，睹文正據案傾聽，且取筆在紙上連書不已。辭未畢，外有白事者，文正匆匆起出。湘綺就案頭窺之，則文正適所書皆「謬」字也（按：是次傳湘綺曾面勸曾國藩自立為王，與清廷及太平天國三分天下）。自是遂不復言事。

曾國藩善為輓詞，有某同年之太夫人歿，文正撰聯得「十年五子四登科」。沉思對語未就，適湘綺至，倩其屬對。乃應聲曰：「萬里孤雲一回首」。蓋母歿時諸子皆官遠地，語意切合，文正甚賞之。

湘綺為文，自言凡為人傳記，須從其不得意處寫之，乃能曲存心事，極唱嘆之致；其門生弟子皆傳以為作文之法。觀其所撰胡文忠林翼祠碑，及彭剛直玉麟墓志銘，悉本此意。如撰胡林翼詞碑有云：「始踐其位，江漢淪鋪。而以一旅之眾，迫蹙數里之地，僚屬人吏莫在左右，崎嶇危疑旁求自輔。數敗而志不隕，機鈍而智彌淬。屈心忍尤，用宏茲賁！」

又撰彭玉麟墓銘云：「常患咯血，乃維縱酒。孤行畸意，寓之詩畫。客或過其扁舟，窺其虛榻；蕭寥獨旦，終身羈旅而已。不知者羨其厚福，其知者傷其薄命。」

除傳記墓銘外，湘綺為聯亦然。如輓曾文正云：

平生以霍子孟張叔大自期，異代不同功，戡定僅得方面略；
經術在紀河間阮儀徵以上，致身何太早，龍蛇遺憾禮堂書。

又輓彭公聯云：

詩酒自名家，更勳業爛然，長增畫苑梅花價；
樓船欲橫海，嘆英雄老矣，忍說江南血戰師。

湘綺才辯捷給，極善詼諧。友人高心夔字伯足，以翰林甚負才名。兩應大考，場中作詩，均以押十三元出韻，而被折置四等。湘綺作二語嘲之云：「平生雙四等，該死十三元。」聞者捧腹。

湘綺得賜翰林，年垂七十，頗以自喜。民國肇造，猶著翰林服式，翎頂貂褂，出赴宴會。曾有一西服少年共座，嘲之曰：「公中華人，何乃著滿人服裝？」

湘綺戲答曰：「我與君各著異族衣冠，姑各行其是，兩不相非可也。」

洪憲竊號，請湘綺入都。將行，諸名士祖餞。湘潭孫蔚林執杯起曰：「公不記齊河道上，大雪三尺時耶！」湘綺笑不答，或謂湘綺生平，屈於此問。

湘綺一生之風流韻事無多傳述，惟晚年對其隨身之女傭周媽則寵信備至，不可須臾離。湘綺在北京與袁世凱周旋時，曾上演一幕「周媽大鬧新華宮」趣劇，當時老袁對之亦無可奈何也。

晚清中興名賢聯話

花寫影

撰聯懸座右以自警勉

相傳晚清咸（豐）同（治）中興諸賢，有撰聯語，或單句，或錄古人格言，懸諸座右，以作警惕自勉習慣；此習慣起於陶澍、林則徐等督兩江時，而盛於文正（曾國藩）時代。聞文正所撰懸之聯語為：

窒慾常念男兒淚；
懲忿當思屬纊時。

憶抗戰初期，陳銘樞、張治中、譚平山、黃少谷等到長沙見訪，睹廳內懸此聯，陳認為語氣太過消極，並謂：「平生最不喜韓退之、曾滌生這一流人。曾的思想，起碼落後五百年！」我聽了，有點忍不住，因笑謂曰：「窒慾，是窒你陳先生之慾！懲忿，是懲你陳先生之忿！除卻慾與忿之外，許你陳先生所做的事太多了，何消極之有？」陳其實最能受盡言，笑納之餘，還作一詩解嘲：

生來義憤動填膺，老去方知客氣乘。
習是成非堪自笑，從茲蕩蕩復兢兢。

大家看了此詩，都驚異一個自命從頂至踵為馬克思主義者的陳銘樞，而能作一百八十度的轉角，向落後五百年之曾滌生低首，則文正此聯，堪以不朽。

江忠源李鴻章所懸聯

江忠源所懸者，聞為錄魏默深源詩：

大江東去月色白；
春意南來天地青。

（魏的原詩，記得稍異，或者江寫錯），江魏同郡，江對魏，一如左宗棠之極端推重。江慷慨好義，文正許為俠義一流人物，後督師規皖，戰死廬州（今合肥），予謚忠烈，其錄魏此詩為座右語，風概可想！

李鴻章所撰懸者為：

受盡天下百官氣；

養就胸中一甌春。

我昔年於津沽藏家獲此聯，傳翁松禪相國睹此，曾譏：「上句，是自討苦吃！下句，並未做到！」吾謂：「上句，儼然百僚長口吻；下句，無論做到與否，如在文正（曾國藩），即令養就到一桶，也不會形諸文字，發此酸氣！此亦即文正與李鴻章分野所在。」

彭玉麟不愧剛直之名

彭玉麟所懸者，為錄范希文所撰嚴先生祠堂記之贊語：

雲山蒼蒼，江水泱泱。

先生之風，山高水長。

彭玉麟耿介無比，清操絕倫，易名「剛直」，洵足當之無愧。錄范贊以自勉，所謂步「窮塞主」後塵，可敬也。彭所寫梅花及手札字幅，寒齋藏逾百件，字幅多行草，豪放而兼嫵媚，惟此贊用楷書，其氣韻之美，腕力之健，請高吟剛直：「十萬貔貅齊奏凱，彭郎奪得小姑回」句，方可彷彿得之。憶剛直薨，湘綺老人挽曰：

詩酒自名家，長增畫苑梅花色；
摟及欲橫海，忍說江南血戰功。

按湘綺於同時代人，少所許可，惟對剛直無間言，觀此聯可見。張香濤（之洞）亦挽曰：

五年前，瘴海同袍，艱危共奠重溟浪；
二千里，長江如鏡，百戰難忘掃蕩人。

則當時有譏為：當雪琴下水，香濤並不在場者。蓋指「共奠重溟浪」五字，為不稱耳。我又記起二十年前，登泰山，猶見剛直有集句聯：

我本楚狂人，五嶽尋山不辭遠；
地猶鄒氏邑，萬方多難此登臨。

此聯貼切工穩，不啻若自其口出，以與其莫愁湖題句來兩相比竝，同為不刊傑構，而長替河山生色。剛直題莫愁胡句云：

王者五百年，湖山具有英雄氣！
春光二三月，鶯花合是美人魂。

左宗棠說大話能做到

左季高（宗棠）所撰懸者，一為自撰聯：

身無半畝，心憂天下；
讀破萬卷，神交古人。

又一聯為其受業師賀蔗農所撰貼者：

開口能談天下事；
讀書深抱古人情。

吾謂左季高一生奧妙處，在好說大話，但說了每能做到。今日宰人之恩，而明日又能想起，殆為一「無定性」漢子。當時人，無不厭而遠之，惟乃師賀蔗農，則始終認定左為不世出之奇才，而為之多方介紹於陶文毅（澍）家為教讀。

郭嵩燾被譏為「洋孟」

郭筠仙（嵩燾）所錄懸者為孟子：

惻隱之心，仁之端也……（一段）

按郭嵩燾，晚年退居湘陰玉池峯下，自號玉池老人，王先謙（編《續古文類類纂》者），曾謂郭之才之學，廓而充之，可以壓倒同時代諸賢。文正初起督師，一切多經其奔走與擘劃；尤其水師之組成，更為其所極力贊襄。惟平生極服孟子學說，有如王介甫上歐陽永叔詩：「他日倘能窺孟子」之概。郭出使歐西諸國，又力稱其有中國三代漢唐之治，而首倡改革與維新，故王湘綺常戲稱郭為「今孟」。左宗棠則詆郭為「洋孟」而不名者以此。亦猶左之自詡「今亮」或「老亮」（按左常自比諸葛亮）。郭下世，王挽聯曰：

悲憫聖人心，孟子最迂闊，公尤最乖崖，若論名實當時笑；
才華翰林霸，同年居要津，而屏居田里，畢竟文章誤我多。

此聯既論郭寢饋迷戀於《孟子》一書，食而不化，又深惡左宗棠之負義。面對老友棺蓋，本來祇宜說好，不宜說壞；但此聯敬意多於譏意，亦算持平之論。郭（嵩燾）於左宗棠下世，挽以：

世須才，才亦須世！
公負我，我不負公。

則因被左嚴劾，攔腰一棒，打得太傷心了，遂不轉彎抹角，直搗核心，謂左真真對不起他！我設想：左如比郭後死，則左之挽郭，如用文言，必曰：

當時悔我彈章誤；
今日哀公下筆難！

如用白話，則祇哭一聲：「筠仙呵！真對不起你呀！」讀者或疑何以要替死人，撰此誄聯？這是有道理的：那文言聯，實是靈感所使，記得左宗棠（季高）晚年致友人函，深悔對郭參劾過甚；而我今日，恰好經過香港跑馬地天主教墳場門口，見石刻一聯：

今夕吾軀歸故土；
他朝君體也相同。

見此妙文，一時靈感拍湊，遂戲仿為之。相傳有人曾批評此妙聯不甚高明，當晚即得一夢，見墳場內全體死者，向他警告：「你祇知道活人活得寫意，全不體會死人死不心甘！此聯代替死人，向活人挑戰，我們擁護！同時，使胡帝胡天、不知死活的活人看了，漫頭一盆冷水，知所警惕！功德無量！何可改作！」那人驚醒，一身冷汗，此不敢過門跑馬。至於那白話誄詞，短短九字，也要天才；以我愚鈍，是想不出的。並且又無靈感助成，祇是效甲骨文專家郭沫若用創造體悼郁達夫：「達夫喲！真對不起你呀！」的句子，改「達夫」為「筠仙」，算是沒有死錯人而已，以向讀者釋疑罷！

駱秉章智如胡量如曾

駱秉章，又是一個服膺孟子者，其所錄懸之語，則為《孟子》裡的：

「我善養吾浩然之氣」（一段）。

這裡面，有一個戲劇性的典故：

駱撫湘時，正值太平軍亂，湖南以一個省之人力、物力、財力，以供應半個中國，其任務之艱鉅繁重可想。駱則垂拱而治，凡百政務，一以委之左宗棠，深信專責，葛劉魚水不啻也。傳駱常會賓客，忽禮砲連響，中門大開，客詫詢何要事？駱徐徐應曰：「殆左師爺拜奏！」客聞，為之愕然！清制，凡拜遞奏章，必由主官親封拜發，今左專擅如此，簡單是下對上來一個「不民主」。在君主專制時代，可真算反了！所以兩湖總督官秀峰密參左時，有欺君罔上一條，即指此事。當時客廳駱答如此，當然引為奇事，而駱殊不為怪不為忤，與客如平常。客殆最富談笑幽默感者，見駱如此雅度，因笑指廳中所懸「養氣」條曰：「中丞養氣工夫真到家！」駱笑曰：「工夫還遠呢，你想，曾滌帥、胡潤帥，猶不能使季高折服，某何人，敢不養氣！」蓋左性倔強傲慢，微駱之休休有容，推心置腹，必早已拆夥。所以有評許駱之量如曾、駱之智如胡者，非過論也。

讀者諸君，如有到湖南省為客或為官，倘人們稱你為「左師爺拜奏」，那便不是十分擁護你，而是說你的不民主，或獨裁，已經到了不可救藥與失望階段。千祈當心這個，免傷和氣。

沈葆楨為林則徐快婿

沈葆楨所錄懸者為王仲淹答楊素問慢一段：

或譖通於素曰：通實慢公，公何敢為？素以問通，通曰：使公可慢，則僕得矣；不可慢，則僕失矣。得失在僕，公何與焉！

按此段問答，記得出於司馬君實所為文中子補傳。沈為林則徐快婿，有謂文忠已深窺乃婿所蘊，特錄寫此問答相規。但細審筆跡，為沈而非林，殆沈複書也。沈初起，與左文襄投分最深，左屢加擢薦，得膺船政大臣，即連膺疆寄。迄左西征，沈漸與李鴻章合，甚至左婉求額定協餉，沈亦拒與，左乃大罵其捧李而忘故交，當時有人謂：「左負盡天下人，僅得一沈幼丹還禮。」吾謂：沈此種做法，實參不透乃丈所針對「慢」之一義。鄭孝胥美其「不帶湘淮惡習來，眼中此老最崔嵬！」又評其「時論年來有短長」。蓋係截作前後段觀也。而嫉之者，謂其葉守廣信府時，由老婆（林則徐女）求援於饒總兵一封書得名，則誠苛論。

文肅才識學力，其實不在張之洞、李鴻章諸人下，其所撰鄭延平（鄭成功）祠聯：

開萬古得未曾有之奇，洪荒留此山川，作遺民世界；
極一生無可如何之遇，缺憾還諸天地，是創格完人。

說者以謂此聯在延平祠廟中，除「凜凜生氣！悠悠蒼天！」一聯外，其餘有不足觀之嘆。即如唐景崧聯：

由秀才封王，為天下讀書人別開生面；
驅異族出境，語中國有志者再鼓雄風。

合則合矣，且對今日之台灣，足資鼓舞！但總不若文肅此聯，為能從體驗中，道出延平當時之處境，亦猶之乎今日之台灣，其所處境地之艱苦，大家明明知道，乃有極少部份人士，故意口催反攻，其意若曰：「在今日情形下，看你敢不敢反攻？你敢反攻，看你又能成功嗎？」要知成功與否，大家有份，且生死相關，如不抓定時機，貿然反攻，將目前台灣僅有的本錢博掉，是不是讓你隔岸觀火？而你又真正感覺稱心？如到那般境地，你感覺不頂稱心，則請細味此聯中「無可如何之遇」六字。望政府虛懷納諫，與大家精誠合作，豈不勝過：「喉頭叫！心頭笑！滿腔忠憤被喊掉！」

俠盜之間四字懸座右

胡潤之（林翼）所撰懸座右者，最為特色，乃用行楷寫徑尺字四個於一小屏曰：

俠盜之間！

下款署「三如行者」。旁註徑寸楷書十六個字曰：「愛才如命！揮金如土！殺人如麻！是謂三如！」

聞文忠此屏，懸於私室，獲見者極鮮，常自笑謂：「此三如，本行者，何曾做到？聊以自娛而已！」蓋當帝王時代，深恐人斷章取義，謂其公然誨盜嗜殺也。

此屏聞名已久，世變相仍，意其不復存天壤間矣！民國二十年冬（一九三一年），軍校同期友益陽汪典稼兄，忽走滬訪余，裹此屏以重錦，珍重相貽。余一啟觀，心為之震！神為之王！口不能出一詞，祇覺腦海中，平時由精神教育所積累而來的一種軍人所應具有的最高敬意，此時應該表露！於是很自然的，作一軍人敬禮，典稼兄亦不期然，隨之而為禮。典稼美豐姿，寡言植立若高柱，赴陣殺敵，則如怒豹、如渴驥，與余誼同手足，契洽苔岑。

從侍餐小事看張治中

記得當時，典稼兄僅囁嚅為告曰：「我家與胡公家為戚鄰，此屏藏吾家已三世，我擬辭軍校現職，投軍殺敵去。我重君，君又酷重此等物，請為我寶此屏，請為我備澆裹貲。」

余曰：「固也，但軍校現職亦重要，殺敵又何分前後方？第一請，請收回；第二請，唯命。」

汪作色言曰：「汝不知，汝如能同張教育長（指張治中、當時長軍校教育）一朝居者，算汝能耐！外間多嗤其呼蔣夫人萬歲為不當！但因校長偶以推奉，亦難深責。所不堪入眼者，獨常留意其侍校長會餐，每舉箸，必伺校長視線他移，始一攫，既如鼠之畏貓，又如貓之伺鼠！此矛盾可難解。君記取吾言，雖小事！可怕也！」

余見其決離現職，因助以貲，璧返此屏！並共持此屏攝一影留念。後吾典稼，果北上殺敵，陣亡於古北口外！今吾不忍忘吾死友之誼之言，而於張，又不幸其言之果中！故附記於此，以當息壤！惟此屏，則常稽首慈雲，願其尚健全留在人間也。

胡林翼之家世與特行

現擬略述文忠（胡林翼）之家世與特行。

文忠籍湖南益陽，父為名翰林，文忠少年，即掇巍科，以貴介公子，為鄰邑安化陶文毅（澍）快婿，父性愛蘭，家蓄名種數百箭，嘗囑文忠護移至任所。文忠性揮灑，興之所至，沿途持贈殆罄，惟留其尤者數箭，抵漢，又以置某名校書妝閣，不恤也。遇貧乏而來告者，更傾囊無少吝，其豪放倜儻，父愛之，過重於責之。旋隨其外舅文毅（陶澍），讀書南京督署，以天姿高絕，一日課，以一晨了之，尚有裕餘。而秦淮畫舫，遂成文忠「夜校」，因以染疾。其夫人（陶澍之女），以愛所天切至，不勃谿於英雄夫婿，而常撒嬌於慈愛椿萱，文毅每從容告乃女曰：「此子功名蓋世，勞苦到頭，亦應讓其盡興三兩年，過此，恐終身無憩息期矣！」

陶澍望女婿勿過努力

一日，文毅忽置酒高會，賓僚畢集，首座獨虛，眾疑或貴賓蒞止。俄而文忠入室，頗有「太原公子，裼裘而來」之概，文毅指以首座，文忠略不謙顧，坐！眾為愕然！文毅意態素嚴肅，酒數巡，忽諧語曰：「望潤之即日離寧，此去，其必有遇，人患子婿之不努力！我獨望潤之，莫過努力！」語畢一笑，眾賓為之歡騰。

文忠雖猝然遇此場合，而飲啖歡笑如常，偶一舉首，見壁上懸有文毅拈花小像，因請留題為別，即對客口占一絕題之：

> 平居未見先生笑，今日拈花喜欲盈。
> 甥館香催桃汎穩，似聞河水已澄清。

蓋文毅持節江南，常登塗山以望淮，登虞山以望海，登雲台山，以覽淮海形勢，所至賦詩紀事，俯仰古今，隱然以一身為江淮保障（此段引李次青所為文毅事略，因手邊無此書，或難免一二字之差）。故此詩既以仰贊乃岳翁，亦以自許，而語意涵渾，落筆雍容，以比其知友左季高（宗棠）之驕矜自賞，及其弟子張香濤（之洞）之沾沾自喜，豈止上下床之別！

有謂此詩第三句「甥館」之「甥」字為「池」字，乃文毅自題者；又謂為林文忠題者，殆皆傳訛耳。余幼時兩過小淹陶氏「印心石屋」，見廳懸文毅像，虬髯山立，岸然一偉丈夫！惜未細察其是是否拈花，及有無兩文忠（胡文忠林翼、林文忠則徐）題句，至今猶悔悵也。

再說文毅（陶澍）見乃婿豪情奔放，詩意雄渾，亦即席集寫一聯以贈：

是何意態雄且傑！
不露文章世已驚！

與宴諸賓，見文毅集此聯贈別乃婿，大家均稱：「兩如其分！」文忠（胡林翼）遂一生謹守文毅之臨別贈言與聯，以迄於「鞠躬盡瘁」，終於不負乃岳期許，洵人傑也。惟余四十餘年前，行軍黃河南岸，見某縣魁星閣，亦書有此聯，後在上海，又購得章太炎用篆書寫此聯贈黃克強先生，此為集句所謂文章有神，或三方面偶合，或兩均向文毅手借來，不得而知矣。

如夫人認義母有內幕

再說文忠後來撫鄂，適官秀峰（文），持節兩湖，為文忠頂頭上司，官以旗籍自恃（即滿洲籍），遇事多掣肘，而當時各方將領，則均仰賴文忠之調和與幫助，至殷且切。文忠意志堅強，而胸有成竹，有力者，亦勸其知難而退，文忠一笑答之。會遇官文母親壽慶，文忠胸中，殆已權衡了了，始囑其如夫人如此如此，因遂有如夫人拜官文之母為義母之舉，官始漸不見嫉，託文忠以腹心。文忠始獲暢行其道。觀其致左宗棠手書曰：「彼則通矣，我則苦矣！今如法泡製，惟滌丈與公，為能許我也！悠悠當世，迢迢異代！其將謂之何哉？」則已明明寫出「認義母」一幕，為曾、胡、左三公預謀或合謀，文忠獨為負責執行者，當然不能不寓書叫屈。

又觀李次青致郭筠仙書曰：「潤公（謂胡林翼）在鄂措施，惟節帥（謂曾國藩）最能諒此苦衷。已切戒吾輩，不能有分毫放肆，負此君子儒也！」所謂「放肆」，即輕蔑，或批評之意，當亦指「義認」無疑，因文忠至誠許人，人樂為用，決無人願對其「放肆」！所以，我對文忠此舉，一言以蔽之曰：「有伊尹之志則可！」

世間真伊尹不多，假伊尹到處亂撞。記得九一八事變前後，我正居港，有友謂：「某些人，亦學胡林翼，亦是顧全大局，何以大家不詬病胡？而是詬病某些人？」

我應之曰：「這很簡單，有伊尹之志，則胡林翼也！無伊尹之志，則某些人也！正如俠盜云者，盜而俠，俠盜也！盜而不俠，強盜也！良心比人黑，而曰形勢比人強，此『強』字，可加在『盜』字上也！文忠標『三如』，為『俠盜之間』四字做註腳也，亦即為贈文正聯作詮釋也！寄慨於俠與盜而已矣。試想，懂『用霹靂手段』，以『顯菩薩心腸』者，豈嗜殺人者哉？嗜殺人者，黃巢、李自成、張獻忠輩也！強盜也！而文忠可擔保不做強盜；而借文忠作招牌者，則須自己小心。」

官、胡合祠一二趣事

茲再另寫胡文忠一二趣事：傳官（文）、胡（林翼）死後，兩湖人士中，有主張建官、胡合祠者，初請王湘綺撰祠聯，王笑辭曰：「胡與官合祠，直是老子與韓非同傳，不論子長胸中，自有涇渭，總覺擬於不倫。」次乃請鄂中某名士為之，某名士曰：「即用胡公題黃鶴樓聯，貼切之至。」按該聯為：

黃鶴飛去且飛去！
白雲可留不可留！

眾請者曰：「此聯與官、胡二公，有何關涉？」

某名士曰：上句「黃鶴」，明明指文恭（官文諡文恭）；下句「白雲」，明明指文忠（胡林翼諡文忠），有何不可？」

眾請者，更感惶惑，因乞明以見教。

某名士始曰：「黃鶴飛去，就讓他飛去！君不見文恭死耗傳來，大家之無可無不可乎？白雲可留，而竟不留！又不見文忠薨時，大家為之痛哭失聲乎？」

眾請者聽罷，亦為之失笑。後來另由某公為撰一聯，尚能道著官、胡二公實況，聯曰：

廉藺是社稷臣，美相勸，過相忘，風義足為天下式；
陶虞在節鎮日，離則傷，合則美，功名留與後人思。

有了此聯，鐫諸祠石，總算官、胡合祠，得以順遂剪彩開幕；但有謂此聯，為張之洞移督兩湖時所補寫者。傳張以弟子禮，往合祠謁拜文忠，有人預貼一聯於石聯上曰：

彼碩煛峯，尚未得所請也；
爾張之洞，胡為乎而來哉！

此聯上句，當然是說：官胡合祠，胡不會同意的。下句，因張謁文忠祠詩，有：「敢云駑鈍能為役，差幸心源早得師」句，譏其向「天下第一好漢」捧場也。「天下第一好漢」六字，即張與一班清客名士，所嘗嘉諸文忠之尊稱也。標榜過甚，因遂被人幽了一默。

題岳陽樓聯吐露胸懷

文忠除題黃鶴樓一聯外，又有題岳陽樓一聯，聯曰：

杜老乾坤今日眼；
范公憂樂昔人心。

此聯明明借題目寫自己抱負，但祇含蓄地，說憂樂乃昔人心想，決不輕露「微斯人吾誰與歸」之概，可見其下筆時，何等斟酌！

絆湖居士吳敏樹（南屏），為曾國藩、胡林翼摯友，與左宗棠更為莫逆，但在文字上，對三公終少許可，惟極欣賞文忠此聯，因續題一聯曰：

乾坤吳楚雙開眼；
廊廟江源一倚樓。

在絆湖居士眼裡，真算有文忠這個人，故其下筆，亦無一字不緊切有力。文正讀之，稱許不置，文忠則笑曰：「我於經，喜讀《左氏春秋》。於史，喜讀《漢書》。於詩，喜讀杜子美。於文，喜讀王半山。於說部，喜讀《水滸傳》。而最不喜歡杜子美詩中『志決身殲軍務勞』一句，因其太費勁也。絆湖以古文義法為詩，我亦不甚喜讀，但此聯則真可誦。」遂更邀文正（曾國藩）諸人共題之，一時應者紛紛。文正素有對聯聖手之稱，碰著如此好題，定有好聯，惜獨失而不傳，其他猶及見者，則均平平無奇，如左季高（宗棠）聯，美則美矣，又失過誇；惟何子貞（紹基）一聯，寫作俱佳，為當時傳誦，聯曰：

一樓何奇，杜少陵，五言絕唱；范希文，兩字關情；滕子京，百廢具興；呂純陽，三過必醉。詩耶？儒耶？吏耶？仙耶？前不見古人，使我愴然泣下。

諸君試看，洞庭湖，南極瀟湘；揚子江，北通巫峽；巴陵山，西迎爽氣；岳州城，東道巖疆。瀦者！流者！峙者！鎮者！此中有真意！問誰領會得來。

兩文忠詩誤了打秋風

寫至北，想起一件趣事，張香濤（之洞），為文忠受業弟子，故平生對乃師，備極推崇。鄭海藏所謂：「南皮座上，口不離胡」者是也。張未總制兩湖前，曾督鄂省學政，特招李越縵（慈銘）遠道來遊，李為名士而兼狂士，常自詡：「一生所多者學問，所少者阿堵。」此行到鄂，殆亦「半為秋風半為遊」，在秋風未打動前，先來一個「搔癢」，於是不辭風雨登陟之勞，特往黃鶴山上，謁拜文忠祠宇，為詩以弔：

江山無恙騎鯨去，酹酒城頭起大風。
一代功高諸鎮上，十年身瘁百憂中。
帝思成算終平賊，我恨同時未識公。
天不慭遺朝野歎，九原誰起兩文忠。

此詩清切雄渾，以視其平時所走明秀柔曼一派路數，確為認真賣力之作，滿冀張香濤（之洞）讀了，當一唱三歎；孰意張由頭看到末尾，不見有半個字，提到自己與文忠的衣缽關係，遂認為還未入題，乃率然詰李曰：「兩文忠！兩文忠！另一文忠，到底指誰？」李素以通人自命，且從不服輸，一時忘了「秋風」原意，便勃然答道：「一個是你口中的胡文忠，一個是我胸中的林文忠（指林少穆則徐）；你口中的胡，對我胸中的林，十分心折，難道你不心服嗎？」於是彼此不歡而散。

張之洞謁胡文忠祠詩

後來接連著，駱籲門（秉章）、李少荃（鴻章），都諡文忠，有人因改李越縵詩末兩句為：

「天不憖遺書莫歎，如今又有兩文忠。」特為傳入張（之洞）耳，謂是「江南近事」，張遂誤以為端午橋（方）所改弄，其實係熊秉三（希齡），北上過鄂，登黃鶴樓所戲為。熊並有：「一生天上坐，終日轎上抬」詩，以譏張好招邀名士，誇張盛業，要坐得高高，抬得搖搖也！再後來，榮仲華祿，又謚文忠，這遂真正每況愈下了。傳張聽了，連呼：「江流有聲，江流有聲！」幕僚不解所謂，請加詮釋，張恨曰：「挾泥沙以俱下而已！」大家想想，水挾泥沙而滾，當然要發聲哩！

張之洞督兩湖最久，最後，奉召入京。離鄂時，曾留題一聯於督署大堂，有：「師資不遠，林前胡後兩文忠」之語。此時之張香濤，殆已深知林文忠之不易做到，而心許林、胡並列矣。茲更不憚繁瑣，錄張謁胡文忠祠詩二首於左，以饗讀者：

樞軸安危第一功，上游大定舉江東。
目蒿四海無畦町，手疏群賢化黨同。
江漢重瞻周雅盛，山林始啟楚風雄。
長沙靖亂誠相似，未及高勳又赤忠。

（按「長沙靖亂」句，係根據文忠題武昌寒溪寺，陶桓公祠榜「長沙之勳」四字而來，此四字出袁宏東征賦，蓋陶士行（侃），曾封長沙郡公，文忠籍益陽，亦屬長沙郡也。）

張此詩，揚胡抑陶，論實際遭遇，胡當時處境，確較陶為艱苦，而所成就亦較大，惜僅享中壽，未竟其志行耳。

輓羅羅山羅澹邨名聯

按文忠在咸同諸賢中，除江岷樵（忠源）、羅羅山（澤南）、羅澹邨（遵殿）、鄒叔績（溪勳）等外，實較為早死者，其所為挽上述諸人聯，立意均高人一等，如挽羅羅山聯：

公來使我生，公去使我駭，公逝使我悲，七尺軀，繫天下安危，存宜尸祝，歿宜尸祝。
賊至還他戰，賊退還他守，賊熾還他死，一腔血，酬半生知己，成亦英雄，敗亦英雄。

字字從心坎中流露出來，一洗「哭人不流淚」俗態，何等悲壯！何等警切！

又如挽羅澹邨聯：

世治正神為人，世亂正人為神，一室忠魂光國牒。
大患忠臣不生，大名忠臣不死，千秋遺恨付胥濤。

蓋羅澹邨撫浙時，困守杭州，後來城破，闔家以殉。曾文正挽詞所謂：「萬馬迎忠骨，新自岳王墳畔來」者是也。文忠此聯，世治世亂句，左文襄稱為多言。文忠薨，左亦借此二語為挽，大患大名句，則文忠居恆以謂：「才者無求於天下，天下當自求之。」其意以為真正有才者，必不屑、且不必，鑽營爭鬥，以求聞達；東拉西扯，以顯醜態。大患之來，用一肩以擔之，拚一死以了之。這樣的死，大名永垂，故曰不死。否則的話，你在半路上，拾著人家一張標語，便儼然說是自己的主張，浸假變成了自己的主義，有了這樣來源的主義，於是大聲疾呼：區區不出，如蒼生何？好！讓你喊喊鬧鬧，鑽出來了，就算蒼生請你出來的吧；但你實在平平凡凡，過不得硬，兌不得現，一遇大患，一籌莫展，窮於招架。從此不生，又不甘心；不死，又怕蒼生見笑。那才苦哩！

胡左大發雅興撰鼓詞

相傳陶澍其人，虬髯山立，洪音瓌辨，其容貌舉止絕類陳鵬年，即其從政後，所表現之毅力遠識，亦與鵬年彷彿。吾髫齡時，曾見有《陶澍私訪南京》一書，純用鼓詞體，描寫陶公為施公、彭公，一類傳奇人物，有如生龍活虎。故老相傳，此書首數段，為乃婿文忠（胡林翼）所戲撰。緣文毅（陶澍）薨後，左文襄（左宗棠）授館其家，文忠往訪，兩人看劍引杯之下，遂發此雅興，後由好事者，為之足成，證以我所收存文忠致文襄手函，內有：「尚憶印心石屋，酒邊論天下英雄，公倚醉為瑑書，一揮盡十數紙，林翼則戲為鼓詞，惜文毅不及見吾兩人狂態，今轉眼又十餘年」等語，則所謂戲為鼓詞者，或即指上述《陶澍私訪南京》一書，似太有可能。

後來革命先輩，新化陳星台（天華）先生，所寫以宣揚革命之《猛回頭》、《警世鐘》諸書，亦用此種體裁，蓋取其感人易而且深也。陳（天華）留學日本，為抗議迫害我留日學生，蹈海以死，轟動全國，後公葬湖南岳麓山，其遺書二十餘紙，於蹈海前刻，潛置於同里同學楊伯笙（源濬）枕下，楊任程潛參謀長多年，程欲蓄此遺書，為楊所堅拒，楊因囑余為之計劃影印，此一革命巨人，今日猶能舉其姓氏者，我想，在台灣尚有一二人，在香港，則僅一曩年偶爾來港小住之章士釗（行嚴，已故）矣。附記於此，用彰先烈。

精冰鑑術激賞左宗棠

現在再寫文毅。文毅未通籍前，曾撰湖南澧縣屬之澧陽書院一聯：

臺接囊螢，車武子，方稱學者；
池臨洗墨，范希文，何等秀才。

此聯用典恰切，文從字順，初試新鉶，即可窺其蘊蓄與氣魄。以視「我亦秀才」，邈乎遠矣！後文毅由江督所回籍，道經醴陵，左文襄以不及而立之年，主講淥江書院，醴陵令某，倩左為撰歡迎聯：

春殿語從容，廿載家山，印心石在；
大江流日夜，八州子弟，翹首公歸。

「印心」云云者，文毅原籍安化小淹，居臨資水，門前有石似印，因建樓曰：「印心石屋」。文毅入京覲見道光，道光對之優禮有加，且從容詢及所謂「印心石屋」之勝，為御書「印心石屋」四大字以張之。故左云然，大為文毅所激賞。傳文毅與文正同揆，俱精冰鑑術，見左學識殊常，氣宇偉岸，便生惺惺互惜之感，因遂約為兒女姻親。左辭以：「齊大非偶」。文毅笑曰：「此語今日歸君說，他年讓我談！何如？」故二十餘年後，文襄督兩左時，撰謁文毅祠聯，有「治水行鹽，如公能有幾？江間邦上，愧我又重來。」句，蓋回憶以紀實也。

陶澍翁婿間的風趣事

又文毅過南陽，題城樓一聯：

真人白水生文叔！
名士青山臥武侯。

聞者均稱其何工仗乃爾！獨其快婿文忠笑曰：「此聯一字一秤量，銖兩悉稱，真算對住了！讀來，大有：『雲對雨！雪對風！白叟對黃童』那種風味！」蓋諷其過於工整，接近死硬，似「聲律啟蒙」格調也。

文毅聽了，殊不為忤！且戲謂曰：「你不能怪我過於工整！你祇能怪南陽不應有了劉文叔，又來一個諸葛武侯！恰巧供我作對材料！」同時，靈機一動，不待文忠置答，逼來緊一步曰：「潤之！你可擬一副我看！」

文忠初以看來似易，且年少恃寵，故毫不經意；既加評泊，又面允擬作，迨一細加思索，深覺乃舅此聯，直以孟郊為詩，從死板中見生動，心一急，一字也咬不出來！頗現後悔狀態。

文毅見其發急，反為解圍曰：「夜深矣！好去想想，明天交卷！」

文忠告退後，想到天亮，想不出驚人語句，以制勝乃舅，突然靈感來矣，有了！隨取紙繕就封好，交其夫人，囑侍膳時呈遞，己則托詞訪友往秦淮河搖柔櫓去也！

文毅拆封一看，笑不可仰！原來文忠所繕呈者非聯，乃一函曰：「岳父大人尊前！敬稟者：夫好好色，惡惡臭者，人之常情。今劉文叔，欲娶殷家嬰宛，人情也！乃諸葛武侯，偏納黃氏醜女，豈人情哉！思之又思，不解此惑，殊難成此好聯！敢乞大人裁誨，俾有遵循！」云云。

此一提請，我看文毅也有礙難「裁誨」之感！其舅甥間風趣，有如此者。

想起一個對不住典故

說到：「真算對住了！」又想起一個「對不住」的典故！一位川中友人語我：

劉甫澄（湘），主政成都時，部屬某，極喜附庸風雅！值除夕，特備厚儀，親求某名士，為揮春聯，以增榮寵！某名士從容收厚儀訖，為大書：

中華民國萬歲！
劉主席新禧！

一聯以歸之。求者細看，見出句六個字，對句祇五個字，且俚俗不堪，未免大失所望！因曰：「『劉主席』三個字，怎能對得住『中華民國』四個字呢？可否費神改寫？」

某名士白眼一翻曰：「我是講老實話！劉主席所做所為，確是『對不住』中華民國啦！現在你也說他『對不住』中華民國，那就更對了！對了！又何必改寫！」求者祇好狼狽告退。劉後來聽到了，大罵一聲：「龜兒子！」

我聞如是，你說如何！

曾國藩詩陶被拒門外

有友人問我：「陶文毅既屬湖楚風氣之創導者，以下啟文正（曾國藩）輩之景從，何以文正一生，又絕毀稱道文毅？」

我們要知道，文正之不稱道文毅，亦猶翁文恭（同龢）之不稱道文正，因其彼此間，均有不甚愜意之誤解在！

當文正首次入都，會試報罷，適文毅開府金陵，文正以其為當代韓荊州與歐陽公，乃特取道金陵回湘，冀一瞻文毅丰采，取足平生；故抵寧後，將息不遑，即整頓衣冠，持備窗稿，趨督轅投刺請謁。那時掌文毅幕席者，為甚負才名之新化李子木，一見文正名刺，冤家碰頭，分外刺眼，便毫不客氣，矯文毅命，囑門者答以不見。文正遭此意外打擊，忿然而退，認定文毅平日之所謂禮賢重士，直「純盜虛聲」！而其視己為游學告貸一流人，實乃奇恥大辱！然在文毅，則根本不知文正之請謁及被拒；而這位李子木，亦不過「一朝權在手」，有如今日當政者之左右親信，蒙蔽上司，洩洩私怨，幫幫倒忙而已。

李子木恃才自討沒趣

當年文正鄉舉後，曾赴隣縣新化，訪鄧湘皋（顯鶴）、鄒漢勳（叔績）輩論學，鄧等特邀一班劬學之士陪宴，適李（子木）歸自江南，亦來與會。李素恃才傲物，一面吸水烟，吸得咚咚作響；一面側目看此後進少年，覺得文正器宇雖則端偉，但終帶幾分村氣，決非才思敏捷者流，心想：吃吃「土包子」，可讓大家發笑。便戲請文正曰：茲就本地風光，得一俚句：

點火喫水烟，水火既濟。

「敢請新孝廉屬對如何？」

眾人對李此舉，認為失禮，但已阻止不及。文正則心裡盤算，理會嗎？不值！不理會？又以為示弱！偶瞥眼掠過天井；突有所感觸，因即戲謂李曰：「我亦就本地風光，勉為屬對，但請勞駕，去天井中尋取！」李一看天井，空無一物，便有點茫茫然。文正恐大家疑其屬對不及，故弄此狡獪，以爭延時間，遂更不讓李開口，劍及履及，微笑以告曰：

就地做天井，天地同流。

「這樣對，你看，能將就否？」賓主正待撫掌稱頌，文正又湊趣曰：「好在李先生體諒後輩，未曾學問，只擇此淺近語句為戲，否則，必無能為役矣！」於是對文正贊嘆聲，對李笑謔聲，轟然起於四座，李祇得暫時按捺，抵隙反攻。鄧（湘皐）鄒（漢勳）諸人，則謂：「言為心聲，有此天地同流四字，不世功業，從斯預卜！」以為獎勉與收場。

席終，閒談，有求鄧、鄒等題橋亭上柱聯者，李見機會來臨，身手可顯，藉雪前恥，便略一思索，搶交頭卷，為成一聯：

題柱雄才羨司馬；
濟人小惠鄙公孫。

李寫罷，微笑著，顯出那要人們出現露台，待人呼喊姿態；不意又是文正發言，剛說了：「此聯極好！」四字。正待繼續說去，李已笑表謙遜之意。文正便再說：「可惜李先生，既能看不起公孫子產，『以其乘輿，濟人於溱洧，為私恩小惠！』則又何必看重一個，『不乘高車駟馬，誓不過此橋』的司馬長卿，而羨慕其『衣錦榮歸』，作態嚇鄉里人呢！我想：改『羨』字為『憶』字，憶憶而已，似較軒舉！羨，未免不大方，小家氣，未知得當尊意否？」

羨字一改，又博得大家稱賞，而李則十分尷尬。文正勝則勝矣，但不知「惟口出好興戎」。竟種下後來報復惡果！

翁同龢對曾有過誤解

至翁文恭（同龢）之對文正，則以乃兄（同書）撫皖，戰守不力，為文正劾下詔獄，戍邊陲。文恭力救不得，曾斷一指，以示悲憤，故後來讀文正集，竟嗤為：「滿紙矯飾，不值一看。」迨光緒初，其同年友譚文勤公（鍾麟），為言劾同書，非出文正本意，實他人所促發（殆指李少荃諸皖人），文恭始釋然，於是對文正弟沅甫，及文正子劼剛，常揄揚愛護有加。此民國十七八年間（一九二八至一九二九）余居南京，倡獲與於譚畏公（延闓）座次，聽其述說如此，因解鈴人文勤（鍾麟），即畏公尊人也。惜畏公不以此一故實，載入其所撰《燕京舊聞錄》中，故補錄於此。

鮑超被圍向文正告急

最後，請看我描述一員猛將——鮑春霆（超）。鮑識字無多，正如戚南塘（繼光）所說：「好漢說不出，做得出！」飽卻說不出，更寫不出；但亦見獵心喜，乃請文正撰寫數語，以作座右。文正用單屏，為書：「英姿颯爽來酣戰」七個大字。

傳鮑超自得此屏，每客來，必舉以相炫。鮑數次突圍，則夾與俱馳，未敢或失。某次，被圍至急，令書吏寫稟，向文正求援，數易稿，不當老鮑原意，乃取文正此屏展視有頃，另取紙，於當中大書「鮑」字，四週用濃墨圍點數十重，即加封飛遞。文正拆看，又驚又笑曰：「鮑將軍被圍矣！」一面遣援，一面覆書交來使，大意為：「援軍由外殺進，弟可殺出，要殺他片甲不留，看弟顯真本領，莫讓關雲長專美……。」等語。

一句唐詩活畫一猛將

提起關雲長，不禁想起《三國演義》中，有描寫關公最出色的一段：「丹鳳眼，臥蠶眉，像貌堂堂，威風凜凜，跨下赤兔馬，提起青龍刀，從斜刺裡，領一彪軍殺出來！為首一員大將，乃關雲長也！」好的是「從斜刺裡，領一彪軍殺出來。」這兩句，字字有力，現在讀來，猶覺如聞其聲，如見其人，有「萬牛回首邱山重」意態。世傳胡文忠喜讀《水滸》，文正殆亦喜讀《三國演義》，故此短短一函，能傳神乃爾；尤其輕輕寫取唐詩一句，即不加不減，活畫出一員猛將酣戰神態，真能抓得住部屬心想也。此屏尚存余處，惟覆書於抗戰期間，為某將軍戲攫以去。越日，送來白蘭地酒數十打，堆滿我小小一樓，所謂「賣菜論担」，啼笑不得；更妙者，後聞某將軍已將此函，徹頭徹尾，大加批論圈點，擠得文正原書，正如鮑將軍之被圍，透不出氣來！

遊南華寺的一件趣事

同時，更使我想起同樣一件趣事：抗戰期間，往遊六祖肉身所在之南華寺，由虛雲和尚，出自有唐武則天以來，歷朝皇帝所頒誥狀大卷一觀；其間自宋明及清，到張之洞、譚鍾麟等為止，各有題跋。入民國，由孫總理，到胡展堂、楊滄白、汪精衛、譚組安、李協和、白健生諸公，均僅寫某某敬觀數字，祇有李印泉（根源），則由六祖衣鉢，論到自己屠刀，有覺語，有殺氣，端的不愧一代縱橫家，本可大歎觀止，誰知再看下去，有大書：「中央直轄滇軍第某師、某旅、某團、某營、某連連長楊得標，率排長某某三人及全體官兵。」一共約百人左右，來個如領月餉一般，個個簽名蓋章，最後題「打倒軍閥」一類的標語數條，夾在各騎縫處。虛雲祇作苦笑，我卻唱六祖偈曰：「本來無一物，何處惹塵埃！」逗得和尚笑了，恍如六祖在應：「善哉！」「善哉！」

英雄屠狗有一段掌故

茲再寫鮑將軍一二事，以殿此篇：

我曾聞鮑有八大屏條，係請文正（曾國藩）、剛直（彭玉麟）、三文忠（胡文忠林翼、駱文忠秉章）、李文忠鴻章）、左文襄（宗棠）、郭筠仙（嵩燾）、及李次青八位所書者。每位各寫自作詩一首；而由一川人趙某，撰寫同一尺長聯一幅，配成一套，掛在鮑將軍原籍奉節里第，趙聯是：

英雄老去惟屠狗；
大將生來不讀書。

有人指此聯在翻鮑的底牌，說他不學無術，鮑請就聯解說，那人即先指「屠狗」二字，直是罵人語。不料鮑大笑駁斥曰：「你不知『屠狗』二字，剛道著我！當年我隨老帥（指曾國藩），圍打四眼狗陳玉成，記得快近過年了，全軍齊說老帥有詩，詩裡說著準備永豐辣油（按永豐屬湖南湘鄉，產辣油最有名），調好益陽醬油，好屠狗過年哩！後來我們真的把那四眼狗屠掉了，這幅聯語能說到『屠狗』，硬是要得！」那人聽罷，祇好搔頭不迭。

所謂老帥有詩，文正戲寄文忠詩，當時只傳：「與君烹狗過新年」一句。我常以不睹全詩為恨。迄抗戰勝利後，始在南京夫子廟一舊書攤上，偶然見一抄本書冊，此詩四句，赫然在焉！詩曰：

江南江北陣雲通，笑指洪崖一拍肩。
我備芳椒君備醬，與君屠狗過新年！

左宗棠與胡光墉一段深厚關係

鈞天

咸同之間，湖南崛起的名將，論才器仍然要推左文襄（宗棠，字季高）為第一，即曾文正亦嘗謂：「左公謀畫之密，遠出國藩與胡宮保上。」（見曾致鮑春霆函）。又致文襄書中亦云：「弟之調度，遠不如兄，無所庸其謙也。」。事實上，文襄的才器，自少就已露頭角，當道光年間，陶文毅公（名澍，字雲汀）以太子少保兩江總督之尊，回鄉祭掃，路過湘陰時，文襄年才不過二十五歲；功名不過是一名舉人；職位不過是一個淥江書院的山長，他竟然接受了陶文毅的殷勤邀請，抵掌暢談天下事，使文毅驚為天下奇才。

一幅聯語建立深厚交誼

這段故事，至今猶為湘人所樂道；陶文毅在告假回籍之前，曾北上陛見，道光皇帝溫慰有加，並垂詢文毅故鄉風土人情，文毅小時候讀書的地方，名叫「印心石屋」，道光且御筆寫了這四個字賞給文毅，可見君臣之間的水乳交融到了何等程度。

陶文毅衣錦榮歸，舟車所過之處都有盛大的歡迎場面，湘陰縣尹，事先搭建牌樓，並倩文襄撰寫了一副聯語：

春殿語從容，念載家山，印心石在；
大江流日夜，八州子弟，翹首公歸。

就因這幅聯語，奠定了陶、左之間的深厚關係。陶在征車甫卸，即命人持帖往請當時的左山長過轅一敘，兩人作了竟夕長談。事後，文襄在家書中曾述及此事，謂「宮保謙謙長者，傾談竟夕，遂訂忘年之交。」一布衣而友公卿，左文襄自可睥睨群倫了。後來，文襄一度作了陶府的西席，且與文毅成為兒女親家，因此，就親戚關係來說，胡文忠（林翼）還是文襄的晚輩（文忠係文毅之女婿）。在太平天國戰役中，曾胡對文襄總是處處忍讓，這種淵源也是不無因素的。

曾文正認文襄求才太急

桐城吳汝綸所作左文襄公神道碑，對文襄與文正、文忠三人之間的不調，敘述頗詳：「公性剛行峻，不為曲謹小讓，與曾公胡公交，氣陵二公，出其上，二公皆絕重公。公每語人曰：『曾胡知我不盡。』三人者相與會語，公輒題目二公，亦撰語自贊，務壓二公，用相嘲謔。又嘗言：『當今善奏章者，我第一。』餘二人，謂二公也。公與曾公內相傾服，至趣舍時合時否，既出治軍，交驩無間矣。及金陵平，又以事是非不合。」

郭嵩燾對曾左之間的交誼，是最清楚的，他在曾的墓志銘中也說：「其於左公宗棠，趣尚不同，而奇左公智術，以公義相取，左公亦以顯名天下。」

曾文正雖然推許文襄的才識機智，可是對文襄的短處也並不隱諱，他認為文襄「求才太急，或有聽言稍偏之時，措詞過峻，不無令人難堪之處。」（見曾文正奏摺十一卷）。也許文正確有「知人之明」（文襄輓文正語），文襄就為了「求才太急」而起用了一位商優而任、仕優復商的胡光墉，致使他在垂暮之年，還因胡光墉的事情弄得異常困擾。

胡光墉是江南一帶財閥

胡光墉，字雪巖，浙江錢塘人；他本來是江南一帶的財閥，素有「財神」之稱，當咸豐初年太平軍聲勢最盛的時候，江蘇布政使王有齡在江浙兩省負責籌餉，頗著能聲，光墉便是他得力的助手，後來有齡轉任浙江巡撫，對於軍需的供應，始終依賴光墉替他籌劃。咸豐十一年，太平軍圍攻杭州甚急，那時王有齡已經是一籌莫展，據文正在奏摺中說：「蘇浙兩省，群賊縱橫，安危利鈍，繫於巡撫一人；王有齡久受客兵挾制，難期振作，欲擇接任之人，自以左宗棠為最相宜。惟此次杭州被困，必須有王有齡堅守於內，左宗棠援救於外；俟事勢稍定，乃可更動。」

這時杭州局勢危急，文正雖歸咎於王撫的人謀不臧，但王有齡確在竭力保此危城，可惜胡光墉從上海過往杭州接濟的一批軍火糧秣，到了錢塘江，竟為重圍所阻。這年冬天，杭州城破，王有齡亦以身殉（王殉國後，追謚壯愍公）。於是，文襄便奉命在徽、衢、信三府率兵部署反攻，並正式接任為浙江巡撫。從這時起，胡光墉才與文襄建立了關係。後來文襄在保薦光墉的奏摺中，特別強調他在杭州戰役中支援補給的功勞說：「胡光墉勇敢任事，不避嫌疑，從前在浙歷辦軍糧軍火，實為緩急可恃。咸豐十一年冬，杭州垂陷，航海運糧，兼備子藥，力圖援應，舟至錢塘江，為重圍所阻，心力俱瘁，至今言之猶有餘憾。」

文襄自詡「當今善奏章者我第一」，則他的選字酌句，絕非漫無準則，這封奏摺中一開頭便說胡光墉「不避嫌疑」，試想以軍火軍糧馳援前線，有什麼「嫌疑」可避，可見文襄對光墉大刀闊斧，不拘細行的作風，已早有所聞；而且光墉有自己經營的商業，可能早就有人攻擊光墉有假公濟私或者公私淆混的嫌疑；但文襄志在建非常之功，自不能顧及這些小節，可是字裡行間，便不知不覺的流露出來了。

曾國荃亦認胡揮霍無度

事實上，胡光墉確確實實是一個「海派作風」的創始者，即曾九帥（國荃，字沅浦）也認為

「胡光墉之揮霍無度，人所共知。」可是那時湘勇轉戰各省，一切餉源都要自行籌劃，清廷是沒有這筆預算開支的，文襄於接任浙撫後，有了光墉這個助手，可以把全部精力都集中到軍事進攻上面，因此一兩年間，他三戰三捷，解了祁門之圍。同治二年文襄詔授閩浙總督，仍兼浙撫，未久，即以曾九帥接任浙江巡撫；可是實際上九帥的部隊仍在全力圍攻「天京」，浙江方面的軍事，依然是文襄一手主持。同治三年二月，杭州克復，以後文襄由浙率軍入閩、入粵，胡光墉一直擔任著軍需補給的任務。文襄在奏摺中敘述光墉的功績說：「福建候補道胡光墉，自臣入浙，委辦諸務，悉臻妥協。杭州克復後，在籍籌辦善後，極為得力，其急公好義，實心實力，迥非尋常辦理賑務勞績可比。迨臣入浙而閩、而粵，疊次委辦軍火、軍糧、絡繹轉運，無不應期而至，克濟軍需。」

那時，清廷的命運，完全寄託在幾個湘軍將領手裡，因此，胡光墉在文襄歷次保舉中，先後加鹽運使銜、按察布政使銜，自然對於他經手的一應錢糧，也沒有人敢去查對他的賬目。

經濟影響力量大得驚人

以文襄的權勢之盛，加上他對光墉的信任之專，使這個本來敢作敢為的胡財神，更加如虎添翼。在東南未抵定之前，他的想法可能只是「圖功名、保鄉土」，但等到太平軍覆亡，他就不能不想到他私人事業的重整了。他本來是一間大國藥店「胡慶餘堂」的東主，在杭州、上海一帶遍設分號（至解放前，胡慶餘堂的招牌，仍是和北平的同仁堂一樣響亮）。此外還有典當、錢莊和絲繭生意的經營。到了同治五年，文襄奉命調任陝甘總督，準備率師西征，因為知道光墉的經濟力量都在東南，所以便奏保他充任「上海採辦轉運局委員」。

文襄自同治五年入陝，平甘肅、定新疆，直至光緒六年奉命回京入值軍機，前後十餘年，胡光墉不獨已掌握了西北的經濟命脈，即在長江、黃河兩流域沿岸，光墉的經濟影響力，也大得驚人，他除了在各地分設的「胡慶餘堂」國藥店及當舖而外，所開設的「泰來錢莊」（總號設杭州）、阜康錢莊（總號設上海），分號遍佈南北各地，聲勢之浩大，簡直沒有第二個人可以與之頡頏。

籌軍餉購軍火功不可沒

但胡光墉確是一個懂得利用財富的人，在公私兼顧之下，不獨奠定了他私人的事業基礎，而且對文襄所賦與的任務，也都能順利達成。當文襄奉命西征之初，光墉就慨然以籌餉濟邊自任，文襄在答光墉書中有云：「尊意以兵事可慰，餉事則殊可憂；不得不先一年預為之地，洵切實確鑿之論。弟心中所欲奉商者，閣下已代為計之，非設身處地，通盤熟籌，不能道其隻字，萬里同心，不言而喻。」

正如曾文正所云：「左帥入隴，誠所謂遺大投艱。」（見書札二十五卷）。他大軍所至，一切軍火補給，完全要依賴東南各省關的輸將，而各省關應解的款項，延宕拖欠，又已成為慣例，於是周轉挪借，便集中在胡光墉一身，計前後三次由光墉經手息借的款項，達一千二百五十萬兩之鉅。平心而論，例如文襄西征時，沒有胡光墉在上海為之張羅，恐怕新疆的抵定，決不會那麼順利。這關鍵，只有文襄最清楚，所以當新疆收入版圖後，文襄在奏摺中曾敘述光墉的功績說：「胡光墉自奉派辦理臣軍上海採運局務，已歷十餘載，轉運輸將，毫無遺誤，其經手購置外洋火器，必察良否利鈍，伺其價值平減，廣為收購。遇泰西各國出有新式槍炮，隨時購解陝甘。如前購之布魯斯後膛螺絲開火炮，用攻金積堡賊巢，下堅堡數百座，攻西寧之小峽口，當者辟易，上年用以攻達坂城，測準連轟，安夷震懼無措，賊畏之如神，官軍亦羨為利器，爭欲得之。現在陸續運解來甘者，大小尚存數十樽，後瞠馬步槍亦數千桿。各營軍迅利無前，關隴新疆速定，雖曰兵精，亦由利器，則胡光墉之功，實有不可沒也。」

胡光墉不僅在太平戰役和西征戰役中，替文襄籌軍餉、購軍火；對於戰後的實業建設，他也盡到了很大的力量。同治初年，文襄閩浙總督任內，福建船政局之設立，光墉從草擬計劃到購買法國機器，聘用法國技師，幾乎是一手包辦。光緒初年，在陝甘總督任內，甘肅織造總局之設立，光墉也是從計劃到購買德國機器，聘用德國技師，都是一身任之。這兩件事，替中國造船業和紡織業，開展了新紀元。如果講辦洋務、辦實業，胡光墉的功績是不可一筆抹煞的。

收積錢銀貨物無益子孫

自咸豐、同治到光緒年間，文襄對胡光墉的信任始終不衰，即後來文襄入值軍機，轉任兩江總督，胡光墉仍然藉文襄的餘蔭，擔任著採辦轉運局的差使，而且他們賓主之間的往還也非常密切。

據上海《申報》的記載：

（一）光緒八年四月二十五日……「侯相答拜諸西官後，又至陝甘糧臺（按即採辦轉運局）與胡雪巖觀察略談片刻。」

（二）光緒九年九月二十三日……「昨晨九點鐘時，胡雪巖方伯詣候相座稟見。敘談甚久，禮遇有加。侯相即於十點鐘登岸拜客……過三馬路……向北至後馬路，於糧台局拜會胡雪巖方伯，聚談片刻。」

（三）光緒十年正月三十日……「在製造局中用午膳畢，由西門外至法租界大馬路，過三茅閣橋朝北，糧台局。因胡雪巖觀察往金陵，即經李秋坪太守恭迎侯相入內稍坐。」

以文襄當時德望之隆，而對胡光墉的優禮，竟超出一般人以上，於是便引起外間的誤解，以為文襄與胡在經濟上有什麼瓜葛，但這種指摘，是不值識者一笑的，文襄為人的孤介，人所共知，曾文正日記中，有一段說到文襄對於財貨的見解說：「與季高次青鬯談；夜又與季高久談季高言：『凡人須從喫苦中來，收積銀錢貨物，固無益子孫；即收積書籍字畫，亦未必不為子孫之累』云云。多見道之語。」（庚申四月）

後來，胡光墉因報銷手續不符戶部規定，被削職抄家，曾九帥也為之護說：「軍興以來，所有蕩平劇寇，類皆開單報銷，實是求是，核與則例轉難吻合，為戶部所稔知。前督部大臣左宗棠進規西域，所以迅奏膚功者，仰賴廟謨堅定，無復掣時之虞。而迭當各省荒歉，強鄰逼處，亦幸得借款之可恃，庸有私於胡光墉乎？似亦可以共諒矣。」

佐理文襄經常克敵致果

胡光墉之遭忌以致抄家沒籍，一則由於樹大招風，其次由於帷薄不修，談晚清遺事者，多謂光墉好色喜淫，他的國藥號，每年必精選上等藥材，為光墉配製一種秘方丸藥，藉以培元固本。相傳他削職後，曾遣散姬妾，每人除准帶隨身衣物外，並各予五百金，但沒有遣散而為家譜上承認的副室，還是有十一人之多；他雖比不上漢宮的三千佳麗，可是以一個道員而淫佚如此，也算是歷史上少見的了。

上述這種情形，也許並非傳言的誇張，當文襄尚未入隴的時候，就有人向文襄談及胡的私德，文襄說：「人必好色也，然後人疑其淫，謂其有自取之道則可耳。」在中興名臣中，以文正最拘謹，文襄則比較豁達；可是文襄本人也是一個很注重私德的人，他之所以對胡光墉如此寬假，實在是胡這個人有過人之處。

胡光墉個人歷年捐助各省的賑款，總計在三十萬兩以上，而胡慶餘堂捐送西北勞軍的藥品，更不可勝數，文襄曾有函給光墉說：「師人多病，尊處所寄丸散，希再配寄一份，以便分布。飛龍奪命丹，大為合用，須多見付為要。」

他佐理文襄，不獨擔任了後勤補給責任；經濟建設責任；連軍醫的事務他也兼顧。一個大將在外，所求的只是克敵致果，胡光墉對前線所需，配合得如此週密，那麼，縱令私德上有所欠缺，自不能不原情諒迹。

存戶擠提錢莊紛紛倒閉

胡光墉失敗的遠因已如上述，但使他在經濟上直接遭受打擊的則是絲繭的滯銷。江浙本為育蠶之區，絲繭便是大宗的出口產品，但向為洋商所把持，國人卻無法染指。光墉曾以一人之力來壟斷居奇，獲利無算，惟終於失敗在這上面。其原因是由於當時的交通不便，中國人無法明瞭國外市場情況；且航運之權又操縱在外國人的手裡，他們能來，我們卻不易出去。光緒九年，外國絲市不振，洋商停止收購，而光墉存貨卻堆積如山，無法出口，一任擱置腐朽，竟致盡喪其貲，因此，亦影響到他所開的錢莊。十月初六，杭州的泰來錢莊先行倒閉，幸得浙江布政使協助料理，彌縫無事。但風聲四播，上海阜康錢莊的存戶爭相提出所存款項，一時無法應付，亦於十一月初二宣佈倒閉，各地分號也隨著倒閉，遂演成光墉一生事業的總崩潰。南北金融界無不遭受波累。當時情形，據李慈銘《越縵堂日記》云：「阜康之號，杭州上海寧波皆有之。其出入皆千萬計。都中富有自王公以下爭寄重資為奇贏。前日之晡，忽天津電報言其南中有虧折，都人聞之，競往取所寄者，一時無以應，夜半遂潰，劫攘一空。聞恭邸文協揆（碩）等皆折閱百餘萬。亦有寒士得數百金，托權子母為生命者，同歸於盡。聞內城錢鋪曰四大恒者，京師貨俄之總會也，以阜康故，亦被擠危甚。此亦都市之疫故矣。」

滿清政府乘機殺雞儆猴

這是光緒九年的事，文襄已經交卸了兩江總督，雖然湘中將領尚有譚麟書在西北，曾國荃在東南，可是當時天下抵定，清廷便有意借胡光墉案來申張一下中央的權力，於是下了一道上諭：「現在阜康商號閉歇，虧欠公項及各處存款，為數甚鉅。該商號江西候補道胡光墉，著先行革職，即著左宗棠飭提該員嚴行追究，飭令將虧欠各處公私款項，趕緊逐一清理。倘敢延不完繳，即行從重治罪。並聞胡光墉有典當二十餘處，分設各省，買絲若干包，值銀數百萬兩，存置浙省，著該督咨行各該省督撫查明辦理。」

到了光緒十年四月，又繼續下了一道上諭：「戶部奏籌撥新疆工程銀兩一摺，據稱新疆南路應修衙署工程，需款至亟，請飭浙江將胡光墉侵取西征借款行用補水等十萬六千七百八十四兩，於該革員備抵產業內，迅速變賣，照數措齊，限本年閏月以前，解交甘肅糧台應用。」

清廷這種翻舊案的把戲，無非是想殺雞儆猴，使外疆大吏不再視中央法令如弁髦。可是戶部承辦員司，可能也有藉此向胡光墉需索的意思存在。這時文襄以垂暮之年，大權已釋，他的力量對清廷已不再發生任何影響，他為了此事曾致書陝撫譚麟書說：「就籌餉而言，弟不能得之各省方面者，僅得之於雪巖，平心而論，設無此君，前敵諸公亦將何所措乎？」

曾九帥說了許多公道話

文襄本身是這件案子的牽涉關係人，他的措詞自然只得盡量避免刺激朝廷，但負查辦此案的當時兩江總督曾九帥，卻明白清廷的用意所在，也明白戶部的真實意圖，因此，他在這件案子的奏摺中，說了許多其他人所不敢說的話，他在談到胡光墉籌借款項之艱難時說：「在戶部度支總掌，苟有礙於成例，即不准於核銷，本大臣爵部堂何敢置喙。惟查貸借商銀，事不常有，前以收還伊犁，俄人多方狡展，和戰未定而關外防營須餉孔殷，前督辦大臣左宗棠奉旨陛見，其時局勢一更，協借迫不及待，旋又議給伊犁守費，餉力愈艱，而既賴以集事，未暇與之細較。其光緒三四兩年所借之五百萬及三百五十萬，恰當山右陝豫各省同時旱災，西餉頓形減色，幾難為繼，前督辦大臣左宗棠深恐因餉譁噪，一面慰諭各軍，一面貸銀接濟，情形迫切，雖其所費較多，而其所全甚大。此三次息借商款開支外費之所由來也。竊計每次借款，多至數百萬兩，決非市商所能遽集，尤非一手一足所能為功。商人與官交涉，兌出現銀，每多顧慮。在官以為結息相還，綜核極為受累。在商則謂挾資求利，到處務欲取盈，計較錙銖，必思渥沾利益。又懼官事恆有遷變，非素信之人從中關說，未易破其疑團，所謂行用補水，乃事之所必然。至若保險水腳二者，皆輪船之定章，特數目多寡之間，有不可一概而論耳。以胡光墉素業商賈，不足深責，公議早已洞矚無遺，而為公家屢借巨款，咄嗟立應，是其當日聲名可以動眾，究之就中點綴，所費當自不貲。」

九帥並在這件奏摺中，義正詞嚴的指出：「夫統籌出入，嚴杜違例浮支，司農之成憲也。宏濟艱難，亦須原心略跡，天下之公道也。」他大胆的指責戶部僅知挑剔報銷手續，對當時「宏濟艱難」的事實，一概抹殺，是有失天下公道的。可是，那時清廷對封疆大員的話，已不如戰時的有請必准，結果，胡光墉仍然是被抄家沒籍，文襄也失去了晚年的光彩。

一段史實遺留前輩風範

由胡光墉案，可以看出曾左兩家的交誼，真正的是「其爭也君子」，而文襄在文正逝世時的家書所言，亦非矯情之論，他那封寄其子孝威的信說：「念曾侯之喪，吾甚悲之，不但時局可慮，且交遊情誼，亦難契然也。已致賻百金，輓聯云：『知人之明，謀國之忠，自愧不如元輔；同心若金，攻錯若石，相期無負平生。』蓋亦道實語。……君臣朋友之間，居心宜直，用情宜厚，從前彼此爭論，每拜疏後，即錄稿咨送，可謂鉏去陵谷，絕無城府，至傷感不暇之時，乃復負氣耶？『知人之明，謀國之忠』兩語，亦久見奏章，非始毀今譽，兒當知吾心也。……吾與侯有爭者國事兵略，非爭權競勢比，同時纖儒，妄生揣疑之詞，何置一哂耶？」

使胡光墉案發生時，文正尚在人間，他必挺身出面為之辯護，是可斷言；不過九帥究竟是真能繼承乃兄遺志的人，他為文襄不惜與清廷及戶部抗言力辯，我們談了這段史實，深感前輩風範，不是當世營營官場中人所能望其項背的！

李鴻章對待洋人有一套手法

聞愚

李鴻章死後，梁啟超著有《李鴻章論》，立言極為平允，對李氏的性格下一評語云：「李鴻章有才氣而無學識之人也！有閱歷而無血性之人也！」這可說是一針見血之論。但在舉世罵李氏為漢奸為秦檜之時，梁啟超卻說：「中國俗儒，罵李鴻章為秦檜者最多焉。法越、中日兩役間，此論極盛！出於市井野人之口，猶可言也；士君子而為此言，吾無以名之，名之曰狂吠而已！」（見《李鴻章論》。）

李鴻章視洋人如市儈

李鴻章一生，身膺重寄，其晚年的外交政策和手段，固然不無可議之處；但說他通番、媚外，梁啟超已經駁斥此說了。說到媚外一事，李鴻章不僅不是見到外國人就打躬作揖，口口聲聲yes的買辦型，反而是對洋人的詞色特別矜傲。李鴻章與外國人交涉，尤輕侮之，其意殆視洋人如市儈。

李氏嘗謂彼輩皆以利來，我亦持籌握算，惟利是視耳！因此，李氏絕無盲目崇拜洋人之劣根性。

李鴻章對洋人傲慢輕侮的態度，當然也是不好的，國與國之間的交往，應該有國際禮貌，如果李鴻章自以為是「天朝」的大臣，又倚老賣老，對待洋人不講適當的禮貌，那是極端不對的；不過，在清朝光緒年間，洋人多瞧不起中國人，那些外國官員進了中國官廳，居然拍案叫囂，目中無人，有個李鴻章敢於給點顏色他們看看，倒也是一件大快人心之事。

洋人對王爺視若無睹

《庚子西狩叢談》卷四，其中有一段記李鴻章在總理各國事務衙門（即外務部的前身，簡稱總署）一事，殊有趣，今摘錄如下：

余（按：該書作者自稱，以下同）生平未見過李鴻章，然於無意中卻有一面，至今印象猶在腦際。前清同文館原設在總署內，余一日偶從館中偕兩教習同過總署訪友，經一客廳後廊，聞人聲囂囂，從窗際窺之，見座中有三位洋人，華官則有六七輩，皆翎頂輝煌，氣象肅穆，正議一重大交涉。首坐一洋人，方滔滔不絕，大放厥詞，似向清廷官吏大施詰難，餘兩人更掀眉怒目，以助其勢，態度極為凌厲。說畢，由繙譯傳述。華官們危坐祇聽，面面相覷，支吾許久，始由首座之華官答一語，聲細如蚊，殆不可聞。繙譯未畢，末座洋人復蹶然起立，神氣悍戾，頻頻以手攫拏，如欲推翻几案者。華官纔發一言，首座洋人即截斷指駁，其勢洶洶，似不容華官有置喙餘地。惟中座之洋人，意態稍為沉靜，彼偶發一言，則上下座皆注自凝視，若具有發縱能力，而華官之答覆，始終乃只有一二語，面頳顏汗，侷促萬狀，血管幾欲沸裂。此時忽聞傳呼聲，俄一人至廳事門外，報王爺到。旋聞足音雜沓，王爺服團龍褂，隨從官弁十餘眾，皆行裝冠帶，一擁而入，氣勢殊烜赫。余念此公一來，當可稍張吾軍。既至廊下，則從者悉分列兩旁，王爺昂然而入。華宮皆肅立致敬，而三洋人對王爺竟視若無睹，雖勉強起立，意殊不相屬，口中仍念念有詞。王爺先趨至三客座前，一一握手，俯首幾至膝上，而洋人傲岸如故。王爺尚未就坐，即已厲色向之譟聒，王爺含笑以聽，意態殊為恭順。

吃飯穿衣渾身皆經濟

余至此已不能復耐，即在總署覓得友人告以所見。友問余曰：「中堂在座否？」余曰：「吾不識誰為中堂。」友曰：「李中堂也（按：指李鴻章）、中堂在此，當不至是。」余乃約友人再偕往客廳後廊。友人在窗外逐一指認，並告姓名，曰：「中堂尚未至也；然今日必來，請稍待片刻。」余亟盼李中堂到，俄頃復聞呼報，見一從者挾衣包，先岔息趨入，置於門外旁几。吾友曰：「此必中堂來也。」既而李鴻章果入門，左右從者只二人，纔入廳數步，即止不前。此時座間三洋人之態度，不知何故，立時收歛，一一趨就李氏身畔，鞠躬握手，狀甚謹飭。中堂若為不經意者，舉手一揮，似請其還座，隨即旁言高論，口講指劃。兩從人為其卸珠鬆扣，逐件解脫，似從裡面換一衷衣，又從容逐件穿上。李氏一面更衣，一面數說，時復以手作勢，若為比喻狀。使人引袖良久，李氏猶不即伸臂，神態殊嚴肅；而三位洋人仰面注視，如聆訓示，竟爾不贊一詞，喧主奪賓，頓時兩方聲勢，為之一變。李氏又身長玉立，宛然成鶴立雞群之象。再觀列坐諸公，皆聞顏喜笑，重負都釋。余亦不覺為之大快，有如酷暑內熱，突投一服清涼散，胸間鬱火，立刻消降。惟是日所見之場合，始終不知所議為何事，所言何詞；但念外交界中必須具有如此資望，方稱得起「折衝」二字。自李氏以外，袞袞群公，止可謂之仗馬而已。吾友又言：「李中堂一到即更衣，我已見過兩次，或者是外交上一種作用，亦未可知。」同人皆大笑之，謂如此則李氏真個是吃飯穿衣，渾身皆經濟矣。

這一段描寫得很生動，形容那三個外國人見到「王爺」（按：即慶親王奕劻），並不把王爺放在眼內，甚至連外交的禮貌也沒有，而所謂王爺者，反紆尊降貴，趨向洋人之前，俯首鞠躬如洋奴然。李鴻章一到，那些外國人立刻改變態度，個個都走到中堂跟前握手為禮，極為恭謹。這樣描寫，也許有些渲染太過之處；但李鴻章對外國人確是持此種態度的。

老氣橫秋戲弄法大使

《春冰室野乘》一書，載有〈李文忠公遺事〉一則，也是記李鴻章對外國人態度傲慢情形，可與上述一折參看，今亦一併摘錄之：

甲午以前，人皆詈李鴻章媚外，不知其卑視外人之思想，始終未嘗少變，甲午以後且益厲焉。其對外國人，終不以文明國人待之。其使俄也，道出日本，須易海船，日人已於岸上，為供張行館，以上賓之體待之。惟李氏難忘馬關條約之恨，誓言終身不復履日本土地。從人敦勸萬端，終不許，竟宿舟中。海船至，當乘小舟以登，詢知為日本舟，遂不肯行。船主無如之何，惟有於兩舟間架飛橋，始履之以登海船。其晚年值總署也，法使施阿蘭狡甚，雖恭親王亦苦之。某日，李氏約見法使，方談公事，李驟詢法使曰：「爾今年年幾何矣？」外人最惡人詢問年齡，然懾於李中堂之威望，不能不答。李氏掀髯笑曰：「然則是與吾第幾孫同年耳，吾上年路出巴黎，曾與爾祖劇談數日，爾知之乎？」施阿蘭竟踧踖而去，自是氣燄少殺矣。丁酉歲暮，俄使忽以書求見，李氏即援筆批牘尾曰：「准明白候晤。」時南海張樵野侍郎在座，視之愕然曰：「明日為除夕，老師尚有暇晷會晤外人乎？俄使亦無大事，不過攪局耳，不如謝卻之。」李氏慨然曰：「君輩眷屬皆在此，兒女姬妾，團圓情話，守歲迎新；惟老夫蕭然一身，枯坐無俚，不如招三數洋人，與之嬉笑怒罵，此亦消遣之一法耳。明日君輩可無庸來總署，老夫一人當之可矣。」其佗傺如此！

鴻章晚年對待外國人是如此地倚老賣老，甚至連外交禮節都不講究。甲午中日戰爭後，李鴻章開去北洋大臣直隸總督缺，以空頭大學士值總理各國事務衙門，後來也使俄國，遊歷歐美，歸國後，仍在總理衙門任事；這一段時期，可說是李鴻章一生最空閒之時，再過兩年才外放兩廣總督。

維德回憶錄中的李氏

李鴻章出使俄國之際，對外國人也時時露出自大的形相。當時俄國的財政大臣維德，奉沙皇命接待李鴻章，後來維德在他的《回憶錄》中，有一段曾提及李鴻章自大倨傲的故事，再節譯於下：

有一次，余（維德自稱、以下同）在李鴻章處，忽報土耳其斯坦王公車駕訪謁，李鴻章立刻整飭儀容，嚴肅坐在椅上。當王公與其全部侍從走入客廳之時，李氏始起身向著來賓前行數步，並致問候之詞。因為余與李氏及土耳其王公皆係熟識之故，所以余未曾離去，即與彼等共坐該處交談。王公見李氏之自大態度，頗覺被其侮辱，因此特向李氏聲明，彼為一國元首，此次所以前來拜謁李氏者，乃係尊重中國大皇帝之故。因此該王公在拜訪時間內，只向李氏詢問中國皇帝以及皇太后的起居；而對於李鴻章這個人，則簡直毫不關心。此種舉動，對於素講儀式之中國人，當然認為十分侮辱。

對土耳其王公施報復

至於李鴻章則在該王公拜訪時間內，詢問土耳其的宗教一事。李氏並向彼聲稱：中國人乃係謹守孔子學說者。李氏語語不離宗教，總是歸結到該王公及其人民所奉究係何教之問題；於是該王公乃向李氏言曰：彼係回人，因此所奉者為穆罕默德所建立之宗教信條；並將該教內容，加以解說。解說之後，王公即行起身告辭；而李鴻章則伴該王公至車前，而且舉動態度，變得十分恭謹。余乃暗忖：你看，王公給與李氏之印象何等深大，該王公不過僅僅表示彼為一國元首而已。當該王公坐入車中，車身方正開動之際，李鴻章忽然大呼一聲，於是車復停止。時有俄國某軍官係任該王公之繙譯，同坐車中，乃詢曰：「請問，有何見教？」於是李鴻章言曰：「請即轉語王公，余有一事忘卻告彼，此時方纔想起。彼之開宗祖師穆罕默德，從前曾在中國，其後因罪被罰，揭示於眾，並將彼逐出中國，大約彼即偶然竄入土耳其等地，並為伊等建立宗教耳！」此舉之出人意外，竟使該王對於李氏之說法，一時深感昏惑，不知所措。至於余則十分明白，此方李鴻章對於該王公做出元首自大模樣之報復手段。於是李鴻章十分滿意，回到客廳，因其時業已不早，余乃告辭歸家焉。

李鴻章的中堂架子十足，曾有一次把伊藤博文搞到心中不快而要施報復。甲午戰爭時，清廷派張蔭桓、邵友濂赴日議和，日人拒不接待；伍廷芳時為隨員，曾以私人資格前往拜候伊藤（伍氏與伊藤在英為同學）。伊藤對伍廷芳發牢騷，說他在十年前往天津見李鴻章時，李擺出一副上國宰相的大架子，簡直不把「島夷」看在眼內，其威嚴之處，使人戰慄云云。後來，伊藤向伍氏暗示，如果李鴻章肯親來講和，當然接待的。伍氏歸後即以所聞電告總理衙門，於是決定跟李鴻章至日議和。李氏此行曾遭浪人狙擊，說不定是伊藤所主使的呢！

晚清名臣張之洞遺事談

楊竹樓

清朝光緒末年，內外大臣中，以張之洞最有名士氣，他也以此沾沾自喜。之洞為人，可議之處甚多，若從今日那些批評家的眼光來批評他，也許他是個毫無價值的大官僚，他在湖北所有的建設，全無足取，徒耗國帑數千萬而已。但七八十年前中國談洋務的人還是很幼稚，有一個大官肯於耗國帑數千萬來開設工廠，事事為公，沒有把那筆很大的建設費吞一半下肚，到今日還有不少機器、廠址留給我們，已算難得了。南通張狀元季直（謇），於光緒廿三年丁酉（公元一八九七年）三月往武昌見張之洞，參觀他所設的鐵廠、槍砲廠，在日記中贊道：「南皮要是可人！」（見是年三月二十一日日記）。這一贊尚非過譽。張季直又有答周家祿〈問南皮旨趣書〉云：「承問，謇與南皮交不深，聞人之言曰：南皮有五氣，少爺氣、美人氣、秀才氣、大賈氣、婢媼氣。又云：南皮是反君子，為其費而不惠，怨而不勞，貪而不欲，驕而不泰，猛而不威。然今天下達官貴人，能知言可與言者，無如南皮，若好諛不近情，則達官貴人之通病，不足怪，足下久與處亦當自知之也。」（見張謇丁酉六月初三日日記。按：此函亦見《張季子九錄》文錄卷十一，題為〈復彥升問某公旨趣函〉，函中南皮二字，皆易為「某公」。彥升為周家祿字，海門人，早年與張季直同客吳長慶幕府。）這些話雖然是湖北官場那些不滿於張之洞的人所造的挖苦語，但我們不能說造得不恰切，拿來做張之洞的像贊，大概還不致十分空泛吧！

張之洞死於宣統元年己酉（一九〇九年）八月二十一日，各方面所致的輓詞很多，其中包括祭文、輓詩、輓聯，有些不止寫得情文並至，而且有關一代掌故，像這樣的應酬文字，我熟讀了幾十首，到今仍能成誦，現在就所記者爬梳其中故事，以當張之洞遺事讀，或亦為讀者所喜也。

西太后親擢探花郎

咸豐二年壬子（一八五二年），之洞年十六，中解元，可謂早達，但一直到十一年後二十七歲才點了探花，未免遲一步了。這一年是同治二年（一八六三年）癸亥，為西太后垂簾的第二年（雖曰兩宮太后垂簾，但操實權仍為西后），據說之洞的殿試策不依照習慣，行行寫到底，遇抬頭之處就飛抬，因此大為西太后所賞識，親擢為第三。（按：許同莘《張文襄公年譜》同治二年條，記云：「二十一日廷試（對策指陳時政，不襲故常，閱卷大臣皆不悅，設置三甲末，文靖公寶鋆亟賞立），閱卷大臣置二甲第一。試卷進呈，兩宮皇太后拔置一甲第三。」所謂「不襲故常」，即飛抬也。許君此書作於三十年前，初稿刊《河北月刊》，一九四四年五月，重慶商務印書館出版。又，許君誤廷試的「讀卷大臣」為「閱卷大臣」，「讀卷」與「閱卷」大有分別，不能混也。）西太后本是沒有學問的人，她怎會賞識張之洞的對策，所謂親擢為第三人，亦不過當時的人特意製造此「佳話」耳。即使真為西后所拔，她也未必賞識他的文章，或一時高興，聽寶鋆說這篇文章好，她就隨手放在第三，這樣，本為讀卷大臣所定的傳臚，一跳而為探花了。殿試的名次，一憑皇帝高興，有時只賞識一句慷慨激昂、盡忠報國的話，也可以由所定的六七名中擢為第一名的。不管是怎樣，西太后擢他為第三人，已成為口賞，於是之洞的遺摺提到這件事，而皇皇天語的御祭文也有：「爾晉贈太保，原任大學士張之洞，學問博通，經濟閎遠，持躬廉正，體國公忠，早對彤廷，邀璇宮之賞譽……」即指此也。

因此，之洞死後，少數友好在輓詞中有些也引用這個故事。如王世琪的「合東坡涑水為一人，恩體宣仁終始重。」桂邦傑的「比蘇玉局事功獨邁，溯先朝知遇，猶聞遺疏念宣仁。」均就受知西太后之事以發揮，而以西后的垂簾擬於宋之宣仁太后也。之洞的遺疏，有：「遭逢先朝特達之知，殿試對策，指陳時政，蒙孝貞顯皇后、孝欽顯皇后拔置上第，遇合之隆，雖宋宣仁太后之有宋臣蘇軾，無以遠過……」等語。關於蘇東坡為宣仁太后禮遇一事，散見宋人筆記，今引宋人無名子《隨手雜錄》（「說郛」本）所載，備讀者參考。文云：

> 子瞻為學士，一日，鎖院召至內東門小殿，承旨畢，宣仁曰：「有一事要問內翰，前年任何官職？」子瞻曰：「汝州團練副使。」曰：「今為何官？」曰：「備員翰林院，充學士。」曰：「何以至此？」子瞻曰：「遭遇陛下。」曰：「不關老身事。」子瞻曰：「必出自官家。」曰：「亦不關官家。」曰：「豈大臣薦論耶？」曰：「亦不關大臣事。」子瞻驚曰：「臣雖無狀，必不別有干請。」曰：「久待要學士知，此是神宗皇帝之意，先帝每讀卿文

章，必歎曰：「奇才，奇才，但未及進用卿耳。」子瞻哭失聲，宣仁與上左右皆泣。已而賜坐喫茶，曰：「內翰，直須盡心事官家，以報先帝知遇。」子瞻拜而出，徹金蓮燭送歸院。子瞻親語余如此。（按：宣仁為高太后，宋哲宗的祖母，以太皇太后臨朝，因為哲宗登極時只十歲。）

據無名子說，這件事是蘇東坡親口對他說的，其它筆記也有同樣記載，自然可信。但張之洞僅以考試文字為西太后擢上第耳，與宣仁之事不侔，而王、桂二人（輓詞中用此典實者不止此二人）以之比東坡，就是因為之洞遺摺中自言「雖宋宣仁太后之於宋臣蘇軾」云云也。（之洞遺摺，係他死前七日，自知不起，囑門人陳曾壽、傅嶽棻起草，他口授大意。死後，陳寶琛為改正數語，然後遞上。）

湖園召見傷心無語

之洞之飛黃騰達，一說當其為翰林官時，外國使臣常問總理衙門關於之洞的行蹤，執政大臣以告西后，因此之洞的印象常在西太后心中，可說是簡在帝心了，光緒七年即以內閣學士簡任山西巡撫。此說舊日頗為人盛傳，但恐怕不盡如是，仍以考試關係受知於西后，其後又以敢言而予西后以深刻印象為較可信。高樹的《金鑾瑣記》記西太后與之洞暮年相見於頤和園一詩，不僅有趣，而且亦為一動人的文字，今錄於此。詩云：

湖園召見上簾鉤，年少探在已白頭。
各有傷心無一語，君臣相對涕橫流。

自注：癸卯（光緒廿九年，公元一九〇三年）張文襄來京，湖園召見，出殿門，樹往迎之，扶到朝房休息數刻，坐肩輿回小寓。後遇濮梓泉前輩，聞之內監云：孝欽與文襄見面，孝欽嗚咽淚泣，文襄亦涕泣，始終未交言，蓋各有傷心，不知從何說起，惟有對泣而已。對泣已久，孝欽命休息，乃出。孝欽癸亥垂簾，閱定文襄殿試卷，是時文襄二十六歲（應作二十七，之洞應試報減一歲——引注），今免冠叩首，白髮鬅鬙，孝欽焉能無感？（按：高樹，字蔚然，四川瀘州人，以進士官御史，與其弟高枏皆光緒朝名御史也。《金鑾瑣記》是他用珠巖叟筆名所作的詩百餘首，幾於每首皆有小注，頗可參考。）

這也是說之洞與西太后有文字因緣的故事。「君臣相對涕橫流」，也可以勉強說頗類於垂簾的宣仁和蘇軾了。

張之洞做兩廣總督時，開始賞識梁鼎芬，請他做廣雅書院院長，後來之洞調湖廣，鼎芬也在武昌追隨，甚為之洞眷注，鼎芬亦有知己之感。樊樊山（增祥）是之洞的門人，亦為之洞寵信，之洞死後，好事者戲輓一聯云：「星海雲門同悵惘；遠山秋水各淒涼。」鼎芬字星海，增祥字雲門，而遠山、秋水則傳為之洞寵姬也。以這兩個名翰林來對相公的寵姬，無乃太褻，亦過於輕薄了。（一說遠山秋水並無其人，不過造來為對，以取工整而已。）

梁樊二人各有二聯輓之洞，梁聯云：「甲申之捷，庚子之電，戰功先識孰能齊，艱苦一生，臨沒猶聞忠諫語；無邪在粵，正學在湖，講道論心惟我久，淒涼廿載，懷知那有淚乾時。」又一聯云：「老臣白髮，痛矣騎箕，整頓乾坤事粗了；滴眼蒼生，淒然流涕，徘徊門館我何如！」第一聯不算怎樣好，第二聯就情文兼至，且有遠致，佳作也。此聯常被人誤為王湘綺所作，《清朝野史大觀》及易宗夔《新談往》皆誤。其實王湘綺固有一聯，文云：「文襄定勝左文襄，漢宋兼通，更有鼇頭廷試策；年伯今成太年伯，斗山在望，來看馬鬣聖人封。」款署：「王闓運遣第三子代輿齎叩。」湘綺年輩比之洞略高，他名聞九洲時，之洞不過是個翰林而已，並且湘綺只在「中興將帥」幕府中為賓客，未曾一館之洞，湘綺怎肯自降身份來說「徘徊門館」？

諒山之役運籌有功

湘綺輓詞有「文襄定勝左文襄」，以之洞謚文襄也。其得文襄之謚，頗與廣東有關。咸豐三年，大學士、軍機大臣祁寯藻面奉諭旨，文武大臣，武功未成者，不得擬用襄字。因此一般人對於之洞之得文襄，未嘗無疑，之洞一生從未帶過兵打內戰，何來武功？但光緒十年甲申中法戰爭，之洞恰在兩廣，他雖沒有親臨前敵指揮作戰，但坐鎮後方，調兵遣將，且係與外國交綏，不同於左宗棠以屠殺同胞有「赫赫戰功」而蒙文襄之謚也。羅獻修輓聯為解釋之。聯云：

勸學踵儀徵太傅，更有大焉，洵嶺嶠百世之師，顏歡寒士，長留廣廈千間，惟慚後樂先憂，佛時諄勗為文正；

易名媲湘陰爵侯，夫何疑者，慨中外兩軍相見，威震遠人，獨數諒山一役，全仗紆籌決策，將略知非短武鄉。

跋云：「……朝旨晉贈太保，予謚文襄，或疑隨何無武，哀慼之餘，濡筆以誌嚮往云。受業羅獻修。」

左宗棠的戰功，當然比張之洞多出萬萬，但左打的是內戰，屠殺同胞來染紅自己頂子的，之洞諒山之捷，係與外兵作戰，為左宗棠所無。當時若非李鴻章一意求和，越南也許不會被法國吞去幾十年之久。關於張之洞與法國作戰事，鄭業斅有輓詩一首，可當作此役的詩史讀。詩前並有小引，今盡錄後（按：鄭字君覺，號幼惺，長沙人，一九一九年逝世，年七十八。甲申中法戰爭時，他在彭玉麐幕中，時官道員。）：

光緒癸未、甲申（按：光緒九、十年，公元一八八三、八四年）間，法蘭西弄兵越南，斅隨彭剛直公籌防粵東，因得以士相見禮謁公於節署。後公見斅為彭公所具奏牘，頗蒙許與。公今騎箕天上，盛德大業，炫赫中外，時人類能言之，獨在粵有一事，關係大局頗重，而世顧尟知之者，為記以詩，以備異日史氏採擇，惟筆力孱茶，未足導揚休美為憾耳。

越裳我屬國，屏蔽西南偏。
島夷肆憑陵，肇衅窺龍編。
中朝赫斯怒，雄師出臨邊。
典兵嗟匪才（潘琴軒中丞），韜鈐未精研。
疆場頻失利，重關弛扃鍵。
坐令千里內，蹂躪無人煙（潘遇敵即退，兩日夜馳數百里遁回南寧，敵躡蹤而來，龍州、鎮南關遂失守。），詭詞飛入告，諉罪偏裨焉（潘並未臨陣，乃電奏苦戰受傷，馮子材、王德榜兩軍不聽調度，坐視不援，故致此敗）。
失律有常刑，嚴旨降自天（電旨：馮子材、王德榜不聽調度，著即軍前正法）。
桓桓馮與王，束髮事戎旃。
百戰著勳績，卓為當世賢。
胡來三字獄，陷法難生全。
公時洎本兵（謂彭大司馬），激昂意不平。
抗論發覆盆，敷奏如湧泉。
王將實恇怯，措施多倒顛。
敗衂乃自致，部曲洵無愆。
巧飾口如簧，其言豈其然（公接電旨，即與彭公會商，謂前敵所恃惟馮王兩軍，今若此，大局不可問矣。遂合詞電奏，並馮王不聽調度，實由潘撫調度乖方，且陳其欺飾狀，將前旨繳請收回）。

天高能聽卑，德音幸復宣。

重譴坐專閫，此外毋株連（有旨，褫潘職，馮王釋不回）。

一時士氣伸，踴躍聲般闐。

鍛矛礪乃刃，凌厲勢無前。

諒山遂奇捷，威稜讋垓埏。

彼醜大奔北，蔽野拋戈鋋。

匍匐泥淖中，但乞殘喘延（西人戰敗，凡投械跪地者即不得殺，華兵不知此例，概行屠害，故法人此役死亡甚眾）。

神說貴不殺，納款許自湔（軍臨大捷，而鮑春霆軍門大隊，已由桂林南來，使合軍乘勝長驅而前，不獨越南失地可以盡復，即其西貢老巢，亦可一舉廓清。乃廷議許和，遽令罷兵，公與彭公力爭之，不能得）。

……

輓詩中有自署「留學生李汝謙」的五首寫得最好，其第二首云：「天將時局故翻新，萬種艱危試一身。有福方能生亂世，無疵轉不算完人。直兼新舊將焉黨；最凜華夷卻善鄰。甘苦要聽公自道，調停頭白范純仁（用公舊句）。」第三首有「蓮炬當時曾荷寵」，第四首有「易名恪靖慚同調」，是說之洞受知西太后，與宣仁徹御前蓮燭送東坡歸院事。左宗棠封恪靖侯，語文襄，「易名」句，似對左之「戰功」有彼哉彼哉之意。（李汝謙字一山，山東濟寧人。）

宋育仁輓詩十首，不僅做得極好，並且與史料有關，對之洞於軍謀、外交、建設等，皆有闡述。十首中，除第一及第九外，餘均有詳注，因為太長，未便盡錄，現在只錄第二首於此：

文經兼武緯，後樂每先憂。
劍佩鈞三奏，雲霄羽一籌。
夷吾出江左，陶侃在江州。
早計成功退，功成晚鄴侯。

（自注：自移鎮鄂，即注意練兵，設槍炮廠。常引陶侃惜分陰以勗官士。甲午之役，各省槍械皆資於鄂，曾語育仁云：「李建堂、于次棠豈非正人，第於海疆告警，則就鄂求軍械，比事罷，則又言製槍炮之非，何為作此亡國之臣語耶？」按：李建堂即李秉衡，于次棠為于蔭霖。）

宋育仁號芸子，四川富順人，光緒十二年丙戌翰林，張之洞做四川學政時所取士，故稱之洞為師，曾隨使外國。

光緒廿七、廿八二年，端方做湖北巡撫，督撫同城，這個老世伯張之洞大權獨攬，世姪無如之何也。好事者撰聯誚之云：「端拱無為，遇事全推老世伯；張惶失措，大權旁落丫姑爺。」上聯指端方以世姪身份謹事總督，遇事罕所主張，只說：「待請示老世伯。」下聯之「丫姑爺」，則指張彪也。端方挽張聯云：「尋詩江令宅，籌筆庾公樓，宦跡久相從，萬古雲霄成一瞬；早歲賈生書，晚年諸葛表，時艱方待補，巨川舟楫失同心。」下款自稱愚姪，蓋舊有世誼也。端方時為直隸總督，之洞死後二月，即被革職。（端與張有什麼世誼，不大清楚，据劉成禺《世載堂雜憶》，引高友唐《高高軒隨筆》說，之洞長子張權，與端方有金蘭之誼，故尊之洞為老世伯。友唐曾居張幕府。）梁鼎芬為端方謀久署鄂省，阻之洞回任，世人知者已多，這個老世姪也太對不起老世伯了。

我佛山人的精采描寫

張彪輓之洞聯云：「數十年恩蔭何深，仰名世天生，仁風久布；三千里哀音忽至，恨東㢲道阻，淚雨遙飛。」署款：「記名提督、四川松潘鎮總兵、第八鎮統制官、奇穆欽巴圖魯張彪。」這一聯很平常，不能算是佳作，但上聯首句「數十年恩蔭」云云，則寫出二張關係不尋常。張彪在山西追隨之洞到廣東，後來又到湖北，雖然官至一品大員的提督，與地方總督為敵體官，但張彪仍以下屬之禮事之洞。所謂「丫姑爺」，則傳說之洞以通房丫頭嫁張彪為室也。我佛山人《二十年目睹之怪現狀》第八十三、八十四回寫湖北一個總兵朱狗（影射張彪）和總督侯大人的關係，湖北巡撫言大人誤以女兒許朱狗為繼室夫人，但言中丞的太太不肯，罵丈夫為什麼拿女兒給兔子做填房。搞到家庭鬧意見。後來幸得一個姓陸的道台（影射洪述祖）向言中丞獻計，用移花接木之法，陸道台將收房的婢女認為女兒，拜在言中丞一個姨太太膝下為乾女兒，掩耳盜鈴的嫁了過去，故有丫姑爺之稱。這件事在當日的武漢是人所皆知的。我佛山人曾在漢口一家報館工作，他把這件趣事寫入小說，描寫得很精采。

高凌霨一朝時來運轉

天津人高凌霨，在民國初年也是一個政海紅員，歷任內閣總理、總長等官職，清末亦官至提學使、布政使。他本來是一個舉人，得之洞提攜，就一帆風順，到民國之後，也曾做到國務總理，居然是「宰相」，和張之洞的大學士同等官階了。（舊官僚做過總長的，往往喜自稱為尚書，國務總理則自稱宰相。近日在北京逝世的李根源，也曾代理國務總理一個短時期，雖然不能往上任，事後也刻過一個「宰相」的印，蓋在碑帖書畫之上。）凌霨輓之洞聯云：「十桂論政要，五福治文書，隨待八年，惟見公心血多人數斗；靈均憂時亡，武鄉盡瘁死，遠謀百世，知舉國歌泣尚在他年。」原來高凌霨是個不得意的舉人，在總督衙門當個黑文案，夠不上張之洞召見的。某日，忽有一緊急文書要發出，之洞找那班紅文案，而眾師爺早已「放工」走了，止有高氏一人還在。之洞姑且叫他來擬稿，問他的底子，知為舉人出身，並且又是直隸人，同鄉也。之洞口授大意，高氏即援筆立就，敘字周浹，文筆亦流暢，並且寫的是一筆蘇字（之洞字學東坡），甚為之洞稱賞，於是由黑變紅了。光緒三十三年張之洞入軍機，以大學士管學部，薦高氏為湖北提學使。清朝官場習慣，知府知縣對督撫自稱卑職，藩司口稱「司裡」，在公文上則稱「本司」。高氏升提學使，已是方面大員了，他打電報給張之洞道謝，電文中有「本司」之語，之洞見了大怒，立刻回電，罵他器小易盈，高氏連忙復電謝過。以後凡有公文給之洞，不敢自稱「本司」，但又不便再稱卑職，使異想天開，創造一個官場名詞，自稱「職司」，介乎卑職與本司之間也。之洞生平最講究這些小節，當他在湖北時，凡道台升為藩臬者，初見面時，不敢自稱「本司」，仍稱卑職，等到之洞吩咐「以後可以改稱」了，然後謝大帥栽培，否則必為之洞所不喜。高氏追隨之洞八年，應該知道相爺的脾氣，而竟樂極忘形，所以受到之洞申飭也。

口氣之大幾乎噴倒人

前山西巡撫俞廉三輓聯云：「三晉領封圻，策勵群材，守令中秉節者五人，開藩者四人，當日得人稱盛事；片言窺抱負，經營八表，法越後甲午為一變，庚子為再變，老成應變建豐功。」此聯的上聯自吹為「秉節者五人」中之一，下聯恭維死者，所謂生死兼顧，輓聯體例如此也。俞廉三字廙軒，浙江山陰人，監生出身，光緒初年，之洞任山西巡撫，廉三在山西不過一個小小的官兒，甚為之洞賞識，其後屢為之洞論薦，光緒二十年後，已任湖南布政使，戊戌政變後，巡撫陳寶箴革職，俞廉三即升任巡撫，光緒廿八年調山西，下一年因病開缺。他在湘晉二省任上，雖然沒有什麼建樹，但尚能不取非義，故官聲還好。他在山西做小官時，得之洞提攜，二十年後自己又為山西巡撫，亦大丈夫得志之秋了，故有「得人稱盛事」之語。不過下聯的「經營八表」，由今日吾人觀之，似有幽死者一默之嫌。張之洞由晉撫升粵督後，謝恩摺有「身繫一隅，敢忘八表經營」之語，其語甚壯，亦書生喜大言之習，之洞固未能免此也。不料搢到京後，為軍機大臣所見，傳為笑話，僉認兩廣不過一隅耳，你張之洞有什麼憑藉而欲經營八表？口氣之大，無乃噴倒人乎！時其從兄張之萬新入軍機，對老弟此等壯語甚以為不然。相傳之萬嘗佩外國時計二，或訝其多，以為一之可矣，何二為也。之萬笑曰：「吾僅二表，視吾弟八表猶少矣。」

光緒十九年，有大理寺卿徐致祥者，向朝廷上奏一本，狠狠的劾張之洞好作壯語，並耗費公帑。這個徐致祥早在光緒廿五年死去，故未有輓之洞的文字，否則必有「八表經營」等語入聯的了。（按徐字季和，江蘇嘉定人，咸豐十年翰林，是這一科的會元，為之洞的翰林前輩。但之洞於咸豐二年即中解元，徐會試中會元之文，全篇鈔套之洞中解元之文，傳遍京省，徐亦自羞，永不與之洞見面，雖同在翰林院供職，而徐故避之也。）中法戰爭後，有人作聯誚當事疆臣云：「八表經營，也不過山西禁煙，廣東開賭；三邊會辦，且看侯官降級，豐潤充軍。」上聯指之洞在山西、廣東的政績，下聯言陳寶琛降級，張佩綸充軍，二人皆辦理海疆債事的大臣也。（按：寶琛係福建閩縣人，非侯官。）

馮啟鈞大殺「革命黨」

詩人陳石遺，於光緒廿四年戊戌曾居張之洞幕府，甚為張賞識，請他做官報局總編纂，並辦理一切新政筆墨，月致薪水百金。之洞死後，石遺輓之云：「合陶桓公謝太傅為一人，宏濟艱難心力盡；有裴中令李贊皇老從事，平生學術見聞真。」因為他曾在張幕府，故以「老從事」自居，言關係之不淺。

廣東南海人馮竹儒（焌光），有學行，喜西洋新學，在曾國藩幕府時，首先從香港買了望遠鏡帶在相贈，竹儒之子馮啟鈞，大概因梁鼎芬關係（鼎芬為竹儒姨甥，與啟鈞為表兄弟），也在湖北做官，受之洞識拔，做湖北巡警道，以長於偵緝革命黨人，所以之洞倚之如左右手，革命志士死在馮手上不知凡幾了。後來瑞澂做湖廣總督，惡啟鈞不法，嚴劾褫職，並誅所部劣弁，鄂人大快。但也有人說馮啟鈞去職後，革命黨在湖北去一大敵，就放心活動，結果使武昌成為首義之區，則瑞澂有功於民國，而啟鈞有功於清朝也。啟鈞有兩聯輓之洞，一公一私，頗可誦。公聯款署「湖北巡警道馮啟鈞」，句云：「峴首愴登臨，湛輩追從，淚墮豐碑千祀遠；曲江吟感遇，杜陵家則，氣含公鼎八哀終。」私聯署款「年愚姪馮啟鈞」。句云：「惟相公身繫天下視為安危，末座屢陪，偉烈崇閎用心苦；與先子講學京師稱四豪傑，清芬難接，遺孤嗚咽受恩深。」

劉成禺《世載堂雜憶》五十九頁。有「梁鼎芬忽然有弟」一則，文甚趣，錄如左：

張之洞胞弟之淵，為候補道，辦大釐金、糧台，虧空巨帑，廷寄派大員查辦；之淵畏罪，吞金死。梁節庵胞弟鼎口，為湖北知縣，亦辦大釐金，亦因大虧空，吞金自殺。時與余家比屋而居，故知之。之洞與節庵談及家世，流涕不置，白日看雲，無弟可憶也。時有縣丞稟見，名梁鼒芬者，之洞持手板，連呼梁鼒芬者三四，不問一語而入；見節庵曰：「汝今有弟矣，梁鼒芬也。」

這一則極有趣，劉成禺記事，大都不可靠，且有杜撰故事之嫌（《世載堂雜憶》一書，一九六二年上海中華書局出版，近日很多人鈔而竊之，投於刊物，而不知以訛傳訛，盡中劉麻哥之計也），但這一事卻可信，只有一小誤，之淵乃之洞之兄，非弟耳。之淵字蓉江，行三，之洞行四。之淵何時逝世，是否因虧空自殺，當再考。鼎芬兄弟三人，有沒有一個叫鼐芬，現在未能查出，但挽之洞的聯中有個款署「門下士四川知府梁鼐芬」者，其聯云：「生前治績，由兩廣兩湖而兩江，不堪卒讀遺書，著作傳茲勸學錄；身後榮名，繼太師太傅者太保，當此驚聞噩耗，呼號多是感恩人。」

累召累止耄毛始拜相

湖北人宓昌墀，深於文學，善製聯語，在山西做知縣時，縣城內外，有很多商店、民居都是縣大老爺所做的春聯。庚子年岑春煊勤王，道出山西，因供應問題，兩人曾有爭執。不久後，春煊做山西巡撫，兩宮回鑾，春煊往迎駕，路出昌墀州治，昌墀在行台上大榜一聯云：「此去朝天，願執疏陳言，毋忘在莒；這回過境，論下官不職，合便烹阿。」春煊見聯大怒，回省後，立刻將昌墀撤任，昌墀亦不示弱，即日回鄉，從此不再入官場討生活了。昌墀私淑之洞，有輓之洞聯云：「四顧更無人，昔也譁然今也哭；兩回曾論相，釋之長者柬之才。」款署「門外受業宓昌墀。」之洞以翰林清望，出任封疆，做總督二十多年，未曾得大學士，直到光緒三十三年丁未，始獲入相（五月為協辦大學士，六月即授大學士，七月遂由使相內召入軍機，為名實相符的宰相），昌墀言其「兩回論相」，是指他有兩個機會可以內召為軍機大臣。一次是光緒戊戌閏三月，北京政府召他入京「有面詢事件」，據傳當時有意令他入軍機，但為翁同龢所扼，是月廿一日，之洞乘船往上海將入京，廿四日就接到電旨，略說「現在湖北有沙市焚燒洋房之案，恐湘鄂匪徒勾結滋事，長江一帶，呼吸相連，上游情形，最為喫重，張之洞即日折回本任，俟辦理此案完竣，地方一律安靜，再行來京。」於是之洞又於四月初一日從上海回鄂督任。第二次是光緒廿九年癸卯四月入京陛見，直到三十年二月才回任湖廣總督，在京差不多一年，當時就有命他入軍機之說，但又未成事實。之洞的墓誌銘出他的老同志陳寶琛手筆，有句云：「公抱體國之忠，救時之略，應疆寄垂三十年，英流碩彥，群冀公持鈞軸奠區夏者，殆十年二十年，而需迫歸遲，重奪之速，天之不弔何如也！」銘詞有云：「宋庸樂喜，鄰國寢兵，陶桓淹廣，晉業不宏，相才俾鎮，如棟乍楹，老毗匪晚，願大寧盈。」又祭文有云：「以公之忠順純密，況數有大勞於國，早為兩宮之所毗，而乃累召累止，至耄老而始入相。」所謂「累召累止」，就是宓昌墀所說的「兩回論相」。之洞於光緒三十三年丁未（一九〇七年）五月為協辦大學士，拜相矣，他的老友王湘綺致書樊樊山有云：「孝達乘間，得遂參知，酬十年企望之心，宜有佳章作賀。」所謂「乘間」，是指協辦大學士瞿鴻禨因與慶親王奕劻鬥法，為人劾去，騰出一個協辦之缺，之洞始酬其心願也。「十年企望之心」，蓋指由光緒廿四年至三十三年，恰為十年。（之洞拜協辦大學士謝恩摺有：「伏念臣早參清從，薦典方州，以章句之小儒，領荊襄之重鎮，滔滔江漢，曾無文武之威儀，種種鬢髦，深愧鵷鸞之時彥，豈意隆恩渥煥，鼎席叨陪，群吏歎為殊榮，愚臣知其非分。昔者向敏中之耐官職，默契朝廷；范仲淹之拜參知，遠籌邊事。方昔賢而有愧，對隆遇以難酬。臣惟有傴僂滋恭，經營匪懈，江湖魏闕；交縈報國之憂誠，奮學新知，勉劑救時之良策」等句，感激流涕之情，溢於言表矣。）

因禍得禍陸鍾琦替死

陳寶琛和張之洞訂交很早，兩人志同道合，光緒初年，同為清流黨人物。之洞既死，寶琛有祭文，挽聯一訴其胸臆，祭文有云：「天既畀公以高世之特操，過人之異姿，以學以仕，復厚積而昌大之，宜使之得道以濟時，胡又或使或泥，若遇若不遇，而不究其施。」又云：「至耄老而始入相，益以孤孑伊鬱，徒涕出於彌留之一疏與絕筆之一詩。」又云：「吾之交公也以天下，哭公也亦以天下，而無所為私，獨以三十年之離索，猶及生存數面，瀕危一決，蓋亦非人所能為。」挽聯云：「以經天緯地為文，新法舊經，持世恐無人可代；有注海傾河之淚，近憂遠慮，窺微早識病難為。」（寶琛工聯語，尤擅挽聯，但這一聯不見怎樣好，大概太過加意製造，反不見出色。）其送之洞歸櫬詩有云：「……太行蜿蜒送公處，卅載豈意重隨肩。對談往往但微歎，此景追味滋涕漣。九原何者算無負，躑躅四顧傷殘年。」寶琛自中法戰爭後，降級家居，在故鄉二十四年不出，宣統元年，以張之洞力薦，起復原官，掌禮學館，補閣學，宣統三年辛亥五月，簡任山西巡撫，但不久又改以侍郎候補，充毓慶宮師傅。他送之洞歸櫬詩「太行蜿蜒送公處，卅載豈意重隨肩」就是指光緒七年之洞簡山西巡撫，豈意三十年後，他也做山西巡撫也。幸喜他的山西巡撫做不成，因為他做了帝師，山西巡撫改派陸鍾琦，陸到任後三個多月就遇到革命，山西起義，鍾琦為民軍所殺，其子翰林院侍講陸光熙以身護父，亦被誤殺。如果寶琛做巡撫，則死者不是陸氏父子了。

陸鍾琦做了陳寶琛的替死鬼，迷信的人就說寶琛的福命厚，將來必定富貴壽考，不過寶琛壽考則有之，富貴則未必，他一直活到民國廿四年（一九三五年）乙亥，才以八十八歲高齡死於北京，可說是長壽了。鍾琦死後，寶琛有聯挽之云：「忠孝一門，風世有人增國重；河山在望，殉官無術愧君多。」下聯即指「替死」之事也。

清末的一部著名社會小說《官場現形記》（作者李寶嘉，筆名南亭亭長），有一回「八座荒唐起居無節」，就是寫張之洞在湖北那種「大帥」的架子，雖是小說家言，但有七八成是事實。他的起居無節，見於劾疏，早已上達「天聽」了，但天高皇帝遠，他是兩省之主，無異是湖北的土皇帝，誰敢對總督說個不字呢。因此湖北人就譏了一副聯來譏誚他，聯云：「起居無節，號令不時；面目可憎，語言無味。」日久，之洞也頗聞此說，對他的心腹幕友說：「我的面目是否可憎，乃生自父母，而且我自己也看不見，不過說我語言無味，我的語言何曾無味，說我的人未和我深談過罷了。」上聯確是之洞的寫照，關於此事，已歷見前人記載，不必贅說。下聯的張之洞則並非如是，名士派重的人，似乎不致十分語言無味的。

張之洞與劉坤一、袁世凱之間

偉霖

張文襄公（之洞）是晚清繼曾（國藩）、胡（林翼）等中興名臣之後，與李文忠公（鴻章）齊名的重臣。他早期為清流黨的黨魁，以敢言馳譽都中。接著由山西巡撫而洊升至湖廣總督；最後入閣為軍機大臣。一路官運亨通，富貴壽考。在中國近代歷史上，佔了很重要的地位。

在他一生中，如庚子（一九〇〇）八國聯軍入侵，他與兩江總督劉坤一同倡「東南自保」；堅持反對簽訂中俄條約；倡行新政等舉措，在當時危急存亡之際，都是需要絕大的智慧和定力才能做到的。關於他的一生，論述者已多，本文僅不過是漫談此公一生中的二三軼事逸聞而已。

一封奏摺參掉劉坤一

光緒初年，張之洞以「探花」、「解元」、翰林公儕身諫臺，因為他年紀既輕，才學又好，並且膽大敢言，不旋踵間即儼然成為當時所謂「清流黨」的魁首，一時浸浸然使元老側目，新秀仰望。

光緒七年六月間，張之洞上了一個「奏請慎重東南疆寄西北界務」的疏摺，參奏湘軍宿將兩江總督南洋大臣劉坤一。這一奏摺的大意是說：「方今急務。無過東南之海防……兩江總督兼領南洋，為東南半壁所寄，尤為重要；劉坤一嗜好素深（按：劉有極深的鴉片煙癮），比年精神疲弱，於公事不能整頓；彭玉麐與之籌議海防，頗為掣肘；且沿江炮台，多不可用，每一發炮，煙氣眯目，甚或坍毀。而劉坤一不能別加營造，一旦有事，豈不可危，方今中朝汲汲以禁煙為自強要策，而疆臣蹈之，何以服遠人乎？伏望朝廷熟念東南雜劇，疆寄非輕，別簡清強威重大臣，使代其任。」

這一封奏摺遞上去以後，不數日，上諭「劉坤一著開缺來京」，竟如此輕鬆地就參掉了一個封疆重臣，由此一點可見當時張之洞的份量了。

勵行新政遭嚴厲彈劾

不想天下事竟有如此湊巧，就在張之洞參倒了劉坤一的十二年以後，也就是光緒十九年，張之洞已經歷經山西巡撫、兩湖、兩廣而做到湖廣總督了；因為他順應潮流，勵行新政，既立書院、設書局，又創機器局、煉鐵廠和開煤礦等新玩意，這樣的言行舉措，自不為一班抱殘守闕的保守派所容忍，於是在這一年的四月裡，朝中就有人參劾他：「蒞粵五年，虧耗國家帑項及私自勒捐者，總計不下數千萬兩……」

調到湖北以後：「今日開鐵礦，明日開煤礦，此處耗五萬，彼處耗十萬……浪擲正供，迄無成效。」

並且還這樣說：「方今中外諸臣章奏之工，議論之妙，無有過於張之洞者；作事之乖，設心之巧，亦無有過於張之洞者！此人外不宜於封疆，內不宜於政地，惟衡文校藝，談經徵典，是其所長。」

最後的結論是：「該督被皇太后皇上如此寵遇，而逞臆妄行，一至於此。」

像這樣嚴厲的參劾，當然是非常嚴重的。彈章上去以後，廷諭竟命當年張之洞的的冤家對頭劉坤一查辦——這時劉坤一又已復任兩江總督了。

沒有想到劉坤一竟不念舊惡，在覆奏時不但不乘機報復，落井下石，反而對張之洞盡力開脫，極為迴護，並且肯定的指出「該督謀國公忠，勵精圖治。」因之奏上就奉旨「張之洞著毋庸議。」經過了這一番恩怨，張之洞感愧交併，從此以後，與劉坤一交堅金石，同心協力，併肩為安定和建設東南與華中、華南而努力。

老氣橫秋視袁如後輩

張之洞少年登科，當他以名翰林出膺疆寄時，袁世凱還祇不過是一個游手寄食的落拓青年，雖然袁是名門之後，三世公卿，但因為他本人困於場屋，始終未青一衿，連一個秀才都搞不到手，所以袁世凱在張之洞的心目中，不但視為後輩，而且頗為輕視。

當袁世凱出任直隸總督時，有一次，張之洞從湖廣總督任上入京陛見，道經天津，袁世凱一方面為了表示對於這位老前輩的尊崇，一方面為了炫耀自己的力量，在張下車時，盛陳儀仗，並且把他所組成的中國第一個軍樂隊排列出來歡迎張；以後在張留津期間，還請張檢閱北洋新軍和在督署鋪張盛宴。

沒想到張之洞從下火車起，就一直懶散偃蹇，老氣橫秋，不但對於車站上那一些洋玩藝見視若無睹，即在檢閱北洋軍時，也是口含旱煙桿，左顧右盼，一付心無所屬的樣子。最使袁世凱下不了台的，是袁在督署大張盛宴，北洋文武高級宮吏躋躋一堂，觥籌交錯之時，張兀坐首席，閉目養神，一若昏昏然進入夢鄉中，不管袁世凱怎麼敷衍搭訕，文武群僚連袂敬酒，他老人家都如老僧入定般的不加理睬。

這時的袁世凱正是如日方中，加以直隸總督北洋大臣又是全國各總督之首，冠冕群倫；如今當著成百的文武僚屬，被張之洞那麼存心冷淡——甚至於可以說是侮辱，當然內心裡是非常的氣惱，但是張既屬前輩，而且位尊望隆，卻也無可奈何，只好隱忍在心裡。

輕視老袁非科甲出身

到了光緒三十三年，革命的風潮日益澎湃，清廷為了實行親貴集權，削減漢人的實力，採用了良弼和鐵良的建議，宣召張之洞和袁世凱入值為軍機大臣，張並兼體仁閣大學士，袁兼外務部尚書，名為重用，實乃削奪他們兩人的權力。當時軍機大臣為奕劻、世續、載灃、鹿傅霖、張之洞和袁世凱等一共六人，表面上看起來是滿漢各半，但漢大臣中，鹿傅霖和張之洞皆行將就木，已不能發生什麼作用，袁世凱雖在壯年，且有北洋新軍為後盾，但因為他在六個大臣中資格最淺，按清例：每日軍機入值和退班是六人魚貫而行，袁照例總是排在行列之末，並且須在進出時為前行的文人打開門簾，且於朝對之際，十九都是由軍機領班慶親王奕劻一人開口答話，其他的人祇不過陪跪在側而已。所以名義上雖然滿漢各半，事實上一切大政的決定，都落在滿人手裡。

這時的張之洞已是老態龍鍾，無復當年目營八表之概；一舉一動都是恃才而驕，以前輩自居。在坐談中，每喜與翰林後輩暢談詞林掌故，如有袁世凱在座，則在議論之際時加諷刺，蓋輕視他不是科甲出身，有術而無學。

於一次在聚談時，張之洞在提到他所最賞識的楊士驤（蓮府）時，忽然斜睨袁世凱說道：「沒想到慰亭（袁世凱字）一旦做總督，僚幕中乃有楊蓮府。」

袁世凱對張早已心懷舊恨，更見他公然輕己，不甘示弱，也反唇相譏道：「天下多不通的翰林，我眼中只有三個半人：張簣齋（佩綸）、徐菊人（世昌）、楊蓮府（士驤）算三個全通的；張季直（謇）只算半通而已。」

張之洞聽了，知道袁是針對自己而發，但當時不好翻臉，只好留在心裡，以後找機會報復。

即席擬稿苦煞袁世凱

清例，凡由軍機處令各省督撫時，遇到重大事件，都是由各軍機大臣集議後，當場推舉一位大臣擬稿。有一天，各軍機大臣齊集樞廷，共商一件有關軍務的重大事件，議成後，張之洞搶先當眾面譽袁世凱曉軍事，認為這件文稿的撰擬非袁莫屬，請其即席命筆，眾意僉同。袁世凱推辭不得，只好提起筆來的搔首咬指，良久始在滿頭大汗中勉強脫稿。

軍機領班慶親王奕劻略一流覽，即把這份文稿遞給張之洞請其裁定。張一面看，一面提起筆來邊改邊說道：「張季直扔不盡的沙石，到如今還留待我接扔呢！難怪前輩說過：要下三十年功夫才能做到不通。」哈哈大笑聲中，擲筆而起，袁世凱的這份文稿已被塗抹殆盡，幾乎已全變成張的手筆。

扔沙石老袁啼笑皆非

張之洞所說的「扔沙石」，是有典故的：原來袁世凱一出道即投吳長慶軍門麾下，吳以老世叔的資格（吳為淮軍宿將，久隨世凱叔祖袁三甲征戰，所以世凱在屢試不中後，無所依歸，乃往投效），勸他仍應由正途出身，並且要他先寫一篇文章來看一看。袁很用心地寫了一篇策論，自認為很滿意，不想吳長慶看了以後，指其「文多沙石，字多反筆。」要他先虔心攻讀，每句作一篇文章給同在吳幕中的南通狀元張謇（季直）評改。張之洞就是引用這段舊事來譏刺袁。因為張季直與袁有這一段半師之誼——雖然後來袁在青雲直上後，對張季直的稱呼從「夫子大人」一改再改，最後竟稱「季直仁兄」，以致張季直有一次寫信給他時說：「足下之官位愈高，鄙人之稱謂愈小」——所以袁還算張季直為半通的翰林，總算是還沒忘記這一段香火緣。

袁世凱被張之洞突然來了一次面試，並且還當眾揭了他的底牌，受了一場笑罵，又無法反擊，年前天津的一段舊恨，尤在念中，因此對張益加懷恨，雪恥之念，無時或忘。

一副對聯出了口惡氣

有一天，奉天交涉史許鼎霖入京引見，先一日曾往謁張之洞。第二天張入值軍機時，閒來無事，忽然想起許鼎霖的別字叫「久香」，一時興起，擬好一句上聯「煙惹御爐許久香」徵對。許久香既是人名，又是口語「香得那麼久」的意思，且恰好在樞廷，殿陳御爐，香煙飄渺，既要寫景，又要用口語，還要切上人的名字，這似乎是一付極難對的上聯。

這時，袁世凱適也在值，張笑問袁道：「足下亦有此雅興否？」袁以為張又來譏諷自己，退朝後憤憤不已，但自己究竟腹笥有限，實再難以在文字上加以還擊，袁只好商諸於幕客楊士驤（蓮府），聲稱願意花千金求一聯語，但是一定要好，並且能夠擊中張的要害。楊士驤想來想去，要對上這付對聯並不太難，但要反擊張之洞，卻實在不容易；自己既無能為力，就轉介一位名士曾毓瑜，千金送去後，下聯即刻帶回，袁展視大喜過望，連聲讚好。

第二天入值奏對後，軍機大臣們在樞廷小憩，忽然有人送進一封信來給張之洞，張拆開一看，竟是一副對聯：

煙惹御罏許久香；
圖陳秘戲張之洞。

之洞一看之下，連呼「混賬」，立即把那張紙條擲入火爐中去，但是這付對聯已為其他的幾位軍機都看到了；袁世凱還怕別人沒看清楚，故意作不平狀說：「我看這付對聯的下聯，對得簡直不通，『圖陳秘戲』四個字怎麼會連接得上老相國的名諱呢？簡直是混賬。」因此一來，這付聯語就傳遞了九城。大家認為張之洞一生以罵人起家，沒想竟栽在以騙人起家的袁世凱手裡。袁總算出了一口胸中惡氣。

按：《國聞備乘》載：「張之洞性情怪癖，或終夜不寐，或白晝坐內廳宣淫。」曾樸所著《孽海花》小說第五回：「插架難遮素女圖」中，也描述張之洞家居恣縱不檢的猥褻情景，為洪狀元（按即賽金花的丈夫）在他書房候晤時偷窺到。另外稗官野史也有很多記述張之洞縱慾貪淫的故事。這就是為什麼曾毓瑜的聯語會用上「圖陳秘戲」四字；也就是為什麼張之洞會如此難堪和氣憤的緣故。

生死關頭替袁說好話

張之洞和袁世凱入值軍機未及一年，慈禧太后和光緒皇帝就在二日之內，相繼賓天，慈禧遺命她的外甥溥儀即皇帝位，是為宣統皇帝。溥儀這時才不過是一個三歲的孩子，乃由他的父親醇親王載灃出任攝政王，抱持上朝，接受百官的朝賀。

攝政王載灃抱宣統臨朝的第一件大事，就是如何執行先帝光緒——也就是載灃的親哥哥載湉的遺命，將戊戌告密，迫害光緒的袁世凱問罪。遺命甫宣，袁世凱立即免冠，在方磚地上磕響頭，請求開恩。因為事出倉促，來不及買通太監，所以磕響頭時，額頭碰在硬方磚地上，差一點把袁世凱給痛昏過去，但因天威不測，生死一髮，也就顧不得了。（按：大臣廷對獲譴，如果早知消息，可以買通內監，事先把跪拜磕頭之處的方磚換一塊軟，碰起頭來就沒有那麼痛。）

當時，唯一有資格替袁說話的，祇有慶親王奕劻，因為奕劻和袁既是搭擋，袁又一直大把大把的送白花花的銀子；袁自任山東巡撫起，即極力拉攏奕劻，到了直隸總督任上，更是把他當做唯一的靠山，他也仗袁以增加自己的份量。沒想到在這生死關頭，奕劻見攝政王滿面煞氣，朝中親貴，個個欲殺之而甘心，竟也噤若寒蟬，匍伏在地，一語不發。

就在這靜寂的一剎那之間，只見素來瞧不起袁，並且屢加譏訕的元老重臣張之洞膝行出班，磕了個響頭，朗朗回奏道：「如今京內外謠諑四起，地面不靖；幼主甫行登基，若是第一件事就將國之重臣問罪，恐舉國震駭，實增亂黨氣燄，臣期期以為不可。」這時正是革命風潮澎湃之際，張之洞這一席話，正好打中滿族親貴的要害，攝政王載灃也知道這事非同小可，加以袁又有北洋新軍做後台，遽予問罪，後果當不堪設想。於是沉吟不語者久之。奕劻和世續一見張之洞開了頭砲，載灃已有顧忌，也就同為袁世凱緩頰。因此，第二天的上諭才祇輕描淡寫地說：袁世凱足疾復發，著即「回籍養疴」。

從此以後，張袁立間，前嫌盡釋，成為通家之好。張之洞後於宣統元年八月卅日逝世後，袁極哀悼；民國以後袁當了總統，對張的子侄也極為照顧。至於對他的老上司慶親王奕劻，反倒疏遠了。這就是為了上面所說的那一段故事。

慈禧壽辰頤和園聽戲

光緒十八年，慈禧太后五十八歲的壽辰，滿朝文武和一部份外省督撫，都齊集頤和團祝壽，慈禧太后特賞一般文武大員聽戲。湖廣總督張之洞也在被賞之列。

頤和園的戲台名叫德和園，面對頤樂殿，是清宮三大戲園之一，戲台宏偉，光線甚佳。慈禧太后的坐位正對戲台，她坐在頤樂殿門內木炕上，冬日可以生火，若是感到疲倦了，也可以在炕上假寐片刻，從外面是看不見的。光緒皇帝獨坐在頤樂殿門外左邊窗台處，他向來對於台上文場（即場面琴鼓鑼等）最注意，所以坐處總選可以看到場面的地位（場面一席，隔以紗幔，台下的人看不清楚）。皇后和嬪妃們坐在頤樂殿右邊窗台處。總管太監李蓮英和劉得印，均穿補服，站在戲台兩旁的大柱邊。

被賞聽戲是件苦差使

東西兩邊走廊共分十二間，兩邊各半。東面第一間是近支的王公親貴；第二間是藩屬王公；第三間是軍機大臣；第四間是殿閣大學士和協辦大學士；第五間是六部尚書；第六間是都察院正副都御史（因為都察院管轄戲劇事項，故左右副都御史得破例參加。）

西邊第一間是御前大臣（都是武職最高的）；第二間是內務府大臣；第三間是南書房行走；第四間是上書房行走；第五間是翰林院掌院學士；第六間才輪到各省總督、將軍、巡撫、提督等外官；各就各位，秩序嚴整，絲毫亂坐不得。至於正二品的各部左右侍郎和武秩一品的各旗正副都統都未接恩賞參與，則不知是什麼原因了。

說到西邊最末的第六間，每逢賞聽戲，都一定麕集了各省的文武大員四五十人，使得這間小走廊上，擠擁不堪，如果時逢溽暑，更是鬱悶炎熱，與其他各間相較，雖然同樣大小，但每間多者十來人，少者四五人，實在不可同日而語。在這樣的情況下，御前看戲已不是殊榮而變成一件非常痛苦的差使了。由此也可以看出清廷一貫「重內輕外」的手段。

看戲一天要花二千兩

張之洞雖然是探花，又中解元，以名翰林出膺疆寄，身負東南重任，勳業駿隆，才學超群，但因他係外官身份，在賞聽戲時，卻也不得不擠在走廊西邊最末一間，與一般外省提鎮為伍。他多年在外省獨當一面，一呼百諾，處此情景，自然心裡老大不高興；但卻限於體制，又無可奈何。加以這西邊最末一間，與其他各間有一點不同的，因為內廷認為外省疆吏都是有錢的大老爺，凡賞聽戲的外省大員，例須湊集二千兩銀子，為公公們（即太監）的茶敬。張之洞位高望隆，須攤派五十六兩銀子，這更使張之洞為之怏怏。

這一天，一共演戲十齣，由中午起到下午八點止。內中有一齣戲是演《吳越春秋》中的〈獻西施〉，劇情中有一段是勾踐戰敗，派范蠡至吳宮請降，范蠡受盡了妥落，最後還得獻上「門包」三千金才得見到吳王夫差。張之洞看到此處，滿腔怨氣化作哈哈一笑，高聲對左右的外省大員說：「巧得很，原來這是有典故的，吳宮進門要三千門包，今日看戲也得花二千兩。」在座的河南巡撫陳夔龍聞聽之下，大驚失色，趕快拿別的話引開。幸虧附近沒有內監，否則，以當時李蓮英等的跋扈囂張，即令張之洞當時位高望隆，深得聖眷，但也難防小人暗箭中傷。張之洞之狂，從這件小故事來看，可以想見了。

中國第一位實業家：張謇中狀元記

林熙

清代自順治三年丙戌（公元一六四六年）開科，到光緒三十年甲辰（一九〇四年）末科止，一共舉行會試正科八十四，加科二，恩科二十六，合共一百十二科，產生了一百十二個狀元。這百多個狀元中，到今日還被人所知或時時提到的，恐怕為數極少，只有光緒二十年甲午科以後幾個狀元，因為距離現在尚非甚遠，有些六七十歲的老年人還知道他們的名字，其事跡距今亦近。又因光緒二十年後這五個狀元，直到民國十年（一九二一年）以後才相繼逝世，他們之中有的還做起民國的大官，聲名煊赫，故值得一談。現在先從光緒甲午科的狀元張謇談起。

張謇生在中國處在轉變極大的時代，他出生的那一年是清咸豐三年（一八五三年），那一年洪秀全攻佔了南京。到他中狀元後，他經歷過中日戰爭、戊戌變法、庚子排外、辛亥革命的時代，而他死的那一年又是國民黨北伐（民國十五年），節節勝利之時，他看不見北洋軍閥被打倒，可謂「全福」而終了（因為他對當時廣東的國民黨無好印象，可於其詩中見之。其對孫總理亦存有「彼哉彼哉」之意）。他在民國又做到總長，經營的實業、教育亦有成績，與其它的狀元大不相同。

張謇是江蘇南通人，字季直，晚年號嗇庵。他的祖父上一輩都沒有讀過書，不識字，是種田人家，到他的父親，也不過讀過一點書而已，科名與他家無份，到張謇竟然大魁天下，使舊時的讀書人益信「祖德、風水」之說了。

咸豐七年丁巳（一八五七年），張謇五歲，開始上學，讀書很是聰明，十二歲那一年，有一天他的父親在書塾同老師坐談，有個軍人騎白馬打從門前經過，老師就出一個對叫張謇對，試試他的學問進度。老師說：「人騎白馬門前去」，張謇應聲對道：「我踏金鰲海上來。」老師大喜，他的父親也很高興，認為此子口氣很大，將來一定成材。但他在十六歲進學（俗稱中秀才）起，廿四歲補稟，廿七歲得優貢，鄉試被擯凡五次，到三十三歲始中光緒十一年（一八八五年）乙酉科順天鄉試第二名舉人（俗稱「南元」，因為順天府在直隸省，故第一名舉人必以直隸人為解元，外省人中第二名，則稱「南元」。這也是科舉的一些花樣，引讀書人沉迷其中）。他有了舉人的資格，便可以應會試，但又四次被擯，直至四十二歲會試中式，應殿試，得狀元，四十六歲應散館試，留館，學業生涯一共過了三十年，不為不久了。其晚年所作的〈文錄外錄自序〉有云：「綜吾少壯之日月，宛轉消磨於有司之試而應其求，蓋三十有五年。至吾絕仕進，偶齊民，發憤殫力以求有用於世而冀一當，曾不及消磨於前此日月之半，而吾老矣。曾謂是三十五年日月消磨之業不足少愛惜乎？」其懷舊之情可以想見。在他一生七十三年中，從十二歲學八股文詩賦起，到四十六歲散館試止，足足三十五年，佔其一生的大半光陰，所以他晚年時收集所作的八股文字，編為《外錄》附於《文錄》之後，亦敝帚自珍之意。（所謂「散館試」者，得說明一下。故事：殿試後，三鼎甲立即授職，第一名授翰林院修撰，官從六品，第二、三名授翰林院編修。狀元、榜眼、探花佔了大便宜，傳臚後就有官職，可以在翰林院做事，不過仍須與期考後的庶吉士一同在庶常館讀書。新進士殿試後，又經過一次朝考，成績好的，點為庶常。他們在庶常館肄業三年，應散館試，成績優者分別授以編修、檢討，至此翰林的整個資格完成，得以留館供職。沒有授職的庶常，散為知縣、部曹，故翰林以得留館為榮，有此資格將來始可以入閣拜相。）

張謇會試中有三次為主考官蓄意要中他而誤中了別人，這種事，在科舉中常有的，但張謇所遇則極有趣，其子孝若所作的《南通張季直先生傳記》有記其事，撮錄如次：

> 光緒十五年我父三十七歲的會試，總裁是潘公（按：潘祖蔭，吳縣人），他滿意要中我父，那曉得無端誤中了無錫的孫叔和，當時懊喪得了不得。到了第二年光緒十六年的會試，房考是雪南高蔚光，曾經將我父的卷子薦上去，場中又誤以陶世鳳的卷子當作我父的，中了陶的會元。等到翁公（按：翁同龢）曉得弄錯了，竭力留我父考學正官，我父不願在京久住，就回南邊了。

（按：「房考」是同考官的異稱。鄉、會試於主考官外，又設同考官十八人，佐主考閱卷，各佔一房，故名「房考」。他們看中一卷，加批語後，薦給主考，如取中，則考生稱主考官為座師，同考官為房師。）

這兩次的誤中，張謇的日記中，並沒有詳細記載。今將張氏的《柳西草堂日記》所記錄左，以便參考。光緒十五年（一八八九年）四月九日其日記云：

聽錄被放，仲魯中式，葉鞠裳昌熾與焉。鞠裳安雅之士。

四月十三日記云：

知「挑取謄錄」四十名，蓋場中主試中率分中，以「正大光明」四字為別。自一至二十李所取，二十一至四十崑所取，自四十一至六十則潘，自六十一至八十則廖，雖謄錄亦如此也。薦卷為長白熙小舫侍讀麟，首場批：「主魯舊法，立論疏落入古，湛然經籍之光。」次、三：「興高采烈，暢所欲言，詩亦有豪氣。」二場批：「援據精詳，筆勢浩翰。」三場批：「五藝博大昌明，其鋪敘論斷處，純摹兩漢，不能第以時策目之。」潘堂批，首藝：「說本皇疏，頗有是處。」次、三：「略疏」。次、三場：「極佳，額溢惜之。」榜前論者以熙為最無文名，恐余卷之出其房，而以為薦至吳縣，則必中，乃熙竟力薦而斥之自潘，於此益可以安命矣。

這科會試，房考熙麟（字小舫）給張謇的卷予以佳批而薦於副總裁潘祖蔭，而潘竟斥落之，故季直只好委之於「天命」了。四月十三日的日記首句「知『挑取謄錄』四十名」，挑取謄錄這一個名詞，是科舉專有的，其實就是中了副榜，此制始於明朝永樂四年（公元一四〇六年），清初仍其舊，中會試副榜的舉人不能參加殿試，只能咨送吏部授職，到康熙三年罷其制，自此即不附於正榜，另出一榜，名叫「挑取謄錄」，定額四十名。又，日記中不言潘誤取中孫叔和。是科正總裁李鴻藻，副總裁崑岡、潘祖蔭、廖壽恒。

光緒十六年庚寅科是恩科，張季直日記四月十日云：

聽錄被放，齒痛頓愈。

十一日記云：

知薦卷出高蔚光房。

十二日記云：

知堂批出孫毓汶，二人素不為清議所齒，得失無傷也。

是科正總裁為孫毓汶，張季直在日記中對孫、高二人有鄙夷之意。其自訂年譜云：

二月，應禮部會試，薦而不中，房考雲南高蔚光。高語余：「場中誤以陶世鳳卷為余，中會元。」翁尚書命留試學正官，非余意，久於京無力。謝歸。

日記中卻沒有記高蔚光對他所說的話，但於四月二十日記云：

常熟師矑以二十金，許為覓一書院，留試學正，不能從也。

光緒十五、十六年兩次會試，都誤中了別人，到下一科壬辰（光緒十八年）會試，誠如張孝若所說「錯得越發曲折離奇了」。他所作的《南通張季直先生傳記》記得頗詳盡，錄如左：

到了光緒十八年我父四十歲的會試，錯得越發曲折離奇了。當時場闈中的總裁房考，幾乎沒有一個不尋覓我父的卷子。翁公在江蘇卷子上堂的時候，沒有一刻不告訴同考的人要細心校閱。先得到袁公爽秋所薦的施啟宇的卷子，袁公說：「像是有點像，但是不一定拿得穩。」等到看見內中有「聲氣潛通於宮掖」的句子，更游移起來。後來四川人施某薦劉可毅的卷子，翁公起初也很懷疑；但是既不能確定我父的卷子是那一本，所以施某竭力說：「這確是張季直的卷子。」翁公也有點相信起來，而且看到策問第四篇中間，有「歷箕子之封」的句子，更證實了這是到過高麗的人的口氣；就立刻問袁公，袁公覺得文氣跳蕩，恐怕有點不對。填榜的前頭，沈公子封要求看一看卷子；等看到內中的制藝，及詩秦等韻，就竭力說：「決定不是。」但到了這時候，已經來不及了。一到折封的時候，在紅號內，方才曉得是常州劉可毅的卷子，果然不是我父的。於是翁公、孫公家鼐、沈公大家四處找我父的卷子，方才曉得在第三房馮金鑑那裡。第一房是朱桂卿，第二房是袁爽秋；堂薦送江蘇卷子的時候，朱已因病撤任，袁公和馮金鑑住在隔房，常常叮囑他，遇到江蘇的卷子，要格外留心，不要大意。那曉得馮吃鴉片的時候多，我父的卷子，早早因為詞意寬泛，被他斥落了。翁公本來想中我父，等到曉得錯誤了，急得眼淚望下直滴，孫公和其它的總裁考官，也個個都陪了歎息。其實劉可毅並沒有到過高麗。後來袁公、沈公、及翁公弢甫，都將這內中的詳情，告訴我父；外間也傳說都遍了。潘、翁二公愛重我父的才名，識拔我父的懇摯，可算得以國士相待的知己了。這幾位名公鉅卿，對我父的情義，直到視在我們後人，還是刻刻感念不忘的！

讀張孝若這段文字，可見當時翁同龢等人是怎樣熱心要中他和張季直聲譽之著了。《自訂年譜》記此事有云：

> 應禮部會試，仍不中。爽秋為言：「闈中總裁、房考競覓余卷不得，以武進劉可毅三場策，說朝鮮事獨多，認為余，中會元。」計余鄉試六度，會試四度，凡九十日；縣州考、歲科試、優行、考到、錄科等試，十餘度，幾三十日。綜凡四月，不可謂不久，年又四十矣，父母必憐之，其不可已乎？乃盡屏試具。

張氏的日記記壬辰會試報罷，與年譜同有牢騷之意。是年四月十一日記云：

> 聽錄。獨居寓舍，為人作書。彥復為至貢院小所探訊，三更始歸，知已報罷。於是會試四

次，合戊辰以後計，凡大小試百四十九日在場屋之中矣。前己丑既不中於潘文勤師，而今之見放，又值常熟師主試，可以悟命矣！

十二日云：

子培來，為述子封語，為之增感。蓋常熟師於江蘇卷上堂時，無時不諭同考細心校閱。……折封時，又於紅號知為常州卷也，卒乃見此卷，果劉可毅。於是常熟、壽陽及子封亟查余卷，在第三房馮金鑑所……而金鑑吸鴉片之時多，余卷早以「詞意寬泛」斥落矣。常熟以為余卷而置劉卷第一，及見其非，為之垂泣，壽陽亦歎息不已也。可毅原名毓麟，其更名頗秘密，平日亦能文，為瑞安所賞，而蘇龕之故交，然此次呈瑞安文稿，後比中易堂廉字為樞廷，以瑞安深忤樞廷也。未至朝鮮而曰「歷箕子之封」，是直作黎邱之鬼矣。其居心吾不知之，比與烟丈書，己丑為無錫孫叔和所冒，今又為武進人冒頂，可謂與常州人有緣，自顧何人，屢以文字福及儕輩，慚悚無地，抑亦可以安命矣。爽秋來述闈中事，同。

上述日記中提到的人物，要稍注釋一下。先引張氏三月初六日記是科會試總裁，同考官云：

會試總裁翁同龢、祁世長、霍穆歡、李端棻。翁固乙酉座師，祁一等覆試師，李國子監受知師也。仲魯、子封、爽秋並同考，朱桂卿（福詵）、徐研甫（仁壽）亦與焉。

仲魯是志鈞、志銳之弟。子封是沈曾桐之字，曾植弟也。爽秋是袁昶。《傳記》言「於是翁公、孫公家鼐、沈公大家四處找我父的卷子」云云，「孫公家鼐」，查十八房同考官中沒有孫家鼐，不知孝若何以插入此筆，俟考。《傳記》又說：「後來四川人施某薦劉可毅的卷子」，這個「施某」是第五房的施紀雲，四川涪州人，字鶴笙，光緒九年癸未科編修，官至湖北德安府知府。徐仁鑄是光緒十五年編修，光緒十四年戊子順天鄉試，仁鑄出紀雲之房，此次師生同為分校，亦科場佳話，仁鑄日記有云：「鶴師得一卷，極似張孝廉」，即指此事。下一年癸已鄉試，徐仁鑄放四川副考官，施紀雲之子施愚中式。施愚後來成戊戌進士，授編修。（施愚字鶴雛，入翰林後，留學日本、美國、德國，研究法律政治，入民國，袁世凱用之為總統府秘書，任之甚專，寵遇在其它政客之上，專替袁制憲法也。袁死後，馮國璋聘為顧問。于式枚譏袁世凱所謂「裝腔作勢罵施愚」者是也。）

關於劉可毅，在季直在日記中亦著微詞，但可毅也是江南能文之士，翁同龢取中他後，出闈之日，寄書黃體芳（字漱蘭，浙江瑞安人，張日記中所稱之「瑞安」是也），深恨此次目迷五色，後悔不已。體芳答書，說可毅得中會元，足見衡鑒之精，他從前做江蘇學政，最賞識兩個讀書人，可毅就是其中之一。

可毅的會元，相傳題名錄誤刻「可毅」為「可殺」，迷信者以為日後死於庚子亂事之讖。清末民初筆記常述及之，李岳瑞《春冰室野乘》云：

江蘇劉編修可毅，以壬辰恩科南宮第一人入翰林，都下傳刊題名錄，或訛為「可殺」，一時引為笑談，而編修心疑其不祥。既留館，一日，與朋輩數人詣一星士，星士謂之曰：「君將來必死於刑。」編修大懼，念詞曹清簡，無抵觸刑章之理，或將來以科場事被累，如咸豐戊午之獄乎？由是遂不敢考差。然翰林俸入微薄，無他差可資津貼，奴僕債主，皆望其三年一差，倘不考差，則米鹽無從賒取，而僕輩亦將望望然去之。於是每試輒不終場而出，家中人不知，猶望其得差也，及是，乃被拳匪所戕，刑死之言竟驗。

此時張謇已四十歲了，四次上京會試皆不第（計第一次是光緒十二年，第二次十五年，第三次十六年，第四次十八年），他還有沒有科名之心呢？從舊日續書人的心理來看，他還是要再試一下，非獲得進士不可的，因為進士是科名中最高的一級，比舉人好得多，考了幾十年的書生，如果得不到進士，就此「退休」下來，總是心有不甘的。須知舉人與進士間，差別太大了。

《傳記》又說：

光緒二十年，慈禧太后六十萬壽，舉行恩科會試；那年我父已四十二歲了，祖父也年近八十，所以科名的念頭，已漸漸淡薄下來。那時三伯父（按：張詧，字叔儼。）在江西，由知縣奉委做慶典隨員，於是寫信給祖父，要我父也借此機會到京一趟，祖父就答應了。命我父再去應試一回。到了北京以後，考試應用的文具，還是向朋友借湊來；放榜的時侯，也沒有去聽錄（按：張謇的日記裡記他而會試有：「聽錄，獨居寓舍」之語，所謂「聽錄」即聽紅報條看有沒有中。會試揭曉日，報喜的人在琉璃廠開設紅錄所，每探到貢院填寫一名就先傳報，報條既出，隨貼一紙於外。應試的舉人，即於此時往琉璃廠聽紅報條。）可見我父那時功名得失心，確是極淡了。先中了六十名貢士，覆試中了第十名，殿試中了一甲第一名（狀元）。那年閱卷大臣中有翁同龢、李鴻藻二公，向來都是很推重我父的。我父中元的時候，在日記上寫著：

四月十二日，殿試：第一策河渠，次經籍，次選舉，次鹽鐵。酉正納卷，歸巳戌正。……策全引朱子。

二十四日，五更，乾清門外聽宣，以一甲一名引見。先是錢丈令新甫見告，繼又見嘉定（徐郙）於乾清門丹陛上探望；旋鐵珊告以嘉定云云。而南皮（張之萬）、長白（志銳）、常熟（翁公）、高陽（李公）、錢唐（汪鳴鑾）八人立墀上傳宣矣。棲門海鳥，本無鐘鼓之心；伏櫪轅駒，久倦風塵之想，一旦予以非分，事類無端矣。

二十五日，卯正：皇上御太和殿傳臚，百官雍雍，禮樂畢備，授翰林院修撰，伏考國家授官之禮，無逾於一甲三人者，小臣德薄能淺，據非所任，其何以副上心忠孝之求乎？內省悚然，不敢不勉也！翟王二公，為治歸第事。

其《自訂年譜》亦參閱。摘錄如左：

（……）叔兄於江西奉委慶典隨員，函請於父，命弟再應試。父年七十有七，體氣特健，因兄請命，曰：「兒試誠苦，但兒年未老，我老而不耋，可更試一回。兒兄弟亦別久，藉此在京可兩三月聚，我心亦慰。」余不敢違，然意固怯，遲遲乃行。二月二十三日至都，試具什借之友人，榜放不前，不聽錄。中六十名貢士，房考山東滕縣高仲瑊編修熙喆，總裁高陽李尚書鴻藻，嘉定徐總憲郙，錢唐汪侍郎鳴鑾，茂名楊副憲頤。三月（按：應作四月，或筆誤也）十六日覆試，第十名。二十一日殿試。……閱卷大臣八人（按：應作讀卷大臣。會試的主考官稱閱卷大臣。殿試叫做天子臨軒策士，試官不敢稱閱，而稱讀。其實亦不是天子自己定文章的好壞，一樣是試官定高下，他批准罷了）：張相國之萬、協揆麟書，李尚書鴻藻、翁尚書同龢、薛尚書允升、唐侍郎景崇、汪侍郎鳴鑾、侍郎志銳。二十四日乾清宮聽宣（按：所謂小傳臚也），以一甲一名引見。二十五日傳臚，順天府尹於午門酌酒揖騎，以儀仗送歸第，假南通會館供張迎使。二十八日朝考，黃先生（即黃體芳）過余慰問，余感每與趙、孫二先生之不及見，又感國事，不覺大哭，先生至，亦淒然。

翁同龢與張季直相識已久，又是他的鄉會試座師，此次得大魁天下，就要靠翁同龢之力了。翁氏日記四月二十二日云：

得一卷，文氣甚老，字亦雅，非常手也。

二十三日云：

定前十卷，蘭翁、柳門、伯愚皆以余處一卷為最，惟南皮不謂然。已而仍定余處第一；麟二（「一」，指狀元，「二」，指榜眼，即尹銘綬）；張三（「三」，指探花，即鄭沅）；志四（指吳筠孫，傳臚也）；李五（指第五人沈衛）；薛六（指李家駒）；唐七（指徐仁鏡）；汪八（指朱啟勳）；麟九（指吳庭芝）；唐十（指李翹芬）。

二十四日云：

上御乾清宮西暖閣，臣等捧卷入。上諦觀第一名，問誰所取？張公以臣對。麟公以次拆封，一一奏名訖，文奏數語。臣以張謇江南名士，且孝子也，上甚喜。

綜觀上述日記，雖沒有記翁氏力爭張謇為狀元之語，但「南皮不謂然」，是張之萬反對也，接著又寫「已而仍定余處第一」，則張之萬讓步了。據我所知，張季直得高中，是翁同龢竭力主張，而李鴻藻、汪鳴鑾、志銳在旁贊成的。按照殿試習慣，讀卷八大臣，第一名的一個，是領銜，其他七人為了尊重他，狀元之選歸他主意，第二人則取中榜眼，第三名取中探花，第四名取中傳臚。此次張之萬以東閣大學士、軍機大臣為讀卷官，由他領銜，狀元應由他取中，他不肯讓出，正是他維護自己的權利之處，況且翁同龢是翰林後輩（之萬字子青，直隸南皮人，之洞從兄，道光廿七年狀元。工書，此次做讀卷官，年已八十五，是年退休，光緒廿二年逝世，年八十七。同龢日記記此次同任考官，有云：「南皮八十五矣，耳目步履如常人，今日南齋尚為余畫一扇，並小幅。」這是四月二十日記的。在禮貌上應對前輩退讓。不過，張之萬時已年邁，而翁同龢又當時得令，以帝師膺殊眷，之萬不便與之直抗，只好委屈老前輩一次了。從前有人說過翁、張兩人為張謇爭執事，尚確實可信。據說，翁同龢拿到張謇的卷子後，一看字跡，就知是張季直的手筆（試卷是將考生的名字糊緊，待名次定後，拆彌封，才知道是誰人的），就說：「這一卷非中他的狀元不可。」張之萬倒也很和平，沒有火氣，他說：「現在各卷還未有全部看完，前十本亦未定出，怎能就這樣定出狀元呢？」（按：殿試卷有數百本之多，讀卷官選出十本，進呈御覽，第一本狀元，第二三榜眼探花，皇帝大都照辦，很少更動名次的。這十卷進呈的文字叫「前十本」），翁同龢不肯罷手，定要這一卷大魁，兩人略有齟齬，其他八人立即排解。

王伯恭《蜷廬隨筆》記：甲午殿試翁張爭大魁一事頗可參考。他說：

> 甲午閱卷者，張子青居首，次為麟芝菴，次為李蘭蓀，翁叔平居第四，志伯愚則第八也。向來八大臣閱卷，各以其人之次序，定甲第之次序，所謂公同閱定者，虛語耳。是科翁師傅得張季直卷，必欲置諸第一，張子青不許，幾欲忿爭，麟芝菴曰：「吾序次第二，榜眼卷吾決不讓，狀元吾亦不爭。」高陽相國助翁公與南皮相爭，謂：「吾所閱之沈衛一卷，通場所無，今亦願讓狀元與張，幸公俯從。」南皮無可如何，乃勉如翁意，其所定之狀元，改作探花，以麟公不讓榜眼也。一甲既定，乃議以沈衛傳臚，高陽曰：「如此佳卷，不得鼎甲，更欲傳臚何為，不如位置在後。」時已晏，內廷催進呈十卷，而傳臚未定，難以捧入，群企因

高陽一語，皆默不作聲。志伯愚起曰：「吾所閱一卷何如，能濫竽否？」南皮略觀，即曰甚好。於是吳竹樓昂然為二甲第一矣。

（按是科一二三四名為張謇、尹銘綬、鄭沅、吳筠孫。此書作者王伯恭，原名儀鄭，安徽盱眙人，潘祖蔭、翁同龢門生。在朝鮮曾與袁世凱、張季直同事。世凱做總統時，安置他在陸軍部為秘書。此書初在北京報紙發表時名《蘭隱齋筆記》，印單行本始改今名。伯恭是光緒十一年舉人，一九二一年逝世。）

王氏所記雖有欠分曉處，但與事實尚非十分違背。讀卷八大臣次序，張《自訂年譜》與此同，不知是否張下筆時曾參考此書。翁氏日記所列八人次序是：張之萬、麟書、翁同龢、李鴻藻、薛允升、志銳、汪鳴鑾、唐景崇。又，翁氏日記進呈十本時有「又奏數語」之句。此「數語」未見於日記中，據聞是他對光緒帝說，向來殿試注重書法，不重文章，此卷寫作都極好，以之為元，允無愧色。而且該年又是皇太后六十萬壽，張謇會試中六十名貢士，適符慶典，可為恩科得人賀。

張謇殿試卷，傳說有應該「雙抬」而作「單抬」（試卷書寫時，低二字寫，空上二字留為抬頭之用，文內頌聖提到皇帝之處，另行雙抬，即高出二字，單抬則高出一字。種種限制，不得踰越，犯有錯誤，即與前程有關），幸有人為之補救。張季直之孫融武，今在香港，他曾有信詢問他的世伯沈燕先生，沈君復函，頗可參考，盡錄於在：

春間承詢令祖殿試策漏寫一字，又誤雙抬為單抬，當時未知所答，今日翻《明清巍科姓氏錄》下卷，有文記此事曰：「是科殿試翁同龢為閱卷大臣，狀元張〇（按：此〇代謇字，沈君很客氣，在其孫面前為其祖避諱以示敬也）。卷挖補一字，漏未填入，翁為之代填，並與同列爭定大魁。德宗詢此卷何故為元，翁對殿試重寫不重文，此卷寫作俱佳，允可冠冕多士，且今年皇太后六十萬壽，張謇會試六十名進士，適符慶典，可為國家得人賀。」至單抬雙抬之說，尚無佐證，他時或有所得，當奉告也。

又常熟孫師鄭（名雄）《味卒齋筆記》云：「余於光緒甲午成進士，其時張季直意在必得大魁，詞翰中與有私交者咸為盡力。余素不工書，彼時僅欲得一縣令以為祿養。惟因薄有虛名，又為翁文恭師所器，頗招季直之忌。余在中左門交卷後即行出場，書雖不工，而全卷固無污損也。後聞翁文恭師云：余卷第一行『臣對臣聞』上忽有一墨污之鉅點，殊不可解。嗣有文人傳言，係清秘堂丁太史於收卷時所為，蓋陰為季直地也。太史亦江左人，與季直最契。其實余卷即不加墨污，亦絕無大魁之望，太史未免多此一舉矣。」

又，誤雙抬為單抬之故事，似應屬於光緒九年癸未科狀元陳冕。《蕉廊脞錄》卷二云：「山東陳冠生冕，書名重一時，宗室意園祭酒最器之，以大魁相期許，陳亦自負不作第二人想。接場日，祭酒偕志伯愚、張延秋、梁節諸人往觀陳卷，眾皆稱賞，祭酒忽嗟曰：「誤矣！策中詔字何單抬耶？」陳婦翁廖侍郎趨視，大駭，遣人覓陳，已出矣。祭酒乃奮筆於「詔」上添一「特」字，侍郎揖之而出。比傳臚，陳卷果第一。」

詞林故事最多，然亦未必可以盡信。弟近年記憶大損，已讀之書尚不能得什一二，無論新閱諸書，因所翻之書適有涉及君家故事者，轉錄奉告，亦了卻一心事而已。……

孫雄的筆記所說丁太史要協助張季直取得狀元，故破壞他的試卷，可見當時助張的人很多。（丁太史名立鈞，字叔衡，江蘇丹徒人，光緒六年編修，甲午殿試收掌官四人：黃思永、樊恭煦、洪思亮與丁也。黃為光緒六年狀元，樊同治十三年編修，洪光緒三年編修。孫雄榜名同康，字師鄭，戊戌後改名雄，江蘇昭文人。散館改吏部主事，工詩。晚年居北京，生活甚窘，民二十四年逝世。）據王伯恭的《隨筆》說，黃思永也助張季直一臂之力。他說：

殿試之制，新進士對策已畢，交收卷官封送閱卷八大臣閱之。收卷官由掌院學士點派，皆翰院諸公也。光緒甲午所派收卷，有黃修撰思永。比張季直繳卷時，黃以舊識，迎而受之。張交卷出，黃展閱其卷，乃中有空白一字，殆挖補錯誤後忘填者。黃取懷中筆墨，為之補書，此收卷諸公例攜筆墨以備成全修改者，由來久矣。張卷又抬頭錯誤，「恩」字誤作單抬，黃復為於「恩」字上補一「聖」字。補後送翁叔平相國閱定，蓋知張為所極賞之門生也。以此張遂大魁天下。使此卷不遇黃君成全，則置三甲末矣。

收卷官的正式銜名為收掌。據所知，此次丁立鈞也成全了尹銘綬榜眼、鄭沅探花。原來此二人與丁亦有友誼，丁收到二人之卷後，一送麟書，一送張之萬，以二公列銜在前機會較優之故也。如果不是翁同龢竭力為張爭取，也許龍頭之屬在鄭沅了。同治十三年甲戌殿試，狀元陸潤庠一卷，亦以挖補忘字填上，交卷時，陳寶琛一看，見有空白，馬上交還給他，叫他填補。故潤庠深感之，事以前輩之禮甚恭。

張季直這次考試，如果不是翁同龢力爭，狀元未必到手，又如非黃思永給他做點「拾遺」工作，就是翁同龢要爭，也無可如何，狀元或會落在鄭沅手上了。功名得失，果有「天定」之意耶？狀元有此神秘性，故在封建時代最為人艷羨。張在日記中並沒有提到翁、黃等事，或不欲人知也。他高中後，未散館即丁父憂，直到光緒廿四年戊戌始應散館試，留館，其年譜述此事云：

> 保和殿試散館，十事對九。賦「霈澤施蓬蒿」試帖，試時謄至第四韻，四川胡峻越余前過，觸几，激墨點污卷如豆，既刮重寫，乃脫一字，臨行知之，復剜三十字重寫……列二等三十七名。

好險，張季直幾乎不能在翰林院畢業呢。散館試後，恰遇翁同龢被驅逐回籍，失去憑依，自覺仕途難有發展，又怕被人指目（甲午中日戰爭，張在翁前力陳可戰，翁信之，主戰愈力，失敗後，京朝士夫對張亦有責難），不如同鄉做點事業。其〈文錄外錄自序〉有云：

> 既成進士，而父見背，不及視含殮，茹為大痛，國事亦大墜落，遂一意斬斷仕進，然猶應戊戌散館試，以完父志。

張謇也知道他的狀元是僥倖得來的，故常存有謙抑之意，這一點是可稱贊的。南通人士因為本鄉出產了一位狀元，認為無上光榮，便把水月閣魁星樓改為果然亭，並懸一聯云：「畫棟欲凌雲，風月無邊歸小閣，錦衣今獲得，文章有價屬崇川。」到民國六年丁巳（一九一七年），張謇重修果然亭，自己在廿三年前的中狀元，無非是會逢其適罷了，不敢貪天之功，便把亭名改為適然，把對聯改作：「世間科第與風漢；檻外雲山是故人。」並附跋語云：

余以甲午成進士，州牧邦人，擷唐盧肇詩語為果然亭。世間萬事得其適然耳。丁巳，余修此亭，不敢承此意也。適然之事，以適然觀之，適得涪翁書，遂以易榜。（按：北宋詩人黃庭堅，號涪翁。）

殿試是封建時代最高級的考試，三考之中，此為最後，從進士科出身的人，做起官來都占許多便宜，故此讀書人考到六七十歲還要上京求名，就不單是為了為官作宰，亦欲「揚名聲，顯父母」也。科舉之廢，自光緒三十年甲辰科後，至今已七十餘年，從殿試產生出來的狀元，其經過如何，知者已稀，為了使讀者對這件事有些認識，試把狀元出身的翁同龢所記，摘錄給讀者參考。翁氏不僅是狀元，而且屢掌文衡，他做會試、殿試的主考官還多過做鄉試，他所記述，最為可信。光緒二十年甲午殿試，翁氏日記云：

四月二十日，晴。丑即赴朝房聽宣，張相國遣蘇拉來請，知派讀卷，遂入，至南書房，群公次第集，擬題八道（兩字），有引摺，圈出四題，擬策問，皆汪李二公底。是日上詣頤和園請安，卯正出，午正回，即於此時謄策問。上還宮，遞上。發下，恭捧至內閣堂，闔戶寫題紙，汪、志、唐三君動筆，酉正二刻封前後門，子正三刻，刻畢，丑初二，印起，寅正印畢（三百九十五張，十張一包，十包一總封），竟夜兀坐，未合眼。

這是記讀卷官擬試題，公擬後進呈御筆圈定，然後在內閣寫題目紙，命工匠刻成，印刷三百多張。汪、志、唐即讀卷官中的汪鳴鑾、志銳、唐景崇。

二十一日。天明朝服送題至保和殿，卯初，貢士畢入。麟去捧題，張侍郎接置於案，余等率貢士三跪九叩。散題未畢，余等先退至文華殿西配殿寓所，與汪君對屋，臥十刻，起敢再睡四刻。四收掌來（樊恭煦、洪思亮、黃思永、丁立鈞），侍讀來，同事諸公陸續來，余亦公服往答皆遍。柳門（按：汪鳴鑾之字）來談，亥初散。二十二日，晴，熱，午後風。寅正三刻入殿，監試、收掌皆在，諸公集。分卷陸續送來。每人三十九本，首次二公四十本，共三百十四本。自卯抵酉正始散。閱本分卷畢，又轉四桌，力不支矣。得一卷，文氣甚古，字亦雅，非常手也。風入殿門，繙動卷子。夜，柳門招飲，劇談至亥初。

這是試官在瑣闈內看試卷及酬應之樂。

二十三日。晨訪高陽（按：李鴻藻也）。卯初二刻入殿，轉三桌畢，將本桌圈尖點次序，先理一過，遂定前十卷。蘭翁、柳門、伯愚，皆以余處一卷為最，惟南皮不謂然，已而仍定余處第一、麟二、張三，志四、李五、薛六、唐七、汪八、麟九、唐十。令供事寫黃簽，擬一名。供事退，余等手粘包好，交南皮。退飯。諸公午睡，未初再集，按標識排定。八「〇」者四十五本，二甲一百卅二，三甲一百七十九，末四本不完。請侍讀令供事來粘簽。余與唐君逐本繙看，將批字撤盡，申正畢。前十本黃紙封好，加夾板油紙。即由南皮交侍讀携去，今夜遞，餘卷入箱交收掌，各散。邀同事諸公飲，柳門送鮹魚，抵暮散。聞雷無雨，夜與芝庵、伯愚殿階露坐。

辦理殿試事宜的官員，由皇帝指派，以禮部尚書為提調，其餘受卷四人、彌封六人、收掌四人、印卷二人，分別由翰林院、詹事府、光祿寺、鴻臚寺、給事中、禮部司官內派出，寫榜十二人則用內閣中書。翁民日記中「請侍讀令供事」云云，「侍讀」，是翰林院侍讀也。定制，讀卷官在內閣滿本堂閱卷（滿本堂是大學士閱看滿洲文奏章的地方。另有漢本堂），他們和監察、收掌等官一同住在文華殿兩廊及傳心殿前後房。殿試後第二天，讀卷官和監試官等集合文華殿看試卷，由收掌官從箱裡取出試卷，攤放在桌上，先取一札，按照官階依次放在讀卷官面前，分完後再取各札，以分畢為止。讀卷官閱卷後，加以明識，分為「〇」、「△」、「、」、「—」、「×」五等（即圈、尖、點、直、叉），凡第一個閱卷者用「圈」，則後閱者不用「點」，第一閱者用「直」，則後閱者不用「尖」，所謂「圈不見點，尖不見直」。閱卷時，先說本人分得的卷子，標識高下，再輪看他人的卷，就各桌上互看，謂之「轉桌」，即於卷後本姓下（卷後印讀卷官之姓，

南通狀元張謇外史

費子彬

南通張生，是常熟相國翁同龢到處說項寤寐求之的甲午狀元張謇，亦即胡適之所說近代中國史上一個很偉大的失敗英雄張季直先生是也。

謇於民國十五年丙寅逝世，一時國際方面，如美國、日本，頗有驚愕而追悼之者，而江蘇人士受其煦育啟迪者，尤眷念不忘，其深入人心可知。乃今日紀謇之事業者，字裡行間，未免使謇都帶有些土豪惡霸的氣息，即寫謇之逸聞軼事，亦僅描摹其與余沈壽戀愛之一種鴛鴦蝴蝶筆調，此豈事理之平！蓋謇乃一學問家、事業家，體用兼備之大人物也。

「九百九十九」五個大字

謇出身農家，家風樸素，當其苦學讀書時，年剛十六，去考州試，名次輒在一百以外。同時有一范當世先生，是謇之朋友，是次州試取在第二名，謇回書塾以後，范因謇之名次又在百名以外，乃向之大為呵責說：「假使有一千人去考，要取九百九十九人，只有一個人不取，那就是你。」謇聽了非常難過，於是在塾中窗格上、帳頂上，沒一處不寫「九百九十九」五個字。睡的時候，並且用二根短青竹頭，將辮子夾住，只要頭一動，身子一翻轉，辮子牽動頭皮，立刻就痛醒，一醒之後，不管天亮與否，就爬起來讀書，又處處看五個大字，不由得不傷感落淚，也不覺得什麼疲倦了。到了第二年，十七歲去考，謇名次已取在前列，范當世先生反落後了。

謇從小考（州縣試）到大魁天下，總共經過縣、州、院試、歲科試、優行試以及鄉試六次，會試五次，殿試一齊算起來，在場屋裡邊有一百六十天。光緒二十年二月禮部會試，中第六名貢士，三月禮部覆試，取一等第十名，四月二十二日殿試，中了一甲第一名（狀元）。

敗戰又敗和奏劾李鴻章

甲午中日釁起，謇久處吳長慶幕，認李鴻章對處置朝鮮事失當，又以與翁同龢意見相同，乃奏劾李鴻章，奏章略稱：

「直隸總督李鴻章自任北洋大臣以來，凡遇外洋侵侮中國之事，無一不堅持和議，天下之人，以是集其詬病，以為李鴻章主和誤國，而竊綜其前後心跡觀之，則二十年來壞和局者，李鴻章一人而已。台灣之事，越南之事，其既往者，姑置不論。請就今日日人構釁朝鮮之事，為我皇上陳之：方光緒八年春間，李鴻章令丁汝昌、馬建忠前往朝鮮，與英美各國立約，許朝鮮為自主之國，朝鮮與東三省脣齒相依，奉中朝正朔，於理於勢可半主而不得自主也。聽其自主，既失之矣，推李鴻章之意，不過年老耽逸，朝鮮如一臠，委諸各國之啄，冀其斷斷相持，而得我袖手偷安於旦夕，而於朝鮮關於中國之利害，不暇計也。

「我有自腐之機，敵乃有可乘之隙，盟血未乾，日乘韓亂，故廣東水師提督吳長慶，以六營東援。亂定後，再三以朝鮮政敝民窮，兵單地要，函請李鴻章及早為之修政、練兵、興利、備患。李鴻章怪其多事，痛斥其非，若非吳長慶尚有三營移防，駐守金州，搘拄其間，則今日之事，早見於十年之前，而李鴻章則又於十一年將駐韓三營，全數撤回，並罷吳長慶所定教練韓兵之事，堅日必得朝鮮之意，長日輕量中國之心，謂非李鴻章誰執其咎？自古中外論兵，戰和相濟，西洋各國惟無一日不存必戰之心，故無一人敢敗已和之局。李鴻章兼任洋務軍務三十餘年，豈不知之？本年五月間日釁已見，使李鴻章得袁世凱數十密電之後，援十一年第三條約，詰以派兵何不先行知照，則日謀可伐，不至於戰。即得汪鳳藻復電之後，其時日兵尚不甚多，佈置尚不甚密，使派葉志超、聶士成率一二十營，如吳長慶逕入漢京，挾王歸我，易客為主，徐待理論，亦尚不礙於和。朝鮮敝政本應中國早為酌改，日既以是為詞，我何妨令袁世凱與議折日惠韓之計，收我撫字屬國之權，李鴻章則始終執其決棄朝鮮之意，而貽日人以華斥不顧勢難中已之言，卒釀兵端，一敗塗地！試問以四朝之元老，籌三省之海防，統勝兵精卒五十營，用財數千萬之多，一旦有事，曾無一端立於可戰之地，以善可和之局，稍有人理，能無痛心！李鴻章之非特敗戰，並且敗和。……下略」

當時樞臣潘祖蔭與翁同龢，對張見頗以為然，當就鴻章商量，李認為杞人憂天，於張所貢意見，絕未容納，而後來著著應驗，謇自負經世奇才，自然憤恨之極，而發為不平之鳴矣。是年九月，謇父病故，即附輪南歸，謇賦詩有「不堪重憶功名事，宮錦還家變雪衣」之句。

策劃東南亞自保的幕後人

謇以新銂初發，正宜及鋒而試，不意被扼於李二先生（鴻章），又猝大故，在苫泣血，神經上受此異常刺激，迺有屏棄仕途之幻想。惟其真正不做官之志念，尚另有一種心靈上之動機。據說：謇一日在京，看見西太后從頤和園回到京城，適逢暴雨，平地水深一二尺，大小文武百官，有白鬚老臣七八十歲者，亦都跪在水裡接駕，而天上的雨，先落到帽子上邊的紅緯纓，再從那裡滴到袍掛上，一個個都成了落湯雞，還好像染了鮮紅的顏色，那太后坐在轎內連頭都不回。謇一看心上難過起來，覺得這種官不是有志氣的人應該做的！不如回去做老百姓好！所以下了決心，不做官了。於是振作精神，回到故鄉，作開發南通之準備。

謇自光緒廿二年至廿五年，在南通辦紗廠及墾牧公司，中經戊戌政變，幸得兩江總督劉坤一援助，尚稱順手。迨庚子事變，拳亂蠢動，殺使臣、圍使館，朝野震盪，岌岌可危。坤一乃電張謇與陳三立、湯壽潛、沈曾植、何嗣焜諸名流，商應付大局方法。謇乃向劉陳辭，略稱：

「萬一金墉不守，萬乘播遷，車駕趦趄於田中，兵鋒交午於輦側，南中聞警，伏莽騰謠，揭竿之徒，在所可慮，東南為朝廷他日興復之資，誠不可不為之早計也。行臺承制，晉代有之（《通鑑》晉永嘉五年，又後梁開平二年），蓋申朝命以繫人心，保疆土而重臣節，非獨反經合道之權宜，亦扶危定傾之至計也。公忠勳著於王室，信義孚於列強，伏願堅持初計，慨然自任，以待不測之變，堅明約束，以固東南之疆宇，呂忠穆、于忠肅去人不遠也。……」（下略）。

劉接謇書，當與眉孫、愛蒼、伯嚴、理卿等，商東南自保之策，其幕客中有沮喪者，劉猶豫不決。復問謇：「兩宮將幸西北，西北與東南孰重？」謇曰：「無西北，不足以存東南，為其名不足以存也；無東南，不足以存西北，為其實不足以存也。」後劉蹶然曰：「吾決矣！」告某幕曰：「頭是姓劉物。」即定議，電約鄂督張之洞，宣佈自保，長江一帶，遂未牽入漩渦，人心大定。後發現德國統帥《瓦德西拳亂筆記》云：「當時南京劉總督，湖北張總督，山東袁巡撫三人乃有意識的措置應付，得保持該省不至於騷亂，頗驚佩其實力與識見。」而不知居中策劃者實張謇也。

京劇名小生可以做皇帝

謇與袁世凱發生關係，乃在吳長慶幕中。袁以世誼投吳長慶，吳因袁少年英發，又屬秀才，意欲袁自科第進取，不願其從營伍出身，遂請謇與朱銘盤、周家祿諸先生，隨時啟廸，以增聞見，其關係不過在師友之間，非完全立雪程門之學生可比。後以論事不合，張朱有長函詬袁，說司馬如何如何（袁其時官為司馬，即同知也），袁毫不在意。惟數十年中，袁扶搖直上，撫魯督直，政績燦然。庚子拳禍，孑身抗亂，其處境尤較劉坤一、張之洞為難，而中流砥柱，竟能安之若素。李鴻章向不直袁之所為，而臨終遺疏，亦有環顧中國無有能及袁者之語。可見袁之才識，自有過人之處。

庚戌南京開南洋勸業會，謇言直隸館出品逾常，獎袁備至。袁為總督時，氣象自不凡，張之洞外，無抗顏行者。謇於此時對袁已不作吳下阿蒙相看，而袁在此悠久之歲月中，亦竟不肯以隻字抵謇，其志趣亦有足多者。張袁之間，誰曲誰直，留待後人論之可也。

不過袁之為人，譎詐多而真誠少，是其第一短處。民國四年籌安會發動，謇勸世凱做中國第一人的華盛頓，不要效法法國上斷頭台的路易。袁一味不承認，並且說：「我自己怎樣也不願意做皇帝，可是美國人古德諾的共和政體不適宜於中國的提議，卻有討論的價值，將來或者讓朱明的後裔出來做皇帝，浙江的朱瑞（曾任浙江都督）也可以的。」謇笑著回說；「朱瑞可以做，難道唱戲的朱素雲不可以做麼？」崑山名士方惟一聽了張四先生這種趣語，嘗寫一首時寄給朱素雲（為京劇著名小生），一時傳為笑柄。詩云：「歷數朱苗到汝身，都城傳偏話清新。不須更說華胥夢，漳水瀟瀟愁殺人。」

具有歷史價值的兩文件

袁世凱為一世奸雄，對任何人均鮮誠意，惟於謇則為數十年布衣昆弟之交，乃亦不能開誠相見，宜其竊國釀禍身敗名裂也。謇得世凱死耗，即在其日記上寫著：「三十年更事之才，三千年未有之會，可以成第一流人，而卒敗於群小之手，謂天之訓廸吾民乎？抑人之自為而已！」同時並致唁袁子克定，以禮治喪，以義教弟，在謇與袁之交誼，可謂仁至義盡矣。

謇在遜清與民國交替之時，供獻獨多，其時武昌起義，觀望者尚夥，謇急勸江蘇巡撫程德全奏請清室退位，而繼起者不絕。這篇著名奏疏，乃謇口授雷奮、楊廷棟兩君執筆的，後來楊君的將這奏疏裝裱起來，謇為賦詩留念，茲錄如下：

純絃不能調，死灰不能藝。聾蟲不能聰，狂夫不能智。
昔在光宣間，政墮乖所寄。天大軍國事，飄瓦供兒戲。
酸聲仰天叫，天也奈何醉。臨危瞑眩藥，狼藉與覆地。
爐燭累千言，滴滴銅人淚。

蟯蜖轉丸嬉，飛蛾附火熱。後人留後哀，相視一塗轍。
蟛蜞與蝤蛑，等蟹體略別。酒歟不解酒，楔也乃出楔。
陽春忽云逝，風雨暗鶗鴂。蘭杜寂不芳，眾草生亦歇。
可憐望帝魂，猶灑枝頭血。

詩後並書：「吳縣楊生以辛亥為雲陽中丞擬疏稿草裝卷見示，惝怳愴惻，不翅隔世矣，賦詩四章，題其後以歸之。亦以告後之論世者。」

當時還有清廷內閣復電一通，亦係出自謇之手筆，於民國歷史上最有關係，而此電當時由北京發出，撲索迷離，令人目眩神馳，無從測度，幸有胡漢民致譚延闓一信，可資佐証，茲將該函電等一併錄下：

胡漢民致譚函：「組安先生惠鑒：季直先生傳記第八章文字，似有可補充者，清允退位，所謂內閣復電，實出季直先生手。是時優待條件已定，弟適至滬，共謂須為稿予清廷，不使措詞失當，弟遂請季直先生執筆，不移時脫稿交來，即示小川（唐紹儀）先生，亦以為甚善，照電袁。原文確止如此，而袁至發表時，乃竄入授彼全權一筆，既為退位之文，等於遺囑，遂不可改，惟此事於季直先生無所庸其諱避，今云『來到手中』，顏為晦略，轉覺有美弗彰，豈孝若君尚未詳其事耶？有暇請試詢之。十九年二月十八日。」

張謇所擬內閣復電：「前因民軍起事，各省響應，九夏沸騰，生靈塗炭，特命袁世凱為全權大臣，遣派專使，與民軍代表，討論大局，議開國民會議，公決政體。乃旬月以來，尚無確當辦法，南北睽隔，彼此相持，商輟於塗，士露於野，徒以政體一日不定，故民生一日不安，予惟全國人民心理，既已趨向共和，更何忍侈帝位一姓之尊榮，拂億兆國民之好惡。予當即日率皇帝遜位，聽我國民合滿漢蒙回藏五族，共同組織民立主憲政治，務使全國政治，洽於大同，蔚成共和郅治，予與皇帝，有厚望焉。」

最服膺後漢高士田子泰

觀於以上種種，謇於民國成立，確有其基本上之一種特別貢獻與效勞，故對袁之洪憲變更國體，不能不有一種消極之抵抗；如辭職南下及將「嵩山四友圖」置諸南通博物館中等等。然謇之為人，本無意於仕途，其所以屢進屢退、浮沉宦海者，是欲藉官之地位、聲望、成績，以推行其素所蘊蓄之實業計劃、以裕民生耳。民元，孫中山先生當選臨時大總統，約謇任實業部長，謇以須解黨禁為言，中山允之。後袁世凱任總統，組第一流內閣，促張入京，謇以須解張勳督蘇之命，方允首途，袁氏亦允之。故謇之從政，非為利祿，為政策、為民生計耳。謇生平服膺後漢之田子泰氏，子泰名疇，董卓之亂，他率宗族和隨從幾百人到徐無山中，種田養親，百姓都很敬重他的德義，聽他調度。曹操請他出來做官，他怎樣也不就，後來魏文帝仍賜爵於他的後人。謇立志不做官，辦廠、種田、興教育，處處以田氏自況，在他所辦的墾牧公司的廳堂，即題名曰：「慕疇堂」。

謇雖嚮往後漢高士田疇，但謇非絕對忘世者。清末覲攝政王於殿陛，訪袁項城於洹上，入民國後，幾次任總長、總裁、督辦等缺，地位愈高，聲望益隆，而各種實業，成績更著。蓋謇乃有道則見、無道則隱，一把握時機之識時務者耳。與袁世凱英雄造時勢之觀念，迥不相侔。

據謇對人言，袁在朝鮮時，有一日忽放下帳子對他說：「李王庸懦，不足扶持，吳帥膽小（吳長慶），也難圖大事。我想取韓王而代之，務請謀劃主持。」謇聽了，竭力勸他不可輕動，又答應他決不告訴第三人。所以謇一向曉得他有非分的野心，在朝鮮奪不到李王的位，在中國是一定要乘機竊取皇位的。待籌安會發動，謇入府與袁懇談數小時之久，袁只說些門面話，無推誠相與之心。謇遂飄然南下，專門致力於其故鄉南通所經營之各種事業。

張謇當年在其故鄉南通所辦之伶工學社，頗為社會人士所注目，該社分越劇、音樂二組，而主辦此事者，乃屬鼎鼎大名之歐歐予倩。謇所耗於該學社之經費，前後約計大洋七八萬元，陶鑄出來的人材，著實不少，且都係高小畢業出身。每當春秋佳日，好花好景，謇常常邀約朋儔，坐上蘇來舫，或者星河艇，帶了一班伶工學生，笙簫詞譜，式式都全，放乎中流，大家歌唱起來，謇按拍，客中能歌者，也和上一曲，整千成百的鄉鄰，立在橋頭，連著柳岸，或靜聽，或遙和，各得其樂。謇與朋儔則清茶便餐，常消磨到月倦向西，人倦欲眠，始各自散歸。次晨一早，侍童開門出外。手裡必拿著箋紙，原來是送謇所作詩詞到各處去的。不多一刻，賡和的詩，又絡續送上門來。這種優哉游哉的生活，謇享受了好多年。

南通新劇場聽戲敲詩

有一段時期梅蘭芳應聘赴南通新劇場演出，正在冬天，滴水成冰，但謇還是夜夜去看，捧場到底，而且，每天看一齣戲，就做一首詩，第二天戲院裡燈光齊放時，上邊是梅郎出台，下邊則詩箋也四散出來，題名曰「傳奇新樂府」。記得這次謇還寫信給海藏樓主人鄭蘇戡（孝胥），請他到南通來聽戲敲詩，但為蘇勘所婉謝，因蘇戡是時在上海正迷上了美艷花衫王靈珠，竟顧不得梅郎名。

當時張謇有贈別梅蘭芳詩，猶在筆者記憶中，茲錄如次：

梅郎曠絕五年別，來晤啬翁十日期。
縣人傳說若異事，郎日一劇翁一詩。

郎以慧為命，翁以狂勝癡。
百年三百六十日，昨日黑髮今雪絲。
少年朱顏不常駐，父老竹馬經過騎。
世界亦何有，堯桀皆沙泥。
國勢況乃如琉璃。砰脆擊薄群頑兒。
舉子不定紛劫棋。蜀秦連湘鼎沸糜。
扶海一州江淮陲，耕桑尚足長犬雞。
翁心與世無町畦，高臥自夢黃炎羲。

又：某次歐陽予倩曾率領南通伶工學社伶生去漢口演出，謇亦贈詩云：

共君說樂夢鈞天，歲有新聲被管絃。
一隊兒郎教得儁，也應騰踔李龜年。

謇認定中國藝術方面，必須優秀份子，集合起來，共同合作，方有進步。所以他積極的促進梅歐二人的合作。就在南通新劇場內，建了一個「梅歐閣」，還撰了如下一副對聯：

南派北派會通處；

宛陵盧陵今古人。

謇在將近古稀之年時，寄情聲樂。女伶如琴雪芳，名伶如譚富英等，均願自動到南通來一獻技藝，大家對於包銀，倒放在第二，總是要求謇做一兩首詩，寫在扇子上，或贈一副對聯，則以為無上之光寵。謇也總是不拂人意，叫他們如願以償。一次，徐樹錚偕同孫傳芳到南通訪謇，徐氏大唱崑腔，唱完了帶笑說道：「小梅唱一齣戲，得先生一首詩，我唱了曲子，也想求一首詩。」謇也帶笑說道：「當然照例。」名人風趣如此，值得寫出。

有意栽花與無心插柳

謇為學始得力於無錫趙菊泉與桐城孫雲錦兩先生。年廿二，又蒙臨川李小湖（聯琇）及全椒薛慰農（時雨）兩先生之賞拔，先後在鍾山書院、惜陰書院取錄院課第一名。復由孫雲錦先生介見鳳池書院院長武昌張廉卿（裕釗）先生，叩古文法，廉卿命謇讀韓昌黎，須先讀王半山，讀晉書。自是學問大進。廿三歲，即出任吳長慶幕府，此為謇以後寫政治文章之開端。

謇既為近代偉人，其師友間之往還故事，實有足資談助者。謇少年居吳長慶戎幕，與名流薛叔耘（福成）、何梅孫（嗣焜）等頻有往來，名動朝野。故當時之掌文衡者，如潘祖蔭、翁同龢輩，必欲得士如謇者，自問方為盡力，毋忝職守。光緒十五年會試，總裁潘祖蔭，滿懷心意要中謇的，詎知無端誤中了無錫的孫時和。潘當時為之懊喪萬狀，到了第二年會試（光緒十六年），房考是雲南高蔚光，曾將謇的卷子薦上去，場中又誤以陶世鳳的卷子當作謇的，中了陶的會元。等到翁同龢曉得弄錯，已追悔莫及了。

待到光緒十八年的會試，錯得越發曲折離奇了，當時場闈中的總裁房考，幾乎沒一個不尋覓謇的卷子，翁同龢於江蘇卷子上堂時，時時都在告訴同考的人，要細心校閱，先得到袁爽秋（昶）所薦的施啟宇的卷子，袁說：「像是有點像張謇的，但是不一定拿得穩。」後來四川人施某薦劉可毅的卷子，翁起初也很懷疑，但是既不能確定謇的卷子是那一本，所以施某竭力說：「這確是張季直的卷子。」翁也有點相信起來，而且看到策問第四篇中間，有「歷箕子之封」的句子，更証實了這是到過高麗的人的口氣，就立刻問袁，袁覺得文氣跳蕩，恐怕有點不對。填榜之前，沈子封要求看一看卷子，等到看到內中的制藝及詩秦字韻，即堅定地說：「決定不是。」但到了這時，已經來不及了；一到拆封的時候，在紅號內，方才曉得是常州劉可毅的卷子。於是，翁同龢、孫家鼐諸公，均大為失望，翁且急得流淚。孫和其他的總裁考官，也個個都陪了歎息不置。

謇對於科第上的歷次蹭蹬，早已心灰意懶，無意進取了。恰巧甲午那年，他三哥張詧，從江西致函與他，略稱：「父親之意，尚希望他赴京應考一次」云云。謇本是個孝子，一聽父親意旨如此，決不願違拗父命，誰知「有意栽花花不發，無心插柳柳成蔭。」這一次卻得中狀元，大魁天下了。

翁同龢是張唯一知己

翁同龢對張謇才名的愛畫，識拔的懇摯，真可算得以國士相待的知己了。其題謇《荷鋤圖》云：

平生張季子，忠孝本詩書。
每飯常憂國，無言亦起予。
才高還縝密，志遠轉迂疏。
一水分南北，勞君獨荷鋤。

戊戌政變後，翁同龢罷官還常熟，光緒二十五年乙亥二月，謇在日記上寫著：「八月初三巳刻，謁松禪師（即翁同龢），感慨時事，誦念聖皇，時時咽嗚，午正共飯，酉初初刻謂退，師與危坐三十三刻之久，口無複語，體無倦容，以是知福澤之大且遠也。小人禍君子，往往而福之，為君子者，正宜善承天意耳。」

光緒三十年甲辰五月，謇附舟往常熟，訪松禪老人病，在日記上又寫：「十七日辰刻抵常熟，訪松禪老人病，在日記上又寫：「十七日辰刻抵常熟，詣南涇塘，見松禪於病榻，頗惓惓於舊恩，大臣固應爾，抑西人所謂特性也！（另有記問答語，從略）。二十五日三兄（張詧）以余生日，置酒召明舊飲於壽松堂，始見報載松禪以二十日夜無疾而終，去十八日之別二日耳，遂成千古永訣，追維風義，豈勝愴痛！」

翁同龢身故後，謇又去過常熟二次，第一次去哭弔；第二次在民國十年去省墓，有〈虞山謁松禪師墓〉詩，詩云：

淹迴積歲心，一決向虞麓。晨暾徹郭西，寒翠散岩壑。
夾道墳幾何，鴿峯注吾矚。停輿入墓廬，空庭冷花竹。
亟趨墓前拜，背楚淚頻蓄。悽惶病榻語，萬古重邱岳。
抵死保傳忠，都忘編管辱。尊騶貢大義，凝欷手牢握。
寧知三日別，侍坐更不續。期許敢或忘，文字尚負託。
平生感遇處，一一繚心曲。緬想立朝姿，松風凜猶謖。
九原石台前，隨武不可作。

謇後來為紀念翁同龢，曾在南通之黃泥山上卓錫庵旁邊起一小樓，名曰：虞樓。其匾跋云：「黃泥東嶺，南望虞山，勢若相對，虞之西白鴿峰下，則翁文恭之墓，與其被放還山後，墓廬在焉。辛酉一月過江，謁公之墓，陟虞巔，望通五山，煙霧中青蒼可辨，歸築斯樓，時一登眺，悲人海之波潮，感師門之風義，殆不知涕之何從也！名虞樓以永之，亦以示後之子孫。」

是一位專業的成功者

謇於朋友中最推重梁啟超，他認任公為清季對於濬發中國人思想的原動力，在民國他對於推翻帝制與復辟二役的功績，都於國家有極偉大的貢獻和努力，所以彼此愈加親近引重。在梁氏經濟狀況最窘迫時，謇則時予接濟。當時為了改組進步黨，節錄梁致謇一函，以見他倆之互相欽重一班，原函云：

……啟超竟歸矣，烏頭馬角，乃有今日人民城郭，感懷何限！知公壯來匆匆命駕，謂遠親炙，同話艱辛，豈期潮信無憑，阻我良覯。溯洄悵悵，何以為懷。兩奉教尺，重以遠庸翼之諸君面傳盛意，籌策之遠，與責善之殷，啟超安足承，抑又安敢不承耶！二十年來，以空言竊虛譽，曾未嘗一躬矢石，為國民有所盡力，今以鼎新之會，席累卵之形，豈敢更懷規避，自違初志，徒以此身久為萬矢之的，不欲濫進……。我公所責，豈敢不以自勉，竊計此少數聰儁之士，本無可以分攜之理，前此小有參商，時未至耳，今以內界外界之相逼，同袍禦侮，殆無待勸，所當用力者，合併改組後，所以發揚光大之道耳。啟超固萬不敢捐棄責任，而先生又寧忍自逸耶！先生司旗鼓，則啟超自有所恃以冒矢石，此則還援責善之義，以責諸先生者也……。

梁氏在此函內，於謇有先生司旗鼓，啟超冒矢石語，此種學者謙恭態度，真足為後輩矜式。

謇七十以後，思想與少年無珠，他習聞青春腺的接種可以返老還童，於是異想天開，乃與縣當局商酌，調查監獄中之重犯身壯力健且已判決死刑者，將其睪丸，割去一枚，請由德國醫生，移植到自己身上，果然經過相當時間，本人身體，一天一天的強壯起來，食量亦一天一天的宏大起來，年老之人，本喜歡多食糯米，以安身心，有一次他一口氣吃了湯糰十餘個，當時還餘勇可賈，不料氣候無定，晚間忽然著了涼氣，致使許多湯糰，停頓胃脘中間，一時無從消化，雖遣人到滬，請富隆醫院德醫白魯門托克博士，及奧醫賴司賚博士來治，始斷為胃腸炎，繼診斷為心臟衰弱，終於回天無力了。其實診斷為腸胃炎，是的確的，吾家對於這樣病候，是有遺傳下來的方法能治癒的，可惜我有抱道自尊的頭巾氣觀念，也就不使毛遂自薦了。

謇一生事業，小則一方蒙利，大則惠及蒼生，胡適之稱他為失敗英雄，是不對的。他的重要計劃，如墾荒、植棉、製鹽、鑄鐵、導河、導淮濬江、濬河，至今一直有人在做著，他不過軀殼罷了。他的精神何嘗不存在，他的事業何嘗不蒸蒸日上！古人有言：「功不必自我居」，根據這點觀之，謇顯然是一個事業的成功者。

從張謇跪接西太后說起

澤蒼

在二十世紀的中國，如要談及興辦實業、教育，倡導地方自治最早、成效最著的，應首推南通的張謇。他以狀元身份毅然棄儒從商，其遠見與氣魄，實非常人可及！

讀書人豈僅做叩頭蟲

張謇（字季直，晚號嗇菴）出身寒微。他雖在光緒二十年四十二歲時中了狀元，但只在翰林院做了一段短短時間的「修撰」。當時正值甲午中日之戰挫敗，李鴻章與日本簽訂了喪權辱國的馬關條約，他曾嚴詞彈劾李鴻章無效；同時又因在大雨中與京官們跪接慈禧太后由頤和園回城，飽受了刺激。（據他的日記所載：太后自頤和園回城，值大雷雨，路面積水盈寸；依例，文武百官必冠戴列隊，跪地接駕，匍匐道左，不得稍動，在泥淖中，衣履盡濕。太后則高坐轎內，左顧右盼，意氣洋洋！余經此淋漓，退居會館，夜半不寐，繞室徬徨，喟然嘆曰：「士之讀書致仕，身列廟堂者，豈僅為叩頭蟲已乎？讀聖賢書，志氣何在！」於是反躬自問，徹底省究，決當捨此無聊之官職，求有以自立自強。）於是，他就決意擺脫了仕進之途，退還鄉里，致力於建設地方的自治工作，由自救而求自強。

凡百事業須經濟推動

在那個政治腐敗民智閉塞的時代，倡談地方自治，不僅無絲毫的憑藉依據，甚至連這個名稱都為一般人所未嘗前聞。但是張氏卻本著他的理想，審慎周詳的擬訂了一套縝密的計劃，與分年實施的步驟，試行於他的家鄉——南通。他認為凡百事業都須以經濟為推動的核心，所以首先從興辦實業開始，在光緒二十一年，就開始創辦「大生紗廠」，作為一切自治建設事業的出發點。由此大生第一廠而二廠三廠，直擴展到第八廠。單以第一廠的規模說，就擁有紗線機九萬二千餘錠，織布機七百多臺（後來改名為大生紡織公司）；而互相配合相繼創立的工廠如發電、搾油、製麵、冶鐵、機械、造船等廠，也先後成功，很具規模。他為求充裕紡織工廠的原料供應及改善民生，又創辦了「通海墾牧公司」，把沿海廣大的荒灘整闢植棉、製鹽、畜牧、建設新村；更由此而展延到如皋、泰興、東台、鹽城、阜寧，直達黃河故道的南岸，墾闢荒地建八百萬畝以上。單以通海墾牧公司的成就說，自光緒二十七年開始籌劃，經過了十年的艱苦經營，就得良田近十萬畝，每年增加了棉花產量四十五萬擔；昔日的一片荒鹹不毛之海灘，就一變而成了阡陌縱橫，水道四達，新村相望，弦誦相接的世外桃源了。

實業之後再興及教育

他由於實業的基礎已定，便著手興辦教育，以開民智。為求教育的普及，他制定了每十六方里必設一小學的計劃，全縣共設了四百多所小學，以及中學大學和各類職業學校。而在開始之時，則從培養師資入手，而先創辦了全國第一所師範學校。他說：「欲雪國恥而不講求學問則無資；欲求學問而不普及國民之教育則無與；欲教育普及而不求師則無導；故立學校必須自小學始，尤須自師範始。」

同時他更重視生產教育，提倡建教合作。例如：他辦了紡織工廠，為培養專才，就設了紡織學校；興辦了農墾公司，就創設農業學校；為增進農工及國民健康，除廣設醫院外，就辦了醫學校（後來把這三所專校擴展為南通學院）；為振興商業，就設了商業學校；並辦了女子師範和各種女子職校。在南通以外地區，還倡辦了南京河海工程專校、蘇州鐵路學校、吳淞商船學校、水產專校等，為國家生產建設事業廣培人才。

在當時風氣閉塞、阻力重重之下，他對每一項事業的興辦，無一不是飽經了千磨百折，而憑著他那堅定不撓的毅力而成的。

籌辦紗廠費五年時間

這裡只將他在實業、農墾、教育，三方面，各舉其首創者——大生紗廠、墾牧公司、師範學校三個單位，在他草創時的艱辛奮鬥情形，根據他的遺編（他的遺著曰《張季予九錄》，中華書局印行），作一簡要的報導：

自甲午（光緒二十年）中日之戰我軍失敗，簽訂馬關條約，使朝鮮脫離了中國，台灣、澎湖割給了日本，舉國為之悲憤。這時頭腦比較開明的兩湖總督張之洞和兩江總督劉坤一就先後建議，在大江南北設立紗廠，以杜日人在我內地設置紗廠的要求。當時張先生已辭官回籍，正著手籌辦地方自治，就立即響應，籌辦大生紗廠。只是自己乃一介窮儒，雖然高中了狀元，但在經濟上仍是毫無憑藉。就首先向各方奔走游說，訂立章程，號召發起人，集股籌辦。前後奔走呼籲，艱苦經營，費了五年時間，才幸告完成。他在大生紗廠第一次股東會報告書中說：

> 通州之設紗廠，為張謇投身實業之始。謇愚不自量，念普魯士之報法，畢士馬克歸功於教育；欲興教育，赤手空拳，不先興實業，則上阻旁撓，下復塞之，更無憑藉。……
>
> 謇窶人也，向與富人無所交涉，一旦違願求人，人不親不信而我徒自貶；即有應者而不如數，則事終不成；我何苦為人役？不如己。顧又念己則教育無所憑，且安所望世有第二之

願為人役者。……

自此四面奔走，陳說通州設廠之利，而勸集者不及二萬！賴惲莘耘觀察助集二萬，合各處計銀止十三萬餘兩。……

於是一再求助於江鄂二督及桂道，及凡相識之入，有冀其可助而言之者，有明知其未有益而姑言之以僥倖者；所更非一，未暇殫述。旅滬不忍用公司一錢，主於友人，賣字自給。駔儈黠吏陰嗤而陽弄之者比比皆是！然而聞謗不敢辯，受侮不敢怒，聞目塞耳，趲程盲進。……

是冬購備磚瓦木石及諸用具，搭蓋儲機棚廠；次年戊戌正月動工建廠，購電燈滅火機，上下執事工役日五六百人，用款日繁，而各路許入之股不至……屢催屢請執約，告急之書幾於字字有淚！……

至冬，廠已垂成，機裝過半，花亦開收，而活本止有四五萬。既須收花，又須給造廠裝機未完之工價，備開車未完之物料，心口相商，筆舌俱瘁。所共憂患者止敬夫（沈燮均）一人！往往甲日籌得一二萬，乙日已罄；丙日別籌，而丁日又須還甲。所遇之人，前若潘郭，後若桂盛，以為官不可信，而號為商者如彼；以為商不可信，而號為官者如此！始而尤人，既而自怨，終知自怨無益，惟有奮進；而進無寸援，退還且萬碎！

要為書生們出一口氣

張氏明知以一窮書生而欲興辦此種規模宏大的機器新工業，是一件極其困難的事，但又為什麼要蹈此苦海呢？在他的自傳中記著：

丙申三月，與兩江總督劉坤一，議興通州紗廠。先是以中日馬關條約，有許日人內地設工廠語，因謀自設廠。自審寒士，初頗躊躇，既念書生為世輕久矣，病在空言，在負氣，故世輕書生，書生亦輕世。今求國之強，當先教育，並先養成能辦適當教育之人才；而秉政者既闇蔽不足與謀，擁資者又乖隔不能與合；然固不能與政府隔，不能不與擁資者謀。納約自牖，責在我輩，屈己下人之謂何！

可見張氏的自甘蹈此苦海，身涉萬險，來興辦實業，不僅是在奠定教育的根基，厚裕人民生計，阻塞國家的漏卮，開發地方的富源，同時也要替為世所輕的書生揚眉吐氣。結果也就是憑著他這份堅強奮鬥的精神，而終於有成了。在他精心制訂且親筆楷書懸示廠中同人共守的十六條「廠約」中有兩句話：「堅苦奮勵，則雖敗可成；侈怠任私，則雖成可敗。」

這可說是他行身創業自勵勗人的中心準則。

蘇北墾荒花費了十年

張氏在實業方面奠定了基礎以後，到庚子年（光緒二十六年）北京拳亂發生，朝野鼎沸，他看看政府更已不堪救藥，就在自救自強的實際工作上作更進一步的努力，而著手計劃於蘇北沿海廣闊荒地作大規模的墾殖。他首先創設了「通海墾牧公司」，擬闢地十萬畝，一面種植棉豆，一面改進製鹽和推廣畜牧，以示範於國人。但是這項與天搏鬥與海爭地的工作，其艱困危苦，又與創辦工廠時各有不同。他在「通海墾牧公司說略」中述及：

中國之有墾牧公司，創舉也。行於窮海盡處百餘年荒漠之灘，高止有天也，下止有海也。隄自隄之，渠自渠之，須行而自為路，須渡而自為梁，須居而自為廬舍，須墾且牧而自為溝洫町場，無不創也。公司之集，以光緒二十七年三月至八月，規度定界，分為六隄，十月杪從事畚臿。

儘管看起來是一片似乎無人過問的荒灘，可是一動手來整闢，無限的麻煩就紛至沓來了。他在墾牧公司第一次股東會報告書中說：

股東諸君知測勘方始各堤未築之前，公司之地作何現狀乎？立乎鄰堤而東南望，潮拍鄰堤之下，彌望皆水，浪花飛灑，駕小車周視海濱，則鳧雁成群飛鳴於側，麋兔縱橫決起於前，終日不見一人；夏夜則見照蟚蜞之火盛若星點而已。如是則此一片荒灘，似多無主，可以任我開墾。然按地求之，則有官有營有民有灶，又有丹戶酬戶批戶；官又有為民買含胡之地，營又有蘇狼糾葛之地，民有違章占買灶業之地，灶有照案未分補給之地；甚至民業錯介於兵田之內，海民報地於通界之中。幾無一寸無主，亦無一絲不紛！歷八年之久，官民之紛，始能理竟，其難蓋可知矣。……今各股東所見各堤之內，棲人有屋，待客有堂，儲物有倉，種蔬有圃，佃有廬舍，商有廛布，讀有學校，行有塗梁，若成一小世界矣。

張氏在這十年草創之間，時時都親歷其間，與辦事人員共憂患；為地權紛擾而遭暴民毆辱，在狂風暴雨中淋成落湯雞的情事，他都一再身受而無所怨尤。結果，全縣的教育公益交通慈善一切事業，不僅經常的需費有了寬裕的接濟，更撥出了廣大的田地作各種機構各級學校的基金，而永遠不使蹎墜。

他時常告誡於共事之人員說：「凡創一業，應時時存必成之心，亦時時作可敗之計。」

他一生中，成就固多，也遭遇過不少非人力所能克服的挫敗，但他總能洞燭機先，豫作安排，使不陷於無可放拾的地步。

南通成為唯一模範縣

工廠的經營既漸走上了坦途，在光緒二十八年，就著手創辦作為教育之母的師範學校。第二年開學，由張氏自任校長，教員則除在國內遴聘若干學有素養者以外，並自日本聘了一些來擔任。他自己並到日本考察新教育的設施，以作參考。先是，他曾應兩江總督劉坤一的邀約，為擬訂了興辦師範中小學及高等師範的全套計劃；可是這計劃卻遭到藩道等的同聲反對說：「中國他事雖不如人，何至讀書亦向人求法！此張謇過信羅叔蘊，叔蘊過信東洋人之過也。」張氏受此刺激，所以就不求於官府，把自己六年來所儲積在大生紗廠未支的公費本息計兩萬元，以及叔兄和友人助集的共六萬餘元，就城南一所規模宏大而久失修理的古廟大事改造，添建房屋三百餘間，而成立了中國第一所師範學校。經營期間，事無巨細，無不躬親。到了開學前夕，他還執燭巡視到廚房廁所。他說：「興辦學校，須注意比二處之清潔；視察學校，亦必重視此二處。事雖小，關係大。」開學之日，更剴切的向全校師生分別致詞：

中國今日國勢衰弱極矣，國望虧損極矣！國者民之積，民之中各有一身在焉；國弱望虧，其害之究竟，直中於人人之一身。環顧五洲，彼所謂強大文明之國，猶是人也，以我中國黃帝堯舜神明之胄，退化不振，猥處人下，至有以奴隸目我者，諸君以為可恥否乎？……下走生平及數年來所與二三同志磨礪而夾持者，以「堅苦自立忠實不欺」為宗旨；今日建立此校，所望為諸君相期者，亦唯此「堅苦自立忠實不欺」二語，為諸君磨厲夾持之助。……

在校諸君當共念國家之大難，力圖教育根本之至計，必有精進不已之心然後能成物，必有恢宏無外之量然後龍集忠；毋以已至而安於自足，毋以自大而侷於一隅。師範是鄙人汗血而成之地，諸君亦鄙人肝膽相許之人，幸各勉旃！

張氏在興辦實業教育致力地方建設的過程中，曾受到無窮的譏責侮辱而從不怨怒，但為了清廷腐敗官僚的闇昧，卻大為怨怒；他為人群的福益奔馳於狂風暴雨中，成了多次的落湯雞而未嘗氣惱，但為了迎接慈禧做了一次落湯雞，卻大為憤怒。也就由於他的一怒一惱，卻把南通造成了全國唯一的模範縣了！

張季直在開國前後的重要事蹟

鈞天

南通張謇（季直）以狀元之尊榮，退居鄉里，興辦實業，隱然成為東南物望。辛亥武昌起義後，張氏婉勸清廷遜位讓國，協助建立民國，厥功甚偉。民國建立後，應國父孫中山先生之邀，出任實業部長，協助籌款，撐持危局。至袁世凱繼任臨時大總統後，南京政府解散，復翩然歸隱。其節操風骨，不讓先賢。本文所述，即為張氏開國前後的一些重要事蹟。這短短地幾個月裡，是張氏一生中除了興辦實業以外，對國家最有貢獻的一段時期。

對清廷作最後的忠告

辛亥（一九一一年）這一年的四月，張季直被上海、天津、廣州、漢口等四個大城市的總商會，公推到北京去陳請中美報聘團，合組航業銀行，和其他外交上的商業事件。這時，革命的浪潮已日益澎湃，清廷更假立憲之名，改組政府，將大權集中於滿人親貴的手裡，並排斥漢人。國勢已臨山雨欲來的局面。張氏為了瞭解滿清政府的情況，並且欲盡「最後的忠言」，所以就答應北上一行。

在張氏由漢口乘京漢路火車進京，道經河南彰德時，曾和分別了二十八年之久，那時正放歸洹上的袁世凱會面。在三十多年前，當張季直和袁世凱同在朝鮮時，張曾教過袁世凱的書，最初袁對張的稱呼是「夫子大人」，後來袁的官越做越大，對張的稱謂也就由「直丈」而「季直先生」、以至「季直吾兒」了。張由此而感到此人之不可交，所以在最後分手時曾寫過一封信給他，信裡有兩句話是：「閣下之官位愈高，則鄙人之稱謂愈小。」二十八年分道揚鑣，疏隔已久師生再次見面時，因為袁世凱的做功太好，使這位狀元公竟然覺得他「其氣度視廿八年前大進，遠在碌碌諸公之上。」但這份感覺，僅不過是曇花一現，到了袁世凱復出組閣，進而出任民國臨時大總統後，他的看法又變。

對外交內政三點意見

張氏抵達北京以後，清廷親貴們因為他在東南的聲望太隆，所以對他十分重視和禮遇，甚至有人對隆裕太后說：「南邊請求立憲開國會斥親貴的這些亂子，都是張季直幾個人在那裡鬧的；只要對他們不問軟硬有一個辦法，就沒有事了。」雖然那時清廷的局面已是危如累卵，但因武昌起義尚未爆發，以致滿族親貴仍沉迷地緊抓住這艘破船不放。而張季直雖然看到了大勢所趨，但因受深刻的儒家思想的浸潤，希望保住那座將傾的大廈。

四月十七日的上午，張季直到勤政殿去見攝政王載灃，對外交和內政兩方面各提出三點看法和意見。他說：「謇所欲陳者：外交有三大危險期；內政有三大重要事。三期者：一、今年中俄伊犁條約。二、宣統五年英日同盟約期滿。三、美巴拿馬運河告成，恐有變故。三事者：一、外省災患迭見，民生困苦；朝廷須知民隱，使諮議局為溝通上下輔導行政之機關。二、商業困難，朝廷設法振作，金融機關須活。三、中美人民聯合。」

攝政王載灃對他所說的這六點，僅敷衍式的回答道：「你說的都很重要，也非常對。可與澤公（載澤）商量著辦法。」只此而已。

後來他又去看慶親王，對於東三省的重要和形勢的危迫，反覆陳詞。並且極誠懇地勸道：「……國民疾苦之甚，黨人隱忿之深，王處高危滿溢之地，丁主少回疑之會；誠宜公誠虛受，惕厲憂勤，不宜菲薄自待，失人望，負主業。」慶親王聽了以後，竟至掩面大哭。

他這樣苦口婆心、舌敝唇焦的向清廷進言，主要原因是由於對光緒皇的知遇之恩，使他知其不可為而為地盡那最後的忠告。這種態度，站在他的立場來說，也是未可厚非的。這可以從在他留京時，朝中有人建議，如果他願留京內，就任以賓師之位；假如要到外邊，就任以黑龍江巡撫和籌邊大臣，被他立時堅決拒絕的這一點上可以證明。

內外蒙古都贊助共和

辛亥武昌起義的砲聲一響，舉國風從。這時的張季直在深思熟慮後，決定了公私進退兼顧的立場；一方面求保持清室的安全和下場善後；一方面擁護革命，贊助共和。但是在這種群龍無首、紛擾動盪的局面下，應該怎樣著手？如何才能做到呢？

首先他想到的就是仍隱居洹上的袁世凱，他認為北方的新軍都在袁的掌握之中，而且袁的才能可以有為，只是為人有些難測，他的立場若有顛倒，根本就要動搖。於是立刻就以師友的立場函電交馳，並且派人去勸他不要再去捧那西山的落日，而應該扶持東昇的朝陽。其次，張又想到共和的範圍，是五族的結合；內外蒙古地域遼闊，接壤強鄰，極關重要，設如被人利用，走入歧途，對於共和的聲勢，就會受莫大的影響。於是就以憑他個人的聲望去電庫倫各法團曉以利害，結果內外蒙古都一致贊助共和，終得如願以償。這結果雖不完全是靠他一封電報的力量，但卻不能不說他的確盡了一番力量。

對清室善後大費心力

在協助清室善後這一點上，他實在費了一番心力。對於清室，他認為：「與其用盡氣力保這已經搖動沒有把握的帝位；何不玉成他歷史上禪讓的美名，留一點感情來訂優待的條件。」對於革命政府，則當變革之際，一部份人滿漢之間的狹義種族歧見極深。要想把雙方都說服，達成他所認為的圓滿結果，實在是一件很不容易的事。但經張季直和一些革命元勳的努力，終獲解決。所以在南北和議中對於清室優待條款決定後，由清廷內閣所發出的清帝遜位詔書也就接著公佈了。

這一份由內閣發出的清帝遜位詔書，也是由張狀元執筆的。根據胡漢民先生寫給譚延闓先生的一封信可以證明：「組安先生惠鑒……清允退位，所謂內閣復電，實出季直先生手。是時優待條件已定，弟適至滬，共謂須為稿予清廷，不使措詞失當。弟隨請季直先生執筆，不移時脫稿交來，即示少川先生，亦以為甚善，照電袁。原文確止如此，而袁至發表時乃竄入授彼全權一筆。……」（十九年二月十八日）。

從這信裡、不僅說明了清帝遜位詔書是張季直的手筆，而且透露了袁世凱曾經竄改電文，這一點很重要，因為這一竄改行為，充分地暴露了袁世凱的野心，也為五年後他竊國稱帝伏下了引線。

民國元年張府的門聯

武昌起義後，清廷為了挽救危局，萬分不願意地把袁世凱一請再請地請了出來，組織所謂的「責任內閣」。袁在一番扭捏作態之後到了北京，邀集了他的一班死黨，組成了內閣，另外為壯聲勢起見，特別邀請張季直出任農工商部大臣兼江蘇宣慰使。

張季直當然不會去就任這個「送葬內閣」的閣員，於是他發了一通電報給袁世凱，一方面辭農工商大臣和江蘇宣慰使兩職，一方面又乘機再給袁上了一課。他說：「……與其殄生靈以鋒鏑交爭之慘，毋寧納民族於共和主義之中，必如是乃稍為皇室留百世禋祀之愛根，乃不為人民遺二次革命之種子。如翻然降諭，許認共和，使謇憑藉有詞，庶可竭誠宣慰。……至於政體未改，大信已漓，人民託庇無力，實業何以興起，農工商大臣之命，並不敢拜。謹請代奏辭職。……」

雖然張季直是清朝的狀元公，但他總免不了想到自己是漢人，因此對於革命成功有「還我河山」的感覺。在民國元年元旦時，他在自己住宅的大門上寫了一副聯，可以顯示他對革命成功的歡欣之情：

民時夏正月
國運漢元年

在他認為是：「黃帝以來五千年君主之運於是終；自今而後百千年民主之運於是始矣。」

國父力邀出長實業部

武昌起義後不久，國父孫中山先生就從歐州趕回國來，抵達上海後，立即被起義各省的代表公推為首任臨時大總統，黃克強先生任陸軍部長，建都於南京。張季直本來也同時被推為財政部長，但他因為「自審本無理財學識，況值此絕續之交，財政一端，關係重要。列強之能否承認，全視此為機鍵。……一身名譽不足惜，因此而誤全局，……無以謝同胞，……」而堅決辭讓。

後來經國父再三邀約，張才接受轉任實業都長一職。民國元年的一月五日，國父曾有催請張到府就職的一封信：「季直先生大人鑒：昨承允任維持實業，民國之慶也。昨日晚間，陳瀾生（財政部）蔡民友（教育部）俱已到，王亮疇（外交部）今日亦必來寧，惟內務程雪老有病，司法秩公義和。弟擬於今日先行各部委任禮，請先生於午後三時降府，幸甚。蟄老一信請代致。孫文叩。」

私人保證向三井借款

就在南京政府成立以前的這一段短時期中，張季直曾受江蘇、江北、滬、鎮等四都督的公推、兼兩淮鹽政總理，負責籌措北伐軍費，及臨時政府的經費。這一時期中，各地動盪不安，金融呆滯，籌款極為困難，而各方則需款既多且急。在最初最急迫的一段時期，連幾十萬元都難以應手。

為了應付革命的急需，於是由黃克強先生代表臨時政府和張季直共同出面向日本三井洋行借款三十萬元。因為三井和張所創辦的大生紗廠向有來往，要張出具保證書，是有以大生廠做抵押保證的意思。這筆借款不久就照數還清，那張保證書也收回來了。這保證書頗有歷史價值，特照錄出來：

保證書

茲因黃君克強為中華民國組織臨時政府之費用，向貴行借用上海通行銀元三十萬元。約定自交款日起一個月歸還，並無抵押物。如還期不如約，惟保證人是問。除息率及匯水，由黃君另訂條件外，特具此書。

三井洋行鑒存　　　　張謇

黃帝紀元四千六百有九年十一月。

民國元年改用陽曆，新政府於一月一日在南京成立，孫大總統宣誓就職的地方，就是張季直所手創諮議局的新屋。其時華路襤褸，千頭萬緒，十分的艱苦。當時在萬難中最困難的還得算是財政，因為需用浩繁，而來源枯竭，加以一些投機份子和貪佞軍人，霸佔一方，佯稱革命，予取予求，使這甫呱呱墜地的新政府困擾不堪。而張季直雖身為實業部長，但因他與東南金融界的淵源與聲望，對於籌款方面，也自不能完全辭其責。所以他在短短幾個月實業部長的任內，對於花在振興實業方面的時間倒反不如籌款來得多。

堅決反對抵押漢冶萍

後來因為袁世凱居心叵測，對民國多方刁難，國父孫大總統決心北伐。但這時的財源，竭蹶到了山窮水盡的地步。孫大總統和大元帥黃興處於羅掘俱窮、困難萬狀的窘境，而北伐卻又勢在必行，在萬不得已的情況下，南京政府有人建議：把湖北的漢冶萍鐵礦抵押給日本人，以救一時之急。另外清末郵傳部大臣，也是漢冶萍鐵礦的控制者盛宣懷，也有意增資改組鐵礦公司，邀日人投資，並允轉借五百萬給南京政府，以示投效之意。

這兩個建議都為張季直所堅決反對，他的看法是「日人存心不良，盤算已久」，「民國政府建立伊始……何至因區區數百萬之借款，貽他日無窮之累。」他為此而以去就力爭。

其實，國父孫大總統對於這件事的看法，早已審知利害，不過國父所見者既遠且大，籌款北伐，成功以後奠民國於萬年不朽之基，區區漢冶萍鐵礦公司的一小部份股權的有限度喪失，比較起來，實在微不足道。這是革命家的襟懷，張氏書生之見自無可比擬。雖然如此，國父和他的秘書長胡漢民先生仍一再致函張氏，反覆解釋，並接納張的部份意見，而且一再函電挽留。

這一爭議，終由於國父辭去臨時大總統職，臨時參議院舉袁世凱繼任，南京政府即時解散，孫、黃、張等均告下野而自然結束。

張季直以一清朝的狀元公，身當帝制共和之鉅變，匪特能不虧大節，抑且能對締造共和，有所貢獻，求諸於昔時的書生，自是難能可貴的了。

閒來無事話狀元

竹坡

狀元這個名辭，是六、七十年前科舉考試中，最歆動人而又為讀書人最難得到的東西。現在我們不必去考證狀元是什麼時代才有的名堂，我們且看看它為什麼那樣難得，又那樣矜貴而使人歆羨。

洋博士難比土狀元

說起狀元之矜貴，真是世上無雙，較諸今日鍍金的洋博士要名貴千百倍。以美國來說，它的大學多，每年產生的博士，真是數不勝數，而中國人在美國獲得博士的，每年少說也有十幾個，加上我們這裡的香港大學、中文大學，每年也頒送博士給人，中國博士現在多如過江之鯽，有什麼可貴？但狀元可不同了，三年才出一個，逢丑、辰、未、戌年，皇帝才親自考狀元，如果不在丑、辰、未、戌年而開科，則稱為「恩科」。（三年一試乃正科，如果今年已有考試，但明年碰到國家有什麼慶典，或皇帝六十大壽之類，就加開一科，故名恩科。無非使讀書人在四年之中有兩個機會考試，成進士，可以出來做官。）你說多有趣。這種東方玩意，決非西方人能夠想得出來的。三年出一個狀元，已經難得了，何況這名狀元又是從全國那幾十萬個讀書人中考出來的一個第一名。凡事皆以第一為貴，以今日的香港而言，無論什麼都講究第一。游泳比賽、環島步行比賽、足籃球比賽，皆以第一為貴；中學會考，亦以總平均分數最多者為第一，能得到教育當局的免費入學的優待。

猶憶民國四年（一九一五年），北京政府考試學成歸國的留學生，翁文灝得鑛科第一名，又得了各科的總第一，總平均分數為九十五分強。當時的人就稱他為「洋狀元」。但洋狀元究竟沒有土狀元——由皇帝硃筆點出來的那麼吃香。何以故？洋狀元、洋博士是講實學的，二加二等於四那樣考出來的，只要一個人稍有天資，又肯拚命用功，焚膏繼晷，可以俯拾即是。土狀元可就不同了，一個中了狀元的人，人們就覺得他非常「神秘」，與芸芸眾生大不相同，覺得他是有「祖德」、有「命運」、有「風水」、有「陰隲」、由「文曲星」轉世的人。至於他的學問文章如何，一般人倒「好少理」，因為他們相信凡是狀元，學問一定好。舊時代的女子以嫁得狀元郎為榮，故此舊小說、戲曲、彈詞等，都是小生落難、小姐後花園贈金、高中狀元後奉旨完婚那一套。試問博士有否？

劉春霖死狀元絕種

據傳清初有人中狀元，京師小家女陸氏，粗通文墨，喜讀詩詞，以為狀元必美如宋玉、潘安，願委身為夫子妾。結婚之夕，某狀元飲至酩酊大醉，送入洞房，嘔吐狼藉。新娘視之，乃一山東大漢，而且滿面痲皮，羞憤交集，即解衣帶自縊而死。有人嘲以詩云：「國色太嬌難作婿，狀元雖好卻非郎！」亦可傷矣。

以上一段傳說，是否真有其事，無法證實，但據吾人所知，皇帝在傳臚之日，也不惜破傳統之例，要高抬龍目，一看新科狀元是個什麼樣的人。因此，狀元的形貌，似乎不致有太過醜怪的。據宋闕名氏《儒林公議》卷上第三頁所載：「每殿庭臚傳第一，則公卿以下，無不聳視，雖至尊亦注視焉。自崇政殿出東華門，傳呼甚寵，觀者擁塞通衢，人摩肩不可過，錦韉繡轂，角逐爭先，至有登屋而下瞰者，庶士傾羨，讙動都邑。」

又北宋時，洛陽人尹洙，意氣橫躒，好辯人也，嘗曰：「狀元登第，雖將兵數十萬，恢復幽薊，逐強虜於窮漠，凱歌勞還，獻捷太廟，其榮亦不可及也。」按北宋之世，強鄰逼處，已成偏安之局，所謂反攻幽薊，宋人絕無此能力，而狀元之榮，好像有朝一日恢復失地還不及之，可見宋人之不長進。但從這些記載來看，亦足反映狀元之魔力如何偉大，甚至一個「意氣風發，目中無人」的尹洙，亦發此言論也。

中國自清光緒三十年甲辰（一九〇四年）殿試後，即廢除科舉考試，從此狀元更成為稀罕之物。晚清末科狀元劉春霖到民國十九年（一九三〇）年以後，遂成為碩果僅存的一個狀元（光緒廿九年癸卯科的狀元王壽彭，死於一九三〇年一月廿二日，年五十六歲），劉狀元亦係在抗戰中死於日寇盤踞下的北平，他一死就了結中國千年狀元之局，從此狀元亦宣告絕種。當劉春霖在世時，年青的一輩人和新學家，雖當他是廢物，但當時社會上老朽之輩仍多的是，一般人對劉還是十二分尊敬的，因為他是「文曲星」轉世的狀元啊！

劉狀元晚年行好運

劉春霖是河北省肅寧縣人，長居北京，自考中狀元後，並未得到他的皇上什麼好處。倒是民國成立後，他以狀元的這塊老招牌，替若干富貴人家辦喪事點主，或寫些條幅對聯，倒賺了不少錢。民國元二年間，劉學詢回廣東香山縣建劉氏宗祠，就請劉春霖來粵為其先人點主，劉狀元索性在廣州住了一個時期，一班有錢人家，都趁此好機會請他點主，又撈到很多利市，寫字的潤金更不在話下了。一九三一年六月猶太富人哈同在上海死去，不單請劉狀元南下點主，並請來榜眼、探花襄題，合送禮金大洋一萬元，劉獨得五千元，其餘二人各得二千五百元。

同屬鼎甲中人，而狀元卻要多佔一半，可見狀元名頭之貴。劉狀元到了晚年還行了一個好運：那是民國廿二年（一九三三年）宋哲元做冀察政務委員會委員長時，宋當時管領華北五個省份，其聲勢比之清代兩江總督尤有過之。這位軍佬幹到這麼高的地位，事事都滿足了，所恨不足者是不懂得聖賢詩書，被人目為老粗，為了表示他好學古文，提倡舊道德以抵擋共產學說起見，宋哲元不惜親自捧著聘書到狀元府，禮聘劉狀元做他的師傅。大概每星期狀元老師入帥府為學生講四書五經一兩次，每逢進講之日，宋哲元還要派自已的汽車接送。北平有一部份人見了就大贊宋將軍尊師重道，可勵末俗。其實，當時留居北平的大學問家極多，他們的學問不知要比劉狀元好多少倍，但宋哲元不屑去請教他們，偏偏要請個土狀元，何故？則以狀元氣可貴耳。

這個時期，華北也和北宋初年的幽薊一樣，不盡為中國所有，強悍的日本帝國主義者虎視眈眈，隨時都要製造機會來吞噬中國全部土地。而在北平的一部份老胡塗，還歆羡狀元，奉為師傅，與北宋的尹洙頗有同感！

中馬票易中狀元難

恰好這時候筆者也住在北平過著悠閒的日子，在悠閒的歲月中，往往三五天就看見日本飛機飛來平津上空示威。有些膽小而神經過敏的人，恐怕有炸彈會掉下來，另一些樂觀派而又幽默性成的就嘲之曰：「怕什麼，偌大一座北京城有三百萬人，就是炸彈失手掉下來，未必會輪到老兄，除非老兄有狀元命啦！」

後此十年，日寇一度侵佔香港，不久，美國飛機聯群結隊飛來大炸，有時還作地氈式的投彈，有些人一聞警報聲就嚇得魂不附體。幽默家照樣會說：「未必就會炸中你，難道你有狀元命嗎？若沒有，至少也要有中馬票命，炸彈不會胡亂炸中人的！」近廿五年，香港已沒有飛機投彈的威脅了，但每年幾次的大賽馬，其頭二三獎，香港人仍以之比作三鼎甲——狀元、榜眼、探花。以此相儗是不為無見的，如果以代數中的 chance 來演之，同是一理也。

不過，中馬票頭獎的 chance 易，中狀元難。中狀元要憑命運、風水、祖德、陰隲，人所共知，中頭獎馬票也許亦要比四大「條件」，但有一事則大不相同：中狀元還要靠點文墨；中馬票只要「條件」齊全，不必讀書，文盲亦有資格。此狀元之可貴，實與眾不同也。

有此種種困難，故此舊時的皇帝老子也特別「畀面」給文曲星，對狀元是格外優待，傳臚後，特准三鼎甲跟隨掛金榜的亭子，由午門的正中而出，親王宰相，皆位極人臣，然皆無此殊榮，因為丹陛中石，只有御駕才有資格踐踏而過，三鼎甲雖是六、七品的小官兒，親王宰相亦無其光輝。又：傳臚後，狀元立即授職翰林院修撰（六品官）；榜眼與探花則授職翰林院編修（七品官）。下一科的鄉試，又多數被簡派為副考官，樣樣都佔盡翰林的便宜。

狀元既是這樣名貴難得之物，直到今日，科舉廢了六十多年，但在此十里洋場中人，爭第一者還叫做「中狀元」，而不叫「中博士」。可見狀元實在比博士高貴萬倍。

經過三考如淘金沙

為了狀元是眾人所歆羨的銜頭，寫到此處，且掉轉筆鋒，先談一下清代狀元產生的過程，然後再談狀元的種種趣事（筆者按：清代科舉考試，一切仍沿明制）：

一個讀書人要中狀元，起碼得經過三重考試，俗稱「三考出身」。先由童生（凡讀書人往應縣試時，皆稱童生或生童、文童。武試則稱武童）去應縣試，由知縣做考官，考取後，再應府試，由知府為主考，中後始有資格應院試，由學政為主考，中後就是秀才了。有了秀才的資格，就可以到省城去考舉人，考中後，就可以到京城會試，考取貢士資格，即可應殿試成進士。第一名進士就是狀元（科舉最高的一階段為進士，次為舉人、秀才，即所謂「三考」也）。全國的讀書人，少說也有百十萬，他們經過這三個難關後，像淘金沙那樣，篩淨了，得到的是二百或三百名進士。又從這二三百名進士中選出一個狀元。其難如此，安得不貴？正是「十年窗下無人問，一舉成名天下知。」寒士有出頭之日，其平步青雲也固宜！

殿試時，雖然也考貢士們的文章，但那策文章叫「對策」，清朝初年還講究對策做得好不好。到了乾隆以後，不重文章的內容，轉而注重書法。於是，應付殿廷考試的貢士，個個都下苦工練習寫小楷，講究墨色，希望得中狀元。照這樣說，字寫得好的就可穩拿狀元了嗎？其實也不盡然，所謂「強中更有強中手，一山還有一山高。」寫得好也屬枉然。就拿光緒二年的丙子科來說：浙江人馮文蔚寫得一手好楷書，在南方久已有名，他自已認為這一科必定大魁天下，絕無疑問的了。怎知山東人曹鴻勳、山西人王賡榮的字，都寫得莊嚴遒勁，以殿試工夫而論，確比馮文蔚的簪花小楷有力而動人；於是，曹搶到狀元，王搶到榜眼，江南名士馮文蔚只好屈居探花了。

光緒二十年甲午科，通州張謇得中狀元，他的字比光緒二年屈居探花的江南名士馮文蔚還不如，但因這科的榜眼尹銘綬、探花鄭沅的字卻都不及張謇，張就很輕易的搶到狀元在手，這就是張謇的運氣比馮文蔚高。此乃「天命」，非人力所能為也！如今考博士怎能有如此玄妙而又「多采多姿」乎？

張謇中狀元如有神助

張謇之得狀元，雖云以書法勝於榜眼尹銘綬及探花鄭沅，但冥冥中有「神」助孝子，則為「事實」。（傳臚後，翁同龢對皇帝說，此科狀元張謇，不僅南中名士，且亦孝子也。見翁氏日記。）於是得神之力而戰勝一切，搶到狀元了。翁同龢的門生王伯恭氏所作《蜷廬隨筆》，有記張謇殿試交卷時的故事，頗可信，茲錄於下：

殿試之制，新進士對策已畢，交收卷官，封送閱卷八大臣閱之，收卷官由掌院學士點派，皆翰苑諸公也。光緒甲午科所派收卷，有黃修撰思永，迨張季直（謇）繳卷時，黃以舊識，迎而受之。張交卷出，黃展閱其卷，見卷中有一字為空白，殆挖補錯誤後，忘記填寫者，黃乃取懷中筆墨為之補書，因收卷諸公例攜筆墨，以備成全修改者，由來久矣。張卷又有抬頭錯誤，「恩」字誤作單抬，黃氏復為於「恩」字上補一「聖」字，成為雙抬，補成後，送翁同龢相國閱定，蓋知張為翁相國所極賞之門生也。

以此張謇遂大魁天下。使此卷不遇黃思永成全，則置三甲末矣。

如果張謇的殿試卷不落在黃思永手上，又如果黃和他不是舊識，不肯為他補救各錯誤之處，即使翁同龢要爭他為狀元，也無法可以獲得成功的。可見「冥冥之中」自有「神」助。下面一段為王伯恭又記翁同龢為張謇爭狀元故事云：

甲午閱卷者張子青居首，次為麟芝庵，次為李蘭孫，翁同龢居第四。（筆者按：張子青名之萬，為道光丁未狀元；麟芝庵名書，滿洲人，宗室，欽賜翰林；李蘭孫名鴻藻，咸豐壬子翰林，直隸高陽人。當年會試主考官稱「閱卷大臣」或「閱卷官」殿試考官稱「讀卷大臣」或「讀卷官」。分別清楚，不容有混。王伯恭乃安徽盱眙人，光緒十二年丙戌舉人，曾與張謇、袁世凱等同在朝鮮吳長慶幕府共事。鼎革後，世凱為總統，伯恭則在陸軍部任秘書，甚不得意。其撰寫《蜷廬隨筆》，在世凱逝世以後，對之頗有微詞。）向來八大臣閱卷，各以其人之次序定甲第之次序，所謂公共閱定者，虛語耳。是科翁同龢閱張季直卷，必欲置諸第一。張之萬不許，幾欲忿爭。麟芝庵曰：「吾序次第二，榜眼卷吾決不讓，狀元吾亦不爭。」李鴻藻則助翁氏與南皮相爭（按：張之萬為直隸南皮人，張之洞的從兄，皆以張南皮稱之），謂吾所閱之沈衛一卷，通場所無，今亦願讓狀元與張，幸公俯從。南皮無可如何，乃勉如翁意，其所定之狀元則改作探花（按：即鄭沅），以麟公不願讓榜眼也（按：此科榜眼為尹銘綬，探花鄭沅）。

王伯恭氏隨筆中所提到之黃思永，亦是光緒六年庚辰狀元，江蘇江寧人，字慎之。這人稍有頭腦，他最先提倡政府辦理公債籌款，後來又在北京提倡手工藝業，設廠經營，但因為參加投資的人不多，營業不能展開。張謇亦以狀元在南通故鄉辦實業則成績蜚然。直到今日，人們談起早期的中國實業，只提張謇，而知黃思永者可謂少之又少矣。

由此可知，張謇的試卷如不入黃思永手上，就無法入翁同龢手；到了翁手，如果沒有李鴻藻合力為他向張之萬求情，那麼張謇不僅得不到狀元，就是榜眼、探花都得不到。依照翁同龢在殿試閱卷的序次為第四，張謇最多只能得到二甲第一名的傳臚而已，在全榜中乃第四名。為什麼會如此湊合？迷信的人，一定以為與「命運」、「祖德」、「風水」、「陰騭」有關，如無此種種條件，張謇未必能中狀元也。

館閣體書法庸俗之極

有清一代共歷二百六十八年的天下，出產了一百一十四個狀元，其中還有兩個是連中三元的（一為乾隆辛丑科的錢棨；一為嘉慶庚辰科的陳繼昌）。李慈銘氏在《越縵堂日記》中，於同治十三年正月二日所寫的，有論狀元一則云：

國朝乾隆以前，狀元或取才名，其策亦多取條對，高宗屢有詔申飭之，故畢總督沅、莊協揆有恭，皆由特簡。嘉慶以後，漸形波靡，自己未科姚文僖後，遂無名元。然其時猶未專取楷法也（筆者按：姚文田為嘉慶四年己未科狀元，官至尚書，謚文僖，邃於經學）。至道光後，乃專論字矣。然猶取歐褚趙董遺法，所謂帖意也。宣宗晚年講求字畫，於是禁帖體，奉行者乃並禁《說文》正體，遂以不誤者為誤，而「字學舉隅」之書出矣。士人遂爭以癡肥板重為工，有「黑方光」之目，非此不得列前十卷，而楷法亦盡亡矣。……

李慈銘所論殿試書法的變遷，專考究「黑光方」（亦稱「烏光方」），而楷法遂告喪失，實為科舉考試之上佳掌故材料。相傳道光帝登位後，專門挑剔臣工摺奏所寫的字體字劃，因此一班大臣多望風承旨，一點一劃，只求工整，不敢稍失規矩了。《清朝野史大觀》卷四，載有「殿廷考試專尚楷法之由」一則，頗可參考，特錄之如次：

宣宗初登極，以每日披覽奏本外，中外題本，蠅頭細書，高可數尺，雖窮日夜之力，未能遍閱。若竟不置目，恐啟欺蒙嘗試之弊。嘗問之曹文正公振鏞。曹對曰：「皇上幾暇，但抽閱數本，見字跡有點畫謬誤者，用硃筆抹出，發出臣下傳觀，知一覽所及，細微不遺，自不敢怠忽從事矣。」上可其言，從之。於是一時廷臣望風承旨，以為奏摺且然，何況士子試卷？從茲變本加厲，遂至一畫之長短，一點之肥瘦，無不尋瑕索垢，評第妍媸，以朝廷掄才之大典，效賤工巧匠之雕鏤，而士子舉筆偶差，關係畢生榮辱，末學濫進，豪傑灰心，波靡若斯，雖堯舜皋夔聖賢，豈能逆料歟？……

所謂館閣體書法，是指翰苑中人那種規規矩矩的笨字，李慈銘在日記中說宣宗晚年禁帖體，可見道光年間，殿廷考試書法，還尚未惡劣到極點，自此以後，館閣體的字就日趨下流，不堪承教矣！我們試看道光末年至光緒三十年那幾十個狀元中，能以書法名世者竟無一人，勉強說，翁同龢的字還略可觀外，其他如陸潤庠、孫家鼐、劉春霖等，皆庸俗惡劣，不可嚮邇，只有那些不知所謂的人，震於狀元頭銜，才視如瓌寶耳。

說幾位不幸的三鼎甲

戲劇裡的狀元，尤其令人可羨，似乎考中了狀元，便可做大官，報恩報仇，悉如心願。狀元的權威，簡直無與倫比，朝裡朝外的官員都怕他三分！其實狀元的官只不過是翰林院修撰，階從六品，雖然比七品的知縣高一級，但卻沒有實權。狀元衣錦回鄉時，他的權力也不可能大過他的父母官，真要運用狀元的「特權」來報恩報仇，亦無可能；最多是請託地方官給他方便，如果地方官不賣帳，他也無可如何。戲台上的狀元，只是編劇的人把他特殊誇大罷了。

中了狀元的人，並非個個都做到大官，也有很倒霉的。現在且談談狀元有幸有不幸的趣事：

狀元除了臚唱後提前授職，且不必等待散館，就可以掌文衡，簡放鄉試副考官或學政。到了清季同治年間，帝師之選，幾乎全以狀元為對象。清帝的師傅，本無規定以狀元充任，但同治、光緒、宣統三朝，以狀元而充帝師者計有翁同龢、孫家鼐、陸潤庠三人。至於新科翰林，到處可以寫對聯送人，打打秋風，而狀元的對聯，更為人所爭取，多者送筆金三四兩，少亦二三兩，一年中靠這一筆收入亦頗可觀。如果狀元而能拜相，那就更其難能可貴！這是就幸運的一方面而言。

至於狀元之不幸，亦所見多有，有些狀元公，於平步青雲之後，似乎是靈氣發洩已盡，運亦行到盡頭，因此會從雲端裡摔了下來，一蹶不振，甚且死去。例如乾隆四十年（一七七五年）乙未科的鼎甲三人皆大不利：狀元吳錫齡（字純甫，安徽休寧人）、探花沈藻清（字魯田，浙江仁和人）及第後不到一年皆告死去；至於榜眼汪鏞（字東序，山東歷城人）因為傳臚時沒有到場，唱名三次都不見他出班謝恩，未授職就先來個罰俸，在翰林院當個七品的編修幾乎三十年，到老才改官御史，後來還算官運稍亨，做到左副都御史。（筆者按：前清的都察院是監察機關，它的主管長官是左都御史，滿漢各一人，從一品。左副都御史，滿漢各二人，正三品。）

又康熙四十二年（一七〇三年）癸未科狀元王式丹（字方若，江蘇寶應人），因江南科場案，到揚州監獄探問他的同榜探花趙晉（字晝三，福建閩縣人），嫌疑受謗，以此罷官。探花趙晉因於康熙五十年為江南鄉試主考官時，賄賂狼藉，審訊得實，問斬。而此科的榜眼錢名世（字亮工，江蘇武進人），以係年羹堯黨人，雍正帝將他革職放歸鄉里，且贈以「名教罪人」匾額，命懸其家中以辱之。此又三鼎甲之不利也。

又康熙三十六年（一六九七年）丁丑科狀元李蟠（字根大，江蘇徐州人），以科場舞弊被罰充軍。榜眼嚴虞惇（字寶成，江蘇華亭人）以子弟中舉惹嫌疑，受降官處分，到年老始陞為太僕寺少卿，官運不通之至。探花姜宸英（字西溟，浙江慈谿人，工文詞，著名國中），亦以科場案牽涉，死於監獄中。

龍汝言高中純靠運氣

倒楣倒得最有趣的一個狀元，無如嘉慶十九年甲戌科的龍汝言了。汝言安徽桐城人（字子嘉，號錦珊），家境貧寒，但學問還好。不知如何考了好幾次都考不中舉人，就換個方法，捐個監生到順天應鄉試，希望得中。怎知仍然不能如願，只好留居京師在某都統家中教書，以便下一屆鄉試再碰運氣。

鄉試屆期，恰遇是年嘉慶皇帝生日，京內外大員照例要進獻祝詞，某都統是滿洲人，對「吟風弄月」這一套，是不大懂得的，當然請西席老夫子代撰。龍老夫子盡半月之力，集康熙、乾隆二帝的御製詩一百韻以進。嘉慶皇帝見了大喜，特召見某都統，對他著實嘉勉了一番。某都統自知椎魯無文，不敢欺君，直說是西席龍汝言所作。嘉慶帝聞奏，不勝駭異，便說：「江南士子，一向不屑誦先皇詩篇，自視甚高，獨有龍汝言能用功熟讀，足見他一片丹心，甚為可取！」於是，降旨欽賜龍汝言為舉人，一體會試。可惜龍汝言時運未到，嘉慶十六年辛未科會試，依然名落孫山。總裁官胡長齡、董誥、曹振鏞、文寧四人（一正三副），覆命時，皇帝見龍汝言沒有考中，大發脾氣，罵這科沒有一篇好文章。

四總裁覺得奇怪，所取前茅各文字都過得去，為什麼皇上不滿意呢？後來暗中向內監打聽，才知道龍汝言下第，皇上不高興，原來這條「龍」早已簡在「龍心」，要把龍頭給他的。

到下一科甲戌會試，主試四總裁當然要巴結皇帝，不管三七廿一，便把龍汝言取中第一名貢士。有了貢士資格，就可以參加殿試，爭三鼎甲了。皇帝聽說龍汝言會試中式，心中暗喜。到殿試之日，讀卷大臣即以龍汝言一卷列在十本內第一名，進呈御覽，皇帝朱筆點中，龍汝言遂大魁天下。這樣靠運氣獵取功名，一朝而名傳全國，此所謂狀元之富有「神秘性」，絕非西方博士靠二加二等於四所能及也。

龍狀元怕老婆誤大事

龍汝言既中狀元，不久即派南書房行走，並充任實錄館纂修等差使，同僚為之歆羡不置，僉以為皇帝很瞧得起他，將來一定飛黃騰達，以狀元拜相入閣亦意中事了。

龍汝言家貧，幼時，全靠岳家提攜照顧，所次他很怕老婆。有時他和太太吵嘴，就避往友人家中住三兩天，以免被打，待老婆雌威已降，心氣稍平才敢回家，已成習慣了。有一次又是避開老婆住到朋友家裡三五天，剛好在他走開後，實錄館的職工送來《高宗實錄》（筆者按：皇帝死後，繼位的皇帝就開實錄館，派三五百個人辦事，把已死的皇帝一生政績，按日編輯成書，例如乾隆一朝，則稱為《高宗純皇帝實錄》），說是奉總裁之命，叫他覆校一次。這些事也是常有的，龍太太也看慣了，便照例收下來，放在書房。覆校的實錄不過三四冊，如無錯誤，就進呈御覽（筆者按：編輯的實錄，編成若干冊後，就進呈御覽，因為冊數太多，往往編輯時間費時十餘年也不定，尤其是乾隆一朝有六十年，事跡又那麼多，非二十年不能成書）。

過了幾天，龍汝言還未回家，也可說是他行正衰運，剛好實錄館的人來拿回已校的實錄，龍太太照例交還。實錄館的人去了不久，龍汝言也回家了，太太餘怒未息，不和他說話，他當然也就不知道有覆校實錄這回事。

這件事發生後約六七日，內廷忽然下了一道上諭，責龍汝言精神恍惚，辦事不周，著革職永不敘用。但上諭中卻沒有宣佈他犯了什麼罪，致使天顏震怒。後來近臣查出，原來實錄館恭進「高宗純皇帝實錄」書面的簽條，「純」字竟寫作「絕」字，變成了「絕皇帝」（純字是乾隆帝的謚號），大不敬之罪，真是無可逃於顯戮了。

恭校實錄是皇室的一件大事，宜如何敬謹從事，但龍汝言因怕老婆怕昏了頭，犯了皇帝的忌諱，如果換了別人，恐怕不止革職處分，可能會問絞刑或充軍了。汝言經此一蹶後，潦倒終身，人們幾乎忘了有這一個倒運的狀元。

筆者曾記述光緒甲午科狀元張謇之「行運」而得到李鴻藻、翁同龢、黃思永等人的幫忙，遂得高中，宜其「祖德、風水、陰功」集於一身，大行其道矣。然而張氏有時也會行衰運，他在中狀元後的第二年，曾因好談時政，大觸西太后之忌，光緒帝不得不順從慈意，命軍機處下諭云「文廷式、周錫恩、張謇、費念慈等，均著永停差使！」張四先生就不得不倉皇離開北京城，永別金馬玉堂了！

光緒一朝的十三個狀元

光緒一朝，可說是清朝的「水尾」了，這一朝的十三個狀元，亦可稱為「水尾狀元」，飛黃騰達者甚少（反而進士、翰林則多發跡），其中最了不起的，亦只做到巡撫，連總督都沒有出一個，休說尚書、宰相了。

我們不妨試看一下：光緒二年丙子科狀元曹鴻勳，官至陝西巡撫；三年丁丑科狀元王仁堪，官止知府；六年庚辰科狀元黃思永，官至侍讀學士；九年癸未科狀元陳冕，官至修撰；十二年丙戌科狀元趙以炯，官止修撰；十五年己丑科狀元張建勳，官至提學使；十六年庚寅科狀元吳魯，亦官至提學使；十八年壬辰科狀元劉福姚，官止撰文；二十年甲午科狀元張謇，官至修撰（至宣統三年始簡任農工商部大臣）；二十一年乙未科狀元駱成驤，官至提學使；二十四年戊戌科狀元夏同龢，官止修撰；二十九年癸卯科狀元王壽彭，官至提學使；三十年甲辰劉春霖，官至修撰。這十三個「水尾狀元」似乎應了西洋十三「不詳」之數，沒有一個能在政治上大行其道的。而王壽彭的收場更屬黯然。亦可謂不幸的狀元了。

王壽彭全憑姓字佔鰲頭

王壽彭字次錢，號眉軒，山東濰縣人，以優廩生中光緒庚子、辛丑併科鄉試第三十五名舉人，光緒二十九年癸卯，舉行辛丑、壬寅併科會試，王壽彭中第三十七名貢士，殿試點了狀元。他本是山東寒士，以寫得一手「黑大光圓」的字為人所賞，老一輩的科舉人物都說憑他這一手好字就可望點狀元。光緒廿八年壬寅（一九〇二年）科鄉試，已廢止八股文，改試策論，並且廢謄錄，只是糊名而已（按：清朝鄉會試制度，闈中把士子寫在試卷上的名字糊緊，不讓主考官知其姓名。又怕考官認出士子的筆跡，特在闈中設置謄錄百數十人，把考生的文章用硃筆另抄一份，送給考官評閱，待正式放榜後，始再拿所抄的硃筆文字，與原文校對，看有無錯誤。雖然防考生作弊如防賊，但當時的考生們仍可以買通謄錄，替他改正文章或抽換試卷）。是科鄉試王壽彭的試卷，分在房考官余際春房中，余閱後，不甚愜意，打算不薦給正副主考了（按：鄉會試試場中，設同考官十八人，幫同主考官閱卷，他們看中的卷，加以評語，薦給主考，以便遴取，同考官皆以知府、知縣之科甲出身者充當。被取中的舉人、進士，稱呼正副主考官為座師，稱呼同考官為房師），但有人對余氏說：「王壽彭的文章雖然平常，但書法有如館閣體，最宜於殿試朝考（殿試可中進士，且有鼎甲希望，朝考則是中進士後數日，再來一次考試，新進士對此皆寄予極大希望，因為能否點翰林在此一舉也），你為什麼不預先收一個翰林門生呢？」余際春聽後，覺得頗有道理，立即在王壽彭的試卷上加了很好的評語，薦給主考官，王壽彭遂得中舉人，連捷會試，到殿試時，一班讀卷大臣因鑒於翌年甲辰（光緒三十年，西曆一九〇四年）是西太后七旬大壽，為了慶祝起見，清廷特開恩科，故本科狀元欲得一個名字中有「壽」字的人來做狀元，藉示預祝，且為「暖壽」。王壽彭之名，既有一個「壽」字，且含有祝嘏意義（按：王壽彭三字，就含有「天子萬萬年」之意，而壽彭別字次籛，八百歲的彭祖姓籛名鏗，實大好兆頭也），加之王的書法亦復黑大光圓，於是遂以王壽彭一卷放在十卷前的第一，擬為是科狀元。

有清一代山東出六狀元

王壽彭未中舉之前，以窮秀才在濟南候補知府朱猛（河南人）家中教書，做夢也不敢想到三年後會大魁天下的。他的鄉先輩陳恆慶（濰縣人，光緒十二年丙戌進士，為工部司員）在所撰《歸里清譚》一書中，曾記述王壽彭傳臚時情形，頗為有趣，茲摘錄如左：

王壽彭傳臚時余（陳恆慶自稱）正仕京曹，俗例，同鄉有應殿試者，京官必攜荷包、忠孝帶，以備前十名引見備用。是日辰初，讀卷大臣魚貫進內，至辰刻，大臣手捧黃紙自內出，立於乾清門丹陛上，高呼曰：「王壽彭！」王不覺為之驚喜變色，莫之所措，同鄉京官代應曰：「在此！」乃為之整衣、佩荷包與忠孝帶，扶上丹陛，肅立大臣之後，俟前十名依次傳齊，乃帶領引見。

所述「驚喜變色」，與張謇臚唱時「喜極而踣」頗相似，狀元之榮，真有使人驚喜失措的魔力也！有清一代，山東省一共出過六個狀元，並且第一個山東狀元傅以漸，還是清朝「開國狀元」（傅斯年就是他的子孫），其餘五個狀元為聊城的鄧鍾岳；濟寧的孫如僅、孫毓桂；濰縣的曹鴻勳、王壽彭。六個狀元，籍隸三縣，而曹、王兩狀元並皆居於濰縣南關新巷，且為比鄰，此尤寄也！

清朝任提學民國充秘書

王壽彭大魁後，以修撰入進士館肄業，卒業時，列最優等第一名，亦以狀元面子之故。不久即實授湖北提學使（這是當時學部尚書榮慶「愛才」若渴，故有比峻擢。原來榮慶做山東學政時，王壽彭以歲考一等補廩，先有這一重師生關係）。修撰本是正五品官（舊制為從六品宮，光緒末年始改為正五品），王氏一躍便陞為正三品的提學使，已是司使大員，亦可謂讀書人得志之秋了。

新官往湖北上任之前，少不得衣錦還鄉一行，藉以光宗耀祖，抵魯境時，自然要經過濟南省城，他用印有「新授湖北提學使司提學使」頭銜的名帖，到處拜客，而他的舊東家朱猛此時仍然還在濟南候補，而過去的西席，此時已是堂堂的三品大員了。

狀元果然官運亨通，王氏到湖北後，又署理過一任布政使（從二品），如果平平穩穩，循序漸進，十年八年後，也許就可以外而巡撫，內而京堂了。但好景不常，辛亥革命軍起義，王狀元與布政使連甲一同失蹤了一個時期，政府亦不知他們的下落，後來幸喜平安無恙。迨袁世凱出任大總統後，對於前朝的狀元都特別拉攏，王壽彭也不例外，被拉入總統府充當一個書而不秘專寫應酬文字的秘書，較之隱姓埋名欲在北京官廳求一錄事而不可得之布政使連甲，則狀元為幸多矣。

由袁世凱、黎元洪、馮國璋、徐世昌、曹錕以至執政的段祺瑞，無不敬重狀元，因此，那些年來王壽彭成為總統府的「不倒翁」秘書，安居食祿達十餘年之久。到民國十四年（一九二五）張宗昌做山東督辦，忽然心血來潮，留意起家鄉的人才，其時山東的另一個狀元曹鴻勳早已死去，王壽彭則仍在北京拿乾薪沒事做，張氏認為狀元是「文曲星」轉世的人，不可令其投閒置散，便派人在北京請他回桑梓服務。

狀元行老運廳長兼校長

王狀元到了晚年，居然行了一陣「狀元運」，他到濟南謁見張宗昌時，張問他的幕僚曰：「王狀元在前清做的是什麼官兒？」

有人答道：「湖北提學使。」

張又問：「提學使和現今民國的什麼官相等？」

答道：「略似教育廳長。」

張宗昌大喜，立即發表王狀元為山東教育廳長，並由北京的中央政府簡派，好不威風！

不久後，山東大學開辦，張宗昌覺得這是山東最高的學府，若不找個德高望重而又富有學問的人來當校長，不足以發揚「聖教」，為「聖人聖地」爭光。學問最好的人，自然無如狀元了，眼前就有個狀元做廳長，何不委他兼任，於是，下令王狀元兼任校長。

王氏就職之日，張宗昌督辦先給校長一頓訓話，曰：「你須知道，山東是孔夫子的家鄉，大小中學，應以尊孔讀經為第一要義。我因為你是狀元出身，飽讀詩書的人，故此才委任你做大學校長，你上任之後，要好好的幹，切不可使一班青年學生，離經叛道！」

狀元奉命惟謹，他本來便是頭腦冬烘，十足頑固的人，加以督辦當面吩咐要讀經尊孔，因此在這方面特別注意，凡所措施，無一不與新潮流背道而馳。山東文教人士對王的種種作為，大感不滿，但亦無如之何，只好稱他為「老古董」而已。王狀元聽說他擁有「老古董」的雅號，還沾沾自喜，以為尊孔讀經之後，山東就可以成為樂土，唐虞盛世，行見於二十世紀了。

與北洋軍閥一同被通緝

王狀元為了尊孔讀經，就向張督辦上了一個條陳，請修葺孔廟中的大成殿，同時又精印十三經，以示提倡讀經尊孔。張宗昌立即批准施行，並親筆批令曲阜縣知事，向當地富戶勸捐十萬元，作為修葺大成殿的經費。那時候，山東遍地皆匪，又值連年戰亂，民不聊生，富戶大都遷往濟南、天津等地居住，窮人無錢可捐，因此無人響應。結果張宗昌只好指令禁烟局徵收附加稅，才勉強以鴉片烟的餕餘來續「大成至聖先師」的香火！於是，大成殿煥然一新，孔夫子亦可謂拜王狀元與「福壽膏」之賜了。

就是因為王狀元這種種違反潮流的舉動，到民國十七年國民革命軍攻入濟南後，遂被國民政府下令通緝，王狀元的大名列入「張褚餘孽」之內（張宗昌、褚玉璞）。

王狀元當時見新朝要抓他，嚇得魂不附體，也隨張宗昌等人逃往大連避難，後來因大連生活高昂，不易支持，遂暗中往天津租界隱藏起來，於一九二九年陰曆十二月廿三日死去。到今年恰為四十周年了（一九二九年夏間，謠傳他自縊身死，後知不確，但仍逃不過一九二九年之阨，迷信者謂其命中注定云）。

清末監國攝政王載灃的一生

焦夢鹿

民國四十年辛卯（公元一九五一年）農曆九月，前清的醇親王載灃病逝北平。他是光緒九年癸未（公元一八八三年）生的，死時已是六十八歲的高齡了。其時，北平已改回北京，中共正手忙腳亂的在搞韓戰，大陸人民正在飽受清算鬥爭的折磨，對這個末代王孫的生死，已沒有人注意了。

自小過著傳統貴族生活

載灃，為滿清末代皇帝溥儀的生父，是醇賢親王奕譞的第五子，德宗載湉同父異母的弟弟（奕譞第二側福晉劉佳氏所出）。他出生的第二年，即被封為不入八分輔國公，七歲晉鎮國公，次年喪父，便襲了醇親王職，那時他只有八歲。天潢貴冑的黃口小兒，在嫡母葉赫那拉氏（慈禧胞妹）及生母的嚴格管教下，過著傳統的貴族生活，享受著俸祿和采邑的供應。並有內務府派來的世襲散騎郎二品長史為首的一套辦事機構替他理財、酬應；還有一大批護衛、太監、僕婦供他差遣；一群清客給他出主意或聊天伴遊。用不著操心家庭生活，也用不上甚麼生產知識。除了依例行事的冠蓋交往之外，和外界少所接觸，更談不到社會的閱歷了。

環境薰陶養成拘謹性格

他自號伯涵，又有「靜雲」及「閑園」兩個別號。自幼讀漢文，也能寫一手黑亮渾圓的館閣體的小楷。奕譞在世時，正是慈禧以皇太后當政的時期，他懾於積威，一直以誠惶誠恐的心情，表現在一切言行中，把自己住的正房命名為「思謙堂」，書齋為「退省齋」，在書齋陳設的器皿上，子女的房中，到處刻著「滿招損、謙受益」的銘言，以及「財也大、產也大、後來子孫禍也大，若問此理是若何？子孫錢多膽也大，天樣大事都不怕，不喪身家不肯罷。」等格言家訓，只怕招災惹禍，以保恩光福祿。載灃在這樣環境的薰陶下，也養成了極保守極拘謹厚重的性格，由他常用的幾個閒章如：「以鼎盛存、以器盈懼」、「動履規繩」「敬懼天地」的字句來看，便可知其為人了。

奉派做專使往德國道歉

德宗載湉的相貌是很清秀的，載灃和他的哥哥差不多，而凝重過之，廣顙豐頤，隆準秀目，算得個俊男，再加上衣冠的裝飾，也準說得上「福相」了。戊戌（一八九八）那年，載灃方十六歲，他還在書房裡讀書，維新失敗，載湉被囚，己亥（一八九九）建儲，庚子（一九〇〇）拳亂，那亂糟糟的幾年中，他安分守己地在家讀書寫日記，即入宮當差，也是屢進屢退；及聯軍入京，他也扈駕到西安行在。辛丑（一九〇一）議和，因為德使克林德被端王載漪所部虎神營兵安海戕殺於崇文門內，和約大綱十二條裡，明白指定要在德使被害地方立碑，及派近支親王做專使往柏林道歉，這差使便落到載灃的頭上，其時他才十九歲，名義是欽命派赴德國專使大臣。

以一個足不出北京城的少年親貴，語言文字外交禮節一切都不懂的載灃，叫他去出洋謝罪，真不是個味道！幸虧清廷同時也發表廕昌為出使德國大臣，帶了這個識途之馬作保鑣，就是說載灃只是頂了肉身前往，一切由廕昌去安排了。廕昌號五樓（又作午樓），是旗人中最早到過德國的一個，翁同龢日記：「光緒廿一年九月二日：直隸候補道廕昌，由學生至德國當繙譯，投入營當兵，升哨官，靈變而伉直，可用。」又：「光緒廿三年十二月二日：廕五樓曾入德奧兵隊，與德王同學，今在天津武備學堂幫辦……頗鯁直，無習氣。……」

所稱德王，即一八八八年即位的德意志大帝威廉第二，這個被稱為傲慢驕橫不可一世的德國君王，在做王子時和廕昌有同學之雅，所以派他隨同出國，自是適當人選。

訛傳親王由薙髮匠頂替

一九〇一年的七月，載灃和廕昌帶同隨員李希德等，從北京到上海，於十二日放洋，上海租界裡的中國商民懸旗歡迎歡送，據姚公鶴所著《上海閒話》裡說：「上海商人初次懸上黃龍旗的大清國徽，以此為始，亦以向外國人表示中國人的愛國，而暗中又有向外國人抗議之意。朝廷雖顢頇，人無不自愛其國，這是真正民意的表現，自屬可信。」

載灃到柏林後，由於廕昌的佐助，折衝樽俎，周旋宸陛，沒有鬧甚麼笑話，倒是外國有一些無聊作家，把他作為小說的主角，寫了若干胡說八道的小說，竟指這個俏龐白臉的頭等欽差，為薙頭匠冒充的，並夾雜些叫人難以相信的笑話。後來柴小梵寫《梵天廬叢錄》，也輾轉訛載，如謂：

> 辛丑和約規定，派醇親王赴德充謝罪使，廷臣咸以此舉大辱國體，然苦無力拒絕。時有獻策於太后者，請擇年貌類王者代行。后善之，適有薙髮匠某，狀貌酷肖醇親王，見者莫能辨也。乃決用其策，使匠飾為王，教以禮儀行動，與夫應對酬酢周旋進退之節，嫻習而後遣之。於是薙髮匠之醇親王遂擁朝廷之旄節，海天萬里，遠赴柏林謝罪焉。既抵德，從容展謁，未嘗失儀，退而與德國臣工相見，亦酬酢盡歡，各如其分，中國國交，用是益固，留柏

林十餘日，無疑之者。既而由德入法，遊巴黎，經倫敦安然返國。然出柏林後，忽有國事偵探風聞其事，詳經偵查，知清人確以贗鼎欺德。事聞德皇，皇大怒，立召宰相褒羅計議，謂清人不信，乃使下賤之夫，冒為貴族，矯執使節，以謝罪於我，侮我實甚，必謀所以報之。褒羅退，與各大臣密商，僉以使已出境，事無佐證，一經表襮，徒滋外人譏笑，為兩國辱；且使者雖偽，其奉清命而來，則非偽也，隱之，莫有知者，不如已。褒羅以為然，言於皇而寢其事。

外國作家的虛構，中國作家更以「神來之筆」寫得有板有眼；雖然有趣，卻非事實。清代對薙髮這一行業固是鄙視，但外國人對每一職業是不分貴賤的，德皇怎會吐出「下賤之夫」的話來？所謂替身，亦即外國人的 Double（一般譯為「重身」），在中國歷史上如秦始皇、漢高祖、明太祖或有以「副車」作替災替難的，但那時慈禧求和心切，焉能惜及載灃親王的身份，而不虞露出馬腳而因小失大？所言自不足信。

為覲見禮節邦交幾破裂

但載灃在德，也是有麻煩的。一時中德邦交幾致決裂，那不是為著「以贗鼎欺德」，原因則為了覲見的禮節的爭執。當載灃一行到達柏林後，德皇威廉擬定接見的儀節，要載灃於進見時叩頭跪拜。載灃和廕昌諸人商量，認為與出京時所奉的訓示不符，便拒絕以大禮參拜。但威廉大帝以戰勝國元首自居，氣燄極大；更因為滿清乾隆、嘉慶兩朝，英國使臣到北京，明明是餽贈禮物，清廷偏說是進貢，又都堅執地要用三跪九叩的大禮見皇帝。威廉二世是不有意要為盟邦英國吐一口氣不可知；但確是固執地堅持非用大禮不可。載灃再三拒絕，幾乎下不了台。最後由廕昌函德外交大臣，婉為辯釋，詞意近乎哀求，威廉二世才准如所請，豁免跪拜，才匆匆地把這一場「謝罪」的辱國惡劇下了幕，勉強終場。

《清史邦交志》中特載明：「醇親王載灃至德，見德皇遞書時，帶廕昌一人，俱行鞠躬禮。」當時載灃曾有電向議和全權大臣奕劻、王文韶（李鴻章已死）報明交涉經過，這電是辛丑九月廿六日由柏林拍發的，摘錄如下：

前接嘯樞電，相機因應，並示折中。……十四日，德皇停止禮節後，遣來朝車提督禮官，未俱撤回；察其動靜，似有撤回之機。因與廕昌、李希德等再四籌維，命廕昌用德文信致賡泰音，婉商外部：以跪禮我國萬難應允，於德既無所取，更與兩國體面大有關係。作為出自灃意，懇請德皇寬免。一面又與駐巴在爾艾領事面商，或將此意由灃備函達外部，託其先為代通消息。復於十八晚，命呂使趕回德京，設法接辦。十九日，呂回後，接嘯電，亦即轉電呂，命其照辦，再與外部切商。旋於二十日據艾領事來告，頃得外部電，命詢王爺何時起身，以速為宜。我皇必見，跪禮已免，遞書只帶廕昌一人，餘均在別殿俟候等語。

電首「嘯」是電報代日號碼，「樞」為樞廷，指軍機處。呂使為順天大興之呂海寰，原任清廷駐德公使，蔭昌於任務畢後始接任，此時有關外交接洽，仍由呂氏辦理也。

德國之行總算不辱君命

德皇威廉二世在皇宮裡接見載灃，按著外交儀節進行；遞上道歉的國書後，說了幾句門面語，由蔭昌繙譯，鞠躬而退。過了兩小時，德皇也親到賓館裡回拜，坐談了頗久，中德兩國的體面算是糊好了。德皇並招待他到距離柏林十六哩外的波茨坦地方那間聖斯王宮裡住了幾天，載灃才離柏林赴巴黎倫敦，暢遊一番，開開眼界，然後返國覆旨。其時鑾輿尚未到京，他趕到開封接駕，面奏在德經過。這一趟，載灃總算不辱君命，慈禧心裡透著高興，稱許他辦事能幹。他那顆「動履規繩」小印，上有「御賜」二字，據說即是這時所賜的。但據曾任上海公共租界工部局總辦的英國人濮蘭德所寫的《慈禧外紀》中說：德皇之答應豁免跪拜，是「迫於中國向來外交拖延忍耐的手段，才有此讓步的」。果如其言，載灃也算清季辦外交的好手了，一笑。

慈禧懿旨賜婚榮祿之女

載灃出使一趟回來，宮廷裡對他也刮目相看。滿清季世的龍子龍孫們，通同有一種毛病，便是很想求知，而不求甚解，載灃更有個先天帶來的毛病，嘴巴不大靈活，他為盡力尅制這個不好看的習慣，極力少說話多點頭，久之便成了習慣。但在厭惡載湉透骨的慈禧看來，這個姪兒比她自己妹妹親生那個好得多，在她跟前說話，是那麼得體有分寸。他很懂；但從沒有表示他自己甚麼都懂。就在迴鑾到保定時，心裡一高興，便降懿旨「指婚」，將她第一寵臣太子太保文華殿大學士軍機領班大臣榮祿的女兒，指配與醇王載灃為福晉。

榮祿之女，人稱「八妞兒」，從小就在宮中，很能逗取慈禧的喜愛。慈禧曾對榮祿說過：「你的女兒調皮得很，誰都不放在眼裡，甚至連我都不怕。」其得寵可知。載灃本來也訂有一門親事，由於慈禧的指婚，醇王老福晉為了此事曾進宮向她姊姊太后哭求挽回無效，只好遵旨，把已定的親事取銷，害得被退婚的小姐還鬧了一次自殺。

溥儀自傳提及父母婚姻

關於此事，溥儀在他《我的前半生》自傳裡，也有提到：

關於我父母這段姻緣，後來聽到家裡的老人們說起，西太后的用意是很深的。原來，戊戌政變以後，西太后對醇王府頗為猜疑。據說在我祖父園寢上有棵白果樹，長得非常高大，不知誰在太后面前說，醇王府出了皇帝，是由於墳地上有棵白果樹，「白」和「王」連起來不就是個「皇」字嗎？慈禧聽了，立即叫人到妙高峰把白果樹砍掉了。引起她猜疑的，不僅是白果樹，更重要的是洋人對於光緒兄弟的興趣；庚子事件前，她就覺得洋人有點傾心於光緒，對她卻不太客氣。庚子後，聯軍統帥瓦德西提出要皇帝的兄弟代表，去德國道歉。父親到德國後，受到德國皇室的隆重禮遇，這也使慈禧大感不安，加深了她心裡的疑忌；洋人對光緒兄弟的重視，叫她更擔心。為了消這個個隱患，她終於想出了辦法，就是把榮祿和醇王府撮合成為親家。……就這樣，我父親於光緒廿七年在德國賠了禮回來，……奏覆了一番在德國受到種種禮遇，十一月隨駕去到保定，就奉到了『指婚』的懿旨。

載灃和榮祿之女瓜爾佳氏之婚姻，是不是如溥儀所言的那樣具有「深意」？只可作為「姑備一說」；但慈禧是個好強而又自私的老太太，則無可疑。她只想把她所寵信喜歡的一小圈子的人結在一起，或且還是認為出於一種「恩賜」呢！當初她把自己胞妹，配與奕譞，又把自己胞弟桂祥女兒配與光緒，牽絲扳籐，同樣是這個手法。這是做妃侍出身一旦大權在握的自卑感很重的女人的心理作祟；說她有「深意」存焉，也只是「如斯而已」了。

光緒末正式任軍機大臣

載灃成婚以後，確是叨了他太太的光而扶搖直上；闔以內則由其福晉拿主意。這位瓜爾佳小姐，脾氣剛強，作風大膽，有才智，愛時髦；除對其婆母老福晉還多少能守點旗門規矩外，出入宮禁還是能逗得住太后歡心，因此載灃既頂有「和碩醇親王」的崇銜，遇有國際事件或朝廷新政，也每召他來談談，聽取他的意見。他雖然只是飄洋過海在德英法繁華世界開過一下眼，可是在深宮的太后卻認他是皇族近臣中比較開明的一個。載灃很知道一些時髦的「新名詞」，至於那內容如何，他根本也陌生得很；奏對時他唬出幾句新名詞，再問，便回說其中奧覈甚多，待下去詳細條陳，呈候御覽。至於他拿甚麼來交卷呢？不過叫章京們胡湊一番而已。日俄之戰，以及行新政之議立憲等等，慈禧問起奕劻，也問到載灃，都何曾有個所以然的答案來？

光緒三十三年（一九〇七），載灃被命在軍機大臣上學習行走；次年正月，去「學習行走」字樣，便正式是軍機大臣了，位僅次於奕劻，而在世續、張之洞、鹿傳霖之上。其時袁世凱還是打簾子的軍機呢！

慈禧死前決以溥儀入嗣

前一個戊申年（一九〇八）的十月，慈禧、光緒相繼薨逝。死前，決定以載灃之子溥儀入嗣大統。「肥不落別人田」，這老太太至死還是一意孤行。載灃的《日記》第十冊，記：

十月九日，上朝致慶邸急函一件，卯正行還愿禮。

二十日，上疾大漸，上朝奉旨派載灃恭代批摺，欽此。慶王到京，午刻同詣儀鸞殿（旁註：吉服補褂），面承召見，欽奉懿旨，醇親王載灃著授為攝政王，欽此。又面承懿旨，醇親王載灃之子溥儀，著在宮內教養，並在上書房讀書，欽此。叩辭至再，未邀俞允，即命攜之入宮。萬分無法，不敢再辭，欽遵於申刻，由府攜溥儀入宮。又蒙召見，告知已將溥儀交在皇后宮中教養，欽此。即謹退出，往謁慶邸。

二十一日，癸酉酉刻，小臣載灃跪聞皇上崩於瀛臺。亥刻，小臣同慶王世相鹿協揆張相袁尚書大臣崇詣福昌殿，仰蒙皇太后召見，面承懿旨：攝政王載灃之子╳╳，著入承大統為嗣皇帝，欽此。……又面承懿旨：現在時勢多艱，嗣皇帝尚在沖齡，正宜專心典學，著攝政王載灃為監國，所有軍國政事，悉秉予之訓示裁度施行；俟嗣皇帝年歲漸長，學業有成，再由嗣皇帝親裁政事，欽此。是日即住於西苑軍機處。

拿不起放不下認真窩囊

載灃監國之後，實際就是代行皇帝職權。他有他的滿肚子主意，卻拿不出決心，往往他提一個議，給別人三言兩語，便打了回票了。他之要殺袁世凱，是恐懼袁有實力，而且與奕劻、載振父子有勾結；大原因是不相信漢人，卻不是要替他屈死瀛臺的孱帝報仇。果然給奕劻、張之洞一顧慮，便泄氣了，只叫袁回家去養「足疾」。他聽信同輩的堂兄弟載澤，又靠著在英學海軍在德學陸軍的親弟弟載洵、載濤（一個籌辦海軍大臣、一個管軍諮處），滿以為可以由皇族統治，鞏固皇業。他在出使德國時從威廉第二處學到的唯一的一件事是：軍隊一定要放在皇室手裡，皇族子弟要當軍官。他依樣畫葫蘆，不但抓到皇室手裡，而且還必須抓在自己的親房兄弟手裡；可是他才不夠雄，略不夠大，所以落個畫虎不成。

旗人金息侯（梁）所著《光宣小紀》說：

授醇親王載灃為攝政王，並為監國。清初，睿親王稱攝政而不監國，今體制較昔尤尊嚴也。頒行監國攝政王禮節，另編禁衛軍，由攝政王親統，並諭以欽遵遺訓，皇帝自為海陸軍大元帥，未親政以前，攝政王代理。攝政王日至乾清宮聽政，並召見臣工，皆賜坐。王頗自勵，思圖治，章奏皆親批閱，仿雍正硃批，示精核，而苦不得要領，往往辭不達意。又為諸貴要牽掣，遇事不復能行其意，眾皆失望。有入覲者，常坐對無言；即請示機宜，囁嚅不能立斷。回憶太后訓政，皇帝不敢擅語，太后或令指問，亦匆匆一二言輒止，不敢及政要，而攝政王何所顧忌？乃亦如有禁格，識者早知朝政不能問矣。余（金自稱）嘗遇事進言，王頷首者再，似頗許可，旋復茫然如無聞焉。難矣哉！

想求新求好又不求甚解

載灃和他哥哥光緒帝，都有這個毛病，結結巴巴地，這是他老子性格的遺傳（光緒帝實際並不似康梁所說那麼「聖明」、「英偉」）。有個笑話：

李經邁出使德國赴任之前，到攝政王處謁辭，並請示機宜，由載濤陪李進宮，託於應對時替他說一件關於禁衛軍的事。

李進殿不一會便出來了，載濤跟上去問：「你見過監國了？我託你說的有沒有回上去？」

李經邁苦笑著說：「王爺見了我，一共只說了三句話：『你哪天來的？』我說了；他接著就問：『你哪天走？』我剛答完，他不等往下說，便道：『好好，好好地幹！下去吧！』連我自己的事都沒來得及說，哪能說得上您的事？」

以和金息侯所說來參看，可以知道這位監國攝政王的「德性」了。

他滿心想求新求好；但腦子不濟事，嘴巴不幫忙，又深深染有不求甚解的旗下大爺的痼習。溥儀記他的父親謂：「關於我父親的維新，我略知一些。他對那些曾被老臣們稱為奇技淫巧的東西，倒是不採取排斥的態度的。……」

溥儀對其生父的生活瑣事，倒是毫不諱飾的，他說：「醇王府是清朝第一個備有汽車裝有電話的王府，他們的辮子剪得最早，在王公中首先穿上西服的他也是一個；但是他對於西洋事物真正的了解，就以穿西服為例，可見一斑。他穿了許多天西服後，有一次很納悶地問我傑二弟：『為甚麼你們的襯衫那麼合適，我的襯衫總是比外衣長了一塊呢？』經傑二弟一檢查，原來他一直把襯衫放在褲子外面的，已經忍著這股彆扭勁好些日子了。」

好維新而不求甚解，此其一例。

滿漢八旗近臣均表失望

載灃監國時期，除倚任其同輩的兄弟叔姪攬權外，於國事之興革，因其本身的才識不濟，舉棋莫定，要做而不敢作，也沒有方法去做。

惲毓鼎曾說：「監國醇親王以河間東平之親，居明堂負扆之重，竊謂繼志述事，為先帝吐氣，此其時矣！荏苒二年，東海逋臣（指康有為、梁啟超等人）交章薦之而不召（其時康梁活動開復，朝中亦有人為康梁求開復的）；西市沉冤（指戊戌被殺之譚嗣同、林旭等六人），遺孤言之而不雪

（楊叔嶠子上光緒衣帶詔，灃置不問）。毓鼎知其無意於先帝矣！」

這是立憲派一些人對他由希望而失望的悲嘆。

金梁亦說：「攝政監國，親貴用事，某掌軍權，某專財柄，某握用人，某操行政，以參預政務為名，遇事擅專，不能復制，各引私人，互爭私利，某某為監國所倚恃，某某為太后所信寵，間有一二差明事理者，為所牽率，亦不免逢君之惡。時又剏中央集權，兵事財政，皆直接中央，疆吏不復負責，內重外輕，時爭意見，國事不可為矣！」

這些滿漢八旗近臣對他失望而怨讟的哀聲。載灃以次的少年親貴們，主要目的是在攬權，其時奕劻權最重，也頗能接近漢臣，載灃惡之甚深；但又對他無可如何！和隆裕太后嫂叔之間，意見很深，也是不敢違抗；連對太監小德張，亦是一樣無辦法。

傷透腦筋之下允設內閣

對於立憲的籌備，當時的載灃，在表面上彷彿也很上勁，己酉（一九〇九）二月宣示決行立憲的諭旨，是他下的，庚戌（一九一〇）十月又派溥倫、載澤為纂擬憲法大臣，似乎是對於籌備憲政的認真；可是他只是想把慈禧時代的立憲膏藥，攤得更大一些，以糊蔽漢人的耳目，用來壓制漢人的叫㘉。同時，他認為依照《欽定憲法大綱》裡「君上有統帥海陸軍及編定軍制之權」的話，便可鞏固皇權、媲美威廉亨利了。卻不料各省諮議局及資政院成立後，還是不斷搗亂，不是請願速開國會組織責任內閣，便是公然責問軍機處責任不明難資輔弼，他傷透了腦筋，便只得允許設立內閣來搪塞了。

武昌變作命袁世凱組閣

宣統辛亥（一九一一）四月，由奕劻所組的新內閣，十三個大臣中，滿人佔了八個，八個中皇族又佔五個，暴露了皇族大集權的私意，載灃是以甚麼精神來立憲？遂盡為天下人所共見了。

金梁著《光宣小紀》載：

> 辛亥年，頒布內閣官制，設內閣總理協理及外務、民政、度支、學務、陸軍、海軍、司法、農工商、郵傳、理藩各大臣，均為國務大臣。直省諮議局，以皇族組織內閣不合君主立憲公例，請另行組織，呈請都察院代奏；奉旨以黜陟百司為君上大權，議員不得干預，不許。及武昌變作，始允取消內閣暫行章程，不以親貴充國務大臣。嗣慶親王等均自請罷斥，遂命袁世凱組織內閣。初，慶親王領軍機時，僚屬皆仰其意旨；及載某等入閣，常攘臂爭呼，無復體統。慶親王嘗怫然曰：「必不得已，甘讓權利於私友，決不任孺子得志也！」故慶於袁之再出也，頗致其力，至是遂驗。於是袁世凱奉命組閣，盡斥親貴，議和遜位，禪讓之局以成，而皇族尊榮同歸於盡矣！

政兵財三權都歸袁世凱

載灃惡袁世凱，固起自光緒末年。世傳袁世凱家書，自言朗潤園會議新官制時，幾為載灃槍擊。以載灃之庸訥巽弱，豈能持槍拚命？戊戌逐袁，只不過為奪袁之財權軍權自肥而已。胡思敬《國聞備乘》說：「載灃監國之，推心張之洞，密商處置袁世凱事，累日不決。之洞書生，不主張遽下辣手，載灃又拿不定主意；最後始由之洞的孫子道孫（張權字君立之子）示意臺諫劾以「誤國欺君」各款，放逐歸里。及武昌砲響後，蔭昌作戰不利，奕劻、那桐同保袁再起，載灃心裡老大不願意，聽著載澤在嚷：「老慶保這人出來，準把大清斷送了的。」但無法對慶，只是對那桐搥椅擂桌發一頓脾氣。及軍情緊急，又挽請慶、那「體念時艱」，乖乖地簽發了諭旨，授袁欽差大臣節制各軍。這事給載洵諸人知道了，說他先是放虎，今又引狼，現在必須要限制袁的兵權。幾句話又把他後悔得垂頭喪氣，重新擬諭，送到慶王府去換發；卻被打了回票，說頭一個諭旨已電發了。虧他又有個餿主意，和諸家王公們說：「你們別慌，我有主意，無論袁世凱鎮壓革命成敗，最後都要宰了他。袁南下是敗，就藉口失敗殺了；是成，也要找個說詞解其兵柄，然後設法將他消滅。」

這想法太天真了，連他的兄弟也為之搖頭太息。

以他的才幹，豈是譎詐險狠袁世凱的對手？果然，不到一個月，袁世凱北歸，通過奕劻和小德張在隆裕面前弄個戲法，把攝政王擠掉，退歸藩邸。他竟哼得出：「也好，從此可以歸家抱孩子」的話來解嘲。袁世凱還沒有完，接著以接濟軍需為名，擠了不少內帑，並逼著親貴輸財以贍軍用。政、兵、財三權，到底還是歸到了袁的手裡。

清室退位五萬俸祿照拿

監國攝政王的祿俸，是大清銀行的雙龍直票大洋五萬元；退歸藩邸後，這五萬元自然照拿。及清室退位，民國成立，清室受有每年四百萬元的優待，因此他這五萬元還是照拿。他似乎很會積錢。近人筆記曾載一件他的趣事：「張學良少帥的私人秘書胡若愚在北京大學唸書時，那是民國初年夏天的事。有一次到北京花旗銀行看朋友，看見一個四十來歲的人，打扮得好奇怪，穿著一件杭綢大褂兒，右手拿了一把鵝毛扇，只用拇指和食指捏著，其餘三個手指，高高翹起，左手提著一個女用的錢袋，在銀行取了七千元，據說這是息錢，當時銀行利息很低，七千元利息的本錢一定數目大得不得了。這位怪人，把鈔票點了又數，數過又點，始終數不清楚。銀行中人都知道他就是曾經權傾一時的攝政王載灃。……」

這段記載，活畫出這末路王公的痝襶相。

在醇王府內他的書齋裡，掛有他自寫的一副對聯：

有書真富貴；
無事小神仙。

看起來，清高是夠清高了，在清室退位後，他除了不和民國新貴往來，卻仍是不忘記他那「恩光福祿」的五萬元俸錢。那些年裡北洋政府常常鬧窮，清室優待每不能如期發放，他卻不管，日期一到，準是衝著小朝廷的「內務府」要，世續知道他的癖氣，只好挪墊來應付。

醇王福晉花錢有如泥沙

他的福晉瓜爾佳氏，和他是完全不同的類型，這個闊小姐出身的福晉，特別會享受，愛時髦，更有放蕩不羈的個性，北京各處酒樓戲館大商店，常有她的足跡；他如趕廟會、看賽馬、逛市集，每和她過繼的弟弟良桂同行。遇有新奇的東西就買，花錢就像泥沙般。載灃懾於閫威，不敢阻也不敢較。北京捧角的風氣很盛，這是爺們的事；但這位八妞兒，也喜歡這一道。她專捧武生，楊小樓、小振廷她都捧，捕風捉影的人，就不免有了閒言閒語。這話傳到載灃耳裡，他勸她少到外邊亂跑。不說還好，說了，她撇撇嘴來個反唇相譏：「喲！我的王爺，虧你還是出過洋飄過海見過大世面的人兒呢！現在是什麼年月？歐洲許多皇后王妃不都是自由自在的到處逛嗎？咱們老規老矩甚麼的，也該免了吧！」

載灃的嘴本來結巴得很，給她這一頂，又頂得沒話說了。行動管不了，在錢財上他曾想盡辦法來個分家，給她定個數目，限制使用；可還不是等於白說！她仍舊吾行吾素把帳條到帳房照付，沒有現金就變賣財物。載灃怒不可遏，用摔傢伙的辦法，拿起條几上瓶兒盤子之類來狠摔，以示氣忿和決心。次數多了，總摔東西未免捨不得，後來便專揀了一些摔不破砸不爛的銅壺鉛罐來作音響道具，最終這威風也被她識破，只是充耳不聞。

福晉想復辟誤信袁得亮

主府中上下大小，對載灃並不怎麼畏懼，卻最怕這位福晉。她從小在宮裡看慣慈禧的威福，不知不覺地也喜歡別人對她當做男人稱呼，所以太監婢僕們一直稱她做「老爺子」。

王府裡字畫古玩田產乃至她自己的貴重首飾，給她變賣花用得不少；每一回，無不使老福晉和這老實頭的王爺氣得唉聲流淚。原來，她除了生活享受之外，還有政治野心。她曾悄悄地把錢用在政治活動上。

民初時代的步兵統領衙門的中下級老軍官，有的是她父親榮祿的舊部；有個袁得亮其人，透過榮祿過繼兒子良桂，找到這位福晉，說可以去運動東北的帶兵頭兒，進行復辟。她信以為實，便瞞著婆母丈夫，和袁得亮一些人秘密接洽。袁得亮今天來個消息，明天又送報告，哄得這「老爺子」

以為果然是真，銀子鈔票源源地漏到袁得亮手裡，去胡花亂用。

一直到隆裕死後，她因溥儀在宮中頂撞端康太妃（即光緒帝的瑾妃），被召入宮，受到嚴厲的訓斥；她個性極強，回來時，不甘給下了面子，吞服生鴉片自殺，這事才微為載灃所知。人既亡了，自然也不了自了。

載灃從未做過「復辟夢」

載灃還算安份，不像肅王善耆、小恭王溥偉那班人，念念不忘復辟；也沒有遺老們那樣頑固，仇視新朝。丁巳年（一九一七），張勳、梁鼎芬們要頂出溥儀來「復位聽政」，神武門內鬧得烏煙瘴氣，載灃似乎沒有參與其事；這與其說是他的識大體，無寧說是他沒想做這個夢。倒是張勳失敗之後，他曾向徐世昌、馮國璋、段祺瑞、湯化龍諸人週旋了一番（見其所自記的日記裡）；當然，他最關心的還是「皇室經費及旗餉」是否「仍如例照撥」的問題了。

他是徹底的維持現狀派，對溥儀，只希望老老實實住在小圈圈裡，每年照例能拿到優待費，便一切滿足。對溥儀洋老師的出洋留學主張，他是萬分反對。對小朝廷的一切，也是主張一如其舊，生怕一離開紫禁城，遜帝的資格被取消，歲費四百萬便無著落，因此他也用一套箝制溥儀的方法，開口閉口仍是「祖制」甚麼的。

享盡榮華到老貧病交困

十三年甲子（一九二四），馮玉祥的「首都革命」，溥儀被迫遷出皇宮。鄭孝胥、羅振玉主張趁此開溜，載灃則主張忍耐，靜以待變，謀求「復號還宮」的新辦法，再不然，還可以在家裡做皇帝，「尊號不變，歲費為優待條件之一，事關民國國信，效等約法，非可輕易修改。」這是他自己所認為十分充份的理由。

及溥儀給復辟派遺老漢奸日本特務視為「奇貨」，從東交民巷脅往天津之前，載灃還是勸他回北府去；在這三叉口的歧路中，他是最弱的一個。移津之後，以至運往旅順，做著偽滿傀儡，載灃沒法插上一手，自然他也管不著。

民國廿三年（一九三四）七月，他到長春去探望過溥儀一次，不久仍回到北京；溥儀每月寄二千元給他生活，事實上那樣已是很窮的了。

民三十四年（一九四五），日本投降，偽滿撲滅，溥儀兄弟被擄，載灃更窮得不堪。

民三十八年（一九四九）後，在中共統治下，這位清室皇族尤無法自存，貧病交困，因而不起，結束了其始榮終悴的一生。

端方、夏壽田的生死交情

洛生

滿洲人端方做兩江總督時，幕府中的人才頗盛，大名鼎鼎者如楊守敬、況周頤、李詳、劉師培、朱孔彰（即史學家朱師轍之父）、夏壽田等，先後都追隨過他，端方對這班文士也很敬重，於是就有人說他愛才，很有乾隆年間畢秋帆之風。

光緒三十二年（公元一九〇六年），端方調任直隸總督，後來因為派人偷攝隆裕皇太后行宮及鑾輿，以大不敬革職。辛亥四川發生爭路案，清廷於七月命端方自湖北帶兵入川查辦（是年四月，已任端方為督辦粵漢、川漢鐵路大臣，故有是命），端方奉命後，帶同夏壽田、劉師培眾文士同行，並調湖北第十六協統領鄧承拔，率第三十一標統帶曾廣大所部一標入川。此行雖然有兵有將，也有謀士，但遇到辛亥革命，新軍響應，曾廣大趁此機會起事，將端方殺了，隨行文士並沒有受害。夏壽田於端方死後，感懷知遇，有詞二首悼之，為一時名作。我現在寫此文，就是略談端方被殺的經過和夏壽田和他的關係。

奉命入川查辦爭路事件

端方是滿洲正白旗人，舉人出身，號陶齋，所藏文物極富，他的事跡知者頗多。夏壽田是湖南桂陽州人，字午詒，光緒廿四年戊戌榜眼，陝西巡撫夏時之子，工詩詞書法，他很賞識齊白石的藝術，竭力替他吹噓，又請齊白石教他的侍妾姚無雙寫畫（齊白石享盛名後，也有很多女學生，但第一個女弟子當是姚女士矣）。民國成立，夏壽田歷任總統府秘書顧問等職，晚年耽禪悅，一九三三年到福州湧泉寺受記，回上海不久即逝世。他的詩詞稿本我讀過一遍，到今似乎還沒有印行。端、夏兩人的生平大抵如此。

辛亥八月廿五日，端方一行已到達重慶，鄧承拔對他說四川局勢嚴重，不能用強，以安撫為是。端方亦以為然。清廷本於八月廿三日發表岑春煊為四川總督，九月十六日又發表端方署理四川總督，端方尚未知道。九月廿三日他到了資州，聽說營務處總辦田徵葵等人，將對他不利，就不敢入成都，暫留資州以觀究竟。

同志認為非殺端方不可

曾廣大奉命進攻威遠一帶的同志會，後來他知道同志會的志士盡為愛國分子，大表同情。十月初一日，端方的部下任永生、王志強等十七人秘密開會討論當前局勢，他們認為武漢已起義，而他們還跟隨端方入川，恐怕引起誤會，非殺端方兄弟，無以明心跡。過了幾天後，端方似乎覺到情形不妙，連忙拉攏下級將士，不惜紆尊降貴，要和他們拜把子，結為異姓兄弟。他說他本來是漢人，因為祖先投旗，後來才變為旗人，他原籍是浙江會稽人氏，姓陶，所以他的別號叫陶齋。（按：如此言確實，則端方與其同時的大書法家陶濬宣為本家矣。但端方並不是漢軍，是滿洲託活洛氏，有光緒廿八年壬寅黃穆甫為其所刻一印可證。）他這番鬼話卻也收效一時。

到十月初六日，曾廣大等人開會，議決立即將端方正法，宣佈響應革命。曾廣大對同志說：「端方雖然是滿洲人，但他在各省做了十多年督撫，劣跡尚少，和我們湖北軍學各界的感情還好，不如饒他一死，拿交湖北軍政府聽候發落罷。」但眾同志已露殺機，認為這樣做得不徹底，非立即將他倆兄弟殺害，不能樹威。曾廣大反對無效，那一晚，眾人擁入端方的行轅天后宮，將端方、端錦兩人捉到宮前的丹墀下，歷數其罪而殺之。據第三十二標周壽世等人報告：殺端方的是大眾公推之任伯雄、盧保漢、姚鴻聖、丁鶴本、孫世棟；殺端錦的是賈志剛。

收藏藝術品一世吃不完

近年張國淦先生編述的《辛亥革命史料》(一九五八年出版。張先生湖北人,歷任教育、農商總長,研究方志最有成績的史學家,聞已於一九五九年逝世),第二五五頁關於端方被殺事,有附注云:「據隨同端方入川文案夏壽田言:端在鄂不願入川,但瑞澂(湖廣總督——引注)以其在鄂地位相逼,促之使行。初與趙爾豐(四川總督,趙爾巽之弟,後被殺)電信不絕,及九月初五日電參趙等,到資州為趙所遏,未能前進,署理川督之命,成都迄未轉端,端至死時,尚不知也。倘端知有署理川督之命,整隊入成都,則名正言順,趙亦無詞抵制。端果任事,自然迎合川人心理,與川紳合作,當不致於死也。」

夏壽田所說的,可供參考。平情而論,端方在清末的督撫中,還沒有極大的劣跡,不過在大革命時,一般革命志士的情緒高漲,行動有時失去理智的控制,為種族復仇,多殺幾個滿洲大官,也是勢所必然的,端方兄弟倒霉才碰上死神罷了。如果端方在宣統元年被革去官之後,隱居租界,好像陳夔龍等人那樣,過其寓公生活,單是他收藏的藝術品,就可以一世吃不完,不必講到其他不動產了。

夏壽田填詞有不祥之兆

夏壽田未刻的詞稿中，有〈高陽臺〉一闋，題為「永川驛寺題壁，答朱三雲石。」這是他隨端方入蜀，路經永川，在驛舍題的一詞。端方見詞中有「付驛庭花落，他年此際消魂」之句，愀然不樂，不久即被殺。現在錄出此詞，給讀者欣賞。詞云：

鼓角翻江，旌旗轉峽，益州千里雲昏。有客哀時，江頭自拭啼痕。誰知鐵馬金戈際，共閒宵、細雨清尊。喜風流詞筆，人間玉樹還存。是非成敗須臾事，任黃花壓鬢，相對忘言。虎戰龍爭，幾人喋血中原。莫隨野老吞聲哭，縱眼枯、不盡煩寃。付驛庭花落，他年此際消魂！

詞極悲涼，列入上乘的文學作品中，似乎不十分遜色。落句「付驛庭花落」，好像已有不祥的預感，發為蕭瑟之音，無怪端方見了不高興了。

感懷知己一掬同情之淚

黨人既殺端方，派王榮桂等用木匣裝二端的首級，押運往湖北請功。夏壽田見主將已死，幕中文士星散，他也離開四川，有〈西州引〉詞一闋，注云：「出資州作。」是感懷知己之死，到此時一掬同情之淚也。詞寫來較前一闋更淒涼，又是另一番感慨了。詞云：

上將星沉，戟門鼓絕，大旗落日猶明。聽寒潮萬疊，打一片空城。七十日河山涕淚，霜髯玉節，頓隔平生。剩南烏繞樹，驚回畫角殘聲。伏波馬革，更休悲螻蟻長鯨。料魚腹江流，瞿塘石轉，此恨難平。惆悵江潭種柳，西風外，一碧無情。祇羊曇老淚，西州門外還傾。

夏壽田回到北京後，浮沉宦海，某年過細瓦廊端方故宅（其時宅已易主），感懷往事，作〈淒涼犯〉一詞，題為「古槐」。詞云：

古槐疏冷門前路，山河暗感離索。幾回醉舞，黃花爛熳，半頹巾角。風懷不惡。況人世功名早薄，甚青山不同白髮，此恨付溟漠。（自注：公西山詩：「白雲自謂能霖雨，如此青山不早歸。」）三峽啼猿急，一夕魂消，驛庭花落。（自注：公奉命入蜀，軍次永川，余題壁詞

羅振玉與清代實錄

慕意

上虞羅振玉是個死硬的復辟派人物，他在前清時的官銜，只不過是：學部參事官、農科大學監督、學部二等諮議官、丞參上行走而已。但在辛亥革命後，他自居於遺老之列，發誓矢死效忠清室，不做民國的官。

羅振玉直至清室退位後的民國十三年甲子（一九二四），才得親近遜帝溥儀，入直南書房。後來溥儀在北京存身不住，搬到天津去居住，羅振玉也隨行。民國十七年（一九二八）他以「因病休養」的題目，赴旅順作寓公。振玉因為善於鑑別與富於收藏文物骨董，和日本人混得很熟。旅順又是遜清恭親王、肅親王等寄寓之地，在日本的卵翼下，已在進行復辟的工作。振玉既抵旅順，便也參加了復辟的行列。一方面拉攏日本人；一方面聯繫寶熙、熙洽等人。他在〈冷吟社集序〉中有云：「聞吉林參謀長熙公（指熙洽）任俠負奇稟，欲往見，求寶沈庵宮保（指寶熙）為之介。⋯⋯⋯卒往見，則果磊落坦白，推襟送抱，與某宿將大異（按：某宿將係指張作霖）。因以平日之所期者期之，且鄭重後約。迨柳條溝之變，亟攜兒子於戎馬倉惶中，再訪公理前約，且以成謀告。公果奮袂而起，首率諸將，樹立宏業。於是世莫不知新邦（按即偽滿洲國）之建立，公其首功也。」

九一八事變後，偽滿洲國成立，羅振玉的宿願得償。當時溥儀面前有兩位老臣，都是對建立偽滿出過大力的：一為鄭孝胥；一即羅振玉。鄭孝胥得任「國務總理」，位冠百僚。而羅卻不甚十分得意，初任「參議府參議」及「賑務督辦」職，後轉任「監察院長」，都是位高而無實權的冷曹。在鬱鬱不得志下，於偽康德四年（民國廿六年，一九三七）五月，辭職退居旅順。每隔數月，仍到「新京」（長春）向溥儀「恭請聖安」，偽康德七年（民國廿九年，一九四〇）六月十九日病逝。

羅氏的收藏很富，但在民國卅四年（一九四五），蘇聯紅軍開入旅順時，霸佔振玉的遺居，將屋內的東西，或丟棄、或燒燬，羅氏業十年收藏的文物珍品，一朝散失無遺。

羅振玉的人品雖不足道，尤其於民族大節有虧，但我們若不一筆抹煞的話，他對中國的學術文化是有一定和相當貢獻的（尤其是表現在甲骨文和金石方面）。他平生很注重蒐羅和保存文獻史料，當年他曾在故宮中搶救出了很多清代的檔案，免於被銷燬之災。在偽滿洲國時，又因他的推動，將煌煌巨籍的《清代各朝實錄》，影印問世，使研究清史的人，得到極為寶貴的參考史料。

往昔每一王朝都有實錄之輯，每一代皇帝駕崩後，下一代的皇帝就指派大臣，纂修大行皇帝的實錄，用編年體將一代大事，盡行纂入。清代也一樣照做。每一朝實錄，皆分寫四部，並分別貯存於北京的皇史宬、乾清宮、內閣，和瀋陽的崇謨閣四處（瀋陽是愛新覺羅氏龍興之地，建有皇宮）。

清代實錄除未入關前的清太祖、太宗兩朝，別經編纂，更有一種稱《滿洲實錄》外，從世祖（順治）至穆宗（同治）八朝，都按例辦理。德宗（光緒）死後，亦例行編纂《德宗實錄》，但等到告成之日，宣統業已遜國。據陶湘《故宮殿本書庫現存目》載稱：《德宗實錄》只寫成兩部：一在皇史宬，已殘缺不全；一在乾清宮，存第三九七至五九七卷，二百二十一本。實則在溥儀私人處，還藏有著一部。

宣統猶生存，當然沒有實錄，但在他遜位後，遺臣們也曾將宣統三年中的大事，倣照實錄的體裁，編成一部名叫《大清宣統政記》的書，故宮博物院文獻館內藏有一部，計寫本十二冊；另外溥儀私人處也有一部，計寫本七十冊。

從《滿洲實錄》到《大清宣統政記》，正是滿清一代三百年間的全部史料，具有很大的文獻價值。可惜這寶貴的史料，一向是藏在大內，外間向無流通。後來在民國十九年（一九三〇），遼寧省通志館曾委託東北大學工廠印刷系，將《滿洲實錄》影印問世。民國廿一年（一九三二）遼海書社將《宣統政記》以鉛字排印發售。其餘各朝實錄，除了劉翰怡（承幹）曾在北平故宮博物院雇人傳抄一份外，外間向無別本流傳。

偽滿成立後，便動議影印清代全部實錄，作為「建立新邦」的紀念。對於這件事最熱心出力的，就是羅振玉。他的《貞松老人遺稿》中，收有一篇〈與柯鳳蓀學士書〉和〈跋語〉，即詳道他早在民國六、七年間極力倡議影印實錄的經過（按：柯鳳蓀即柯劭忞，亦為清代遺老，曾代趙爾巽主持清史館館務。柯氏著有《新元史》，訂正舊《元史》之謬誤不少，徐世昌任大總統時，曾下令將柯氏之《新元史》列為正史。開明書店出版之「二十五史」，即除原日之廿四史外，再加上《新元史》而成，茲將羅與柯的函札節錄如下：

振玉避地六年矣。邇來抱病逾年，僅存一息，不復措意於人間事。惟尚有一事，極不能忘，則二百餘年之信史是也。……鄙意能……先將實錄史稿，由史館早日列行，此上策也。否則如下走者，雖轉徙餘生，生計將絕，而天良未泯，願盡斥鬻所藏長物，出私資印行。……總裁趙尚書（按即指清史館館長趙爾巽），世受國恩，請以鄙意轉達。若不以為誕，振玉定趨赴國門，面商此事。振玉往者矢於神明，莽卓尚存，此身不忍入春明，今為此事渝盟，不悔也。（下略）

在該函札後，又附有〈跋語〉一通，茲並錄如次：

此書發後，未得報章。復移書寶沈庵宮保，並告以先由余捐寫官之費三萬金。乃趙（爾巽）謂國史未刊行，史稿不能隻字流出，拒之甚嚴。越數年，趙以館用匱，乞劉翰怡（承幹）京卿資助。余乃告劉，應以傳寫實錄說之。劉晤趙果獲首肯，但趙謂不可告羅參事，因彼前以是請，未允也。及實錄鈔成，譌奪甚多，無從勘正。迨滿洲舊邦新造，余函商日友內籐湖南博士，極贊同。兩國剏立文化協會，遂議決刊行，顧中間阻尼百出，蜚語橫生。又德宗、今上兩朝，不在預算之列。乃由余先倡捐萬二千元，會中諸君贊之，乃勉強告成。

羅在一書一跋中，牢騷頗多，尤其對於趙次珊（爾巽）極表不滿。羅對於實錄的問世之願，蓄之多年，一旦如願告成，可無憾矣。（羅對於保存文獻史料，確具熱忱。在關外時，他又曾捐資影印《孚惠全書》，計影印本十二冊，裝成兩帙。《孚惠全書》是乾隆六十年所纂輯，彙載清初撫賑的詔令，研究中國救荒史的，這是一部有用的史料參考書。）

影印實錄之議既提出，於是便在偽康德元年（民國廿三年，一九三四），著手進行。由「日滿文化協會」負起對於出版的調查之責，以「會長」鄭孝胥以及羅振玉、榮厚、丁士源、羽田亭、池內宏、水野梅曉等，為出版委員會的委員。議決交由日本東京大藏出版株式會社承印；攝影及製版印刷等技術方面事務，統由日本人擔任。

影印所據的底本，同治朝以前各帝的實錄，均用瀋陽崇謨閣藏本。惟宣宗朝缺道光十八年正月至六月七冊，文宗朝缺咸豐十一年七月至九月五冊，當向北平故宮博物院鈔補（當時，全面抗戰尚未發生，平津雖已有部分特殊化，但尚屬中國國民政府所轄，未淪敵手，而當局竟准許偽滿派人來借鈔，亦屬咄咄怪事）。其《德宗實錄》和《宣統政記》，則以溥儀私人所藏之本為底本。

偽康德元年（一九三四）十月，由鄭孝胥和日人經理木村省吾，簽訂影印契約；至偽康德三年（民國廿五年，一九三六）十二月，清代歷朝實錄全部影印完成。

影印「清代實錄」之卷帙等，茲列簡表如次：

世代廟號	帙數	冊數
《滿洲實錄》	一	一〇
《太祖實錄》（天命天聰）	二	一〇
《世祖實錄》（順治）	三	三〇

世代廟號	帙數	冊數
《聖祖實錄》（康熙）	七	七〇
《世宗實錄》（雍正）	四	四〇
《高宗實錄》（乾隆）	四〇	四〇〇
《仁宗實錄》（嘉慶）	一〇	一〇〇
《宣宗實錄》（道光）	一五	一五〇
《文宗實錄》（咸豐）	一一	一一〇
《穆宗實錄》（同治）	一四	一四〇
《德宗實錄》（光緒）	一一	一一〇
《宣統政記》（宣統）	三	三〇
合計	一二一	一二一〇

據云，實錄以卷冊浩繁，工本甚大，由偽帝溥儀出資三十萬元，共只印三百部。原議是一概不發售的，只分發給日「滿」有關團體及個人。後來因為「日滿文化協會」職員的薪水沒有著落，便劃出二百部來發售，每部價一千五百元（這是二十多年前的幣值）。其餘一百部概不分發給任何有關團體及個人，而封存在瀋陽的文溯閣（文溯閣為當年四個貯藏「四庫全書」的地方之一）。因此那文溯閣中封存的百部，在蘇聯紅軍開入瀋陽後，必已遭到散失甚或毀滅的命運了。

哈同花園形形色色

龐貫青

將近四十年以前的一九三一年，上海發生過一件中國東南各省的大事，那就是猶太富翁哈同死後的喪體，那時候的風氣，一個人死後，除了殯殮之外，必要請和尚道士大做佛事，還要挑「黃道吉日」，設奠開喪。普通人家，尚且不免要熱鬧一番。親友們得送禮致賻，屆時到喪家酒食爭逐。逢到死者是高壽老人，還要掛紅結綵，好像辦喜事般的熱鬧幾天。像哈向那樣的身家，豈有不大事舖張之理?

辦喪事　既奇又闊

哈同生前住的「愛儷園」，俗稱「哈同花園」，除了主婦羅迦陵以外，人才也不少。其中一位姬覺彌，更是傑出之才，少不得對主人的喪事要一顯身手，當時靈機一動，計上心來。第一個原則要奇，要做別人做不到的事。第二個原則要闊，場面越大越好。好在吝嗇的主人翁早已作不得主意了！姬覺彌主張既定，自有一班門下清客阿諛獻策。

離「黃道吉日」還有二個月，愛儷園裡早已忙成一片。在儀節中有二項大事需要準備一定時間去張羅的：一件是在愛儷園大門前靜安寺路上搭彩牌樓和布置一條甬道，在東首近西摩路口，搭建一座東轅門，西首近哈同路口，搭建一座西轅門。在兩座轅門之間，把靜安寺路攔入喪家作為致唁的進門甬道，把交通要道，攔作私人用途，往來車輛，必須繞道而行。以前做大官的人家逢到婚喪，在地方上搭轅門也不是隨隨便便的事，多少還得和地方官員打通關節，至於在上海租界上要在通行的主要幹路上搭牌樓，臨時改變行車路線，那簡直是空前創舉。但憑著哈同生前的勢，身後的財，理想居然成為事實。東西轅門輝映通衢，各種旗幟隨風飄揚，那條甬道上，上面用竹架舖蘆蓆作頂，兩旁用黃布幔圍繞，走進裡面，在感覺上已是愛儷園的一部份。那些用來圍繞的布疋，做幾百套衣服，綽綽有餘。就憑這些排場，轟動全上海。還未到吉日，來瞧熱鬧的，已是人山人海。逢人當作奇聞，說長道短。從內地乘了火車輪船專誠來觀光的，亦著實不少。

請狀元　抬高身價

第二件事，姬覺彌主張以中國儀式來殯葬哈同，這個意見得到羅迦陵的贊許。姬覺彌平時喜歡結交官場中人，但想自己終究沒有功名，何不趁此機會，借死人的光，顯炫自己的手面。表面上算是光耀園主人的門楣，祭以公侯之禮。他打算把清朝遺留下來的狀元、榜眼、探花統統請來，為哈同題主，他自己當主祭。這樣一來，自己的身價無形中抬高了。

當時愛儷園裡供奉著的文人卻也不少。如鄭沅、藍雲屏、夏壽田等，都是遜清遺老翰林學士。夏壽田是戊戌榜眼，鄭沅是甲午探花、獨缺狀元。其時末代甲辰科狀元劉春霖碩果僅存，在北京作寓公。姬覺彌便派專人到北京去，厚幣邀請，於是劉春霖乘車南下，姬派了大員，到北火車站迎接。同時還請了留居上海的張啟後。張原是甲辰傳臚，這樣一來，三鼎甲齊了，傳臚也有了。正所謂角色全備，搭配整齊。為了壯聲勢，還在園門口大牆上張貼黃榜：「仰各式人等一體知悉。」

設奠之期到了，隔夜是家祭，以後是題主進祠等，依照預定節目，順利進行。當時凡是和愛儷園中有些瓜葛的人，千方百計，都要走門路去觀光一下。的確，像那樣輝煌的陳設，古老的儀注，在民國時代，正是出了錢也看不到的。

姬覺彌　亡命東北

姬覺彌本姓潘，江蘇省徐州府睢寧人，幼時為人放牛，頗知讀書識字，亦曾附讀於就近人家的私塾。從小就長得精壯結實，有一次為了一頭牛被一個小伙伴撞傷了，雙方就動起武來。姬覺彌用力過大，那孩子被打得昏倒地下，姬覺彌以為出了人命，不敢回家，於是離家出走，竟亡命到了關外。這一下可苦了他，身上沒有錢，挨凍受餓，還怕有人追趕。出關之後，正逢大熱天，在烈日之下，奔走了一整天，好不容易尋到一所破廟，進去一看，祇剩下一具破殘不堪的棺材。實在疲累不堪，就在棺材蓋上躺下，不久呼呼入睡。偏偏就從這一夜起下了整整兩天傾盆大雨，把北方龜裂的土氣蒸發起來。你想姬覺彌以累乏不堪的身體，加以飢餓交迫怎能擋得住外來暑氣的侵襲，就此發生高燒，動彈不得。總算命不該絕，正在奄奄一息之際，來了一個當地人，開旅店的，把他救了回去，留在店裡，替他請醫診，好不容易救活過來。病後滿身發了大瘡，生膿出血，過了很長日子，方始遏住，可是還免不了將來要復發。據那位大夫講這是因為他睡在那具破棺材蓋上，地上暑熱之毒，附帶屍骨和朽木腐敗之毒，一起攻入肌理，就不容易清泄，能免一死，已屬萬幸。到姬覺彌發迹之後，這皮膚病老不脫體，請了許多名醫專家，亦說不出所以然。有的講是大瘡，有的講是頑癬，不管怎樣，反正始終沒有把它治好。

等到姬覺彌病體全癒，可以行動之時，又虧那位古道熱腸的店主人，輾轉請托，把他介紹給上海一所寺院裡的方丈，請這位大法師，在熟識的施主面前引荐引荐，博個安身之處。這位方丈人頭很熟，羅迦陵是佛門弟子，等到方丈一開口，看在和尚份上一口應允。哈同是十分尊重閫令的，就同意把姬覺彌安插在哈同公館充當一名執事。姬覺彌的名字就在那時題的，人家都以為他是還俗的和尚，其實他從未出過家呀！

愛儷園　獨特名畫

姬覺彌進哈同公館不久，憑他一些小聰明，鑑貌辨色，把羅迦陵伺候得稱心滿意，另眼相看。

不消幾年功夫，便和哈同夫婦成為莫逆之交，還和羅迦陵義結金蘭，從此姬覺彌平地一聲雷，當了哈同洋行的總經理和哈同公館的大總管。不論錢財進出，人員升絀，都要經過他的同意。

在愛儷園裡的客廳和主人臥室裡，到處掛著哈同、羅迦陵、姬覺彌的相片。一般都是油畫，幅式很大，有的地方亦有祇掛一個人的。譬如表面是羅迦陵一人的巨像，但畫裡還有一個秘密。從正面看固然是羅迦陵，從畫像的右方看過去，卻是哈同的像；再從左面看過去，又成為姬覺彌的像了。這種三位一體的三面畫，是一位程鏗畫師的傑作，稱得上是生面別開、匠心獨運。程畫師這一傑作，頗得三位畫中人的賞識，撈到不少豐厚的酬筆。追本窮源，總不能不對哈同的氣度，加以欽佩。凡是出入於愛儷園的熟客，都懂得從三種不同的角度去欣賞這幅畫像的。

凡是老上海，都知道哈同是英籍的猶太人，名歐司愛，他在一八七四年廿三歲時從印度經香港去上海，最初在一家老猶太沙遜洋行當司閽，後來升小職員，逐步向上爬，轉入新沙遜洋行當協理。想不到他不久之後，成為上海地產霸王之一，幾乎與沙遜分庭抗禮。據說：哈同開始就利用外僑的勢力，以販賣烟土起家致富。一九〇一年，獨資開設哈同洋行，專做地產，地產亦是土，可以說哈同與土有緣。那時候的上海灘像南京路、愛多亞路等交通要道，原是黃浦江的支流。待填平以後，兩旁還是農田，地價不高。哈同所收地皮，集中在南京路一帶。在最高峰時期，從四川路口起一直向西到西藏路為止，靠南一邊，十之六七為哈同所有。市面日趨繁榮，地價上漲，獲利奚止千倍。哈同在買到地皮之後，就向銀行做押款，拿現金再去買第二塊，如此循環周轉，越滾越大。任何一個初開發的地區，市面正在不斷繁榮時，這種做法，很合發財理想。但萬一遇到經濟不景氣時，物價下跌，這些龐大的地產，反而成了累贅，尾大不掉，到期銀行催贖，無可應付，甚至利息都付不出。哈同就嘗到這不景氣的打擊，有過一個時期，幾乎破產。幸虧地皮多，賣出幾塊，方才轉危為安。

羅迦陵　七巧生日

哈同在老沙遜洋行當司閽時，無意中結識了羅迦陵，她是上海土著，家住城內老西門內夢花街。有人說她是賣花女，也有人說她是縫裙婦，傳說不一。他們結合以後，哈同財源廣進，羅迦陵自稱是七月初七七巧日誕生，算命先生說她是「天巧星」，有幫夫運。綜哈同一生，對羅迦陵百依百順，死前遺囑把一切財產權全部歸屬羅迦陵，伉儷情深，於此可証。

哈同早有打算在市區西段，經營一所花園住宅，經過多年心血，總算如願以償。在靜安古寺之東，集中收買到二百幾十畝地皮，南至福煦路，北至靜安寺路，東至西摩路，西至哈同路稍西。哈同路的地皮，原在此二百多畝中的，為了把花園和外面分隔開，就闢出一條馬路，獻給工部局，就取名哈同路，路的西面還有餘地，後來又造了很多弄堂房子。

猶太人的聚斂本領，早就名震全球，他這樣大方地肯把一大塊地皮開闢馬路，是有他的算盤的。因為當初這個地段還不熱鬧，他的地產既多，必須使交通方便，地價才能上漲，因此凡是經營地產的，有大塊地皮在手上的，必用這種手法，把地段分成若干小塊，割開部份，闢為馬路，繁榮可期，坐收盈利。況且他現在錢是有了，但他終究是猶太血統，向被正統的英國人瞧不起，於是他就用這一石二鳥的方法，先向工部局討好一下。

南京路　哈同修建

為了想擠入縉紳之列，他的第二步就是向工部局報效修建南京路，路中心全部用硬木塊砌成，這筆錢比開闢哈同路的地皮還要多。有志竟成，從一八九七年起就獲得了公共租界工部局董事一席。以一個猶太人，居然穿起大禮服，坐了第四號汽車，出席董事會，在守舊的英國人目中看來，真是異數。他的汽車，司機和主人前後車廂有玻璃隔開，車頂四周有幾寸高的雕花銅欄杆，路人見者，都笑說哈同的汽車，有屋頂花園。

哈同把這塊住宅地劃出一百七十一畝，於一九〇九年開蛤，其時為宣統元年建築他們的花園住宅。其時有位姓黃的佛門子弟，佛號烏目山僧，曾到過日本，對於園林佈置，頗有經驗，就有人介紹給羅迦陵，羅尊黃為老師，後一輩人都稱黃為太老師而不名。從此烏目山僧精心擘劃，把園中一邱一壑，佈置得相當得體。大門開在靜安寺路，兩扇大鐵門，金碧輝煌，上面用漢隸題著「愛儷園」三字。園內亭、台、樓、閣，應有盡有。最好去處為「大好河山」，後面有一方大草坪，再過去便是內宅。內宅佔地頗廣，除了正中一座為哈同羅迦陵燕居之所外，左側一列，有好幾座大廳堂，規模氣派，相當崇偉。有一座「戩壽堂」，那是一顆印的格局，對正大廳，隔了大天井，有一座戲台，形式仿照北京頤和園的小戲台，兩旁廊房，就是愛儷園各管理部門的辦公處。園內靠右的一邊，蓋了許多古式房子。有的曲徑通幽，紅樓獨峙；有的垂柳絲絲，籬門半掩。雖不及曹雪芹筆下大觀園的深邃奧妙，卻也具體而微，在上海可算是首屈一指了。在這些屋子裡居住的有哈同和羅迦陵的養子養女，有帶髮的尼姑，光頭的和尚，也有受過宮刑的太監，還有一所大學，形形色色，蔚為大觀。

如此大好園林，卻有件美中不足的事。原來在花園的南部，有一塊私人墳地，是一位張姓的墳墓。任憑你哈同出多少代價，總是不肯遷讓，姓張的原來是上海本地人也是鄉紳人家，若要仗勢力欺壓他們，亦無可能，祗能由它留著，還須為它在南邊開扇小門，容張氏子孫春秋祭掃出入之用。

為了這個問題，使烏木山僧下筆構圖之時，不免感到遺憾。想不到張氏故墓巍然無恙，而這位老名士，倒被後來居上的姬覺彌排擠出園。烏木山僧計劃建園，原出於志趣相投，等到姬覺彌得勢，烏木山僧就被擯出園，姬覺彌也就順理成章的變成愛儷園的開國元勳了！

乏後嗣　廣蓄子女

哈同發迹之後，膝下猶虛。聽說在別的國家，還有幾個姪子，他總希望自己生個一男半女，一則可續香烟，二則偌大家私，有人承受。無奈羅迦陵命宮中有的是幫夫之運，卻乏宜男之相。因與羅迦陵商量，想收養孩子。大凡螟蛉子女的，明知別人家的孩子，不屬自己的血脈，但總以為從小撫養，比起隔房子姪親近而有良心，這也是人們普遍心理。誰知哈同一死，那幾個子姪，居然不遠千里而來，要承繼遺產。弄得羅迦陵和二個外籍法律保護人，全力應付，鬧得焦頭爛額，最後還是被這幾個子姪弄了不少錢去。

哈同夫婦開始時的確為了子嗣，到後來竟至成為習慣，前後一共收了二十個男女。其中十個是中國孩子，六個義子、三個義女、一個義孫，一律姓羅。十個是外籍孩子，男女各半，一律姓哈同。老倆口子倒也愛如己出，撫養長大。好得愛儷園地方寬敞，這樣一來，平添不少熱鬧，讀書餘暇，還要學唱戲，教戲的老師程毓章，是麒麟童的徒弟，琴師即是現在此間的馮鶴亭。

哈同無嗣，一生不曾納妾，羅迦陵自己乏後，卻不許姬覺彌有家室。姬覺彌自號佛陀，到底不曾受戒，所以就瞞住了羅迦陵，在愛儷園附近開闢了二個公館。先進門一位是北方人風塵女子，姓趙。後進門的是南邊人，姓王。二人都不是明媒正娶，少不得還要經常鬧鬧醋勁，爭個大小。姓趙的總說先進廟門三日大；姓王的則說自己是良家出身，姬覺彌難為左右袒，周旋其間，著實吃力。

西太后　召見進宮

前清慈禧太后在位時，聽說上海有這麼一對哈同夫婦，一時興起，想見見羅迦陵。但羅既非外交官員的眷屬，又不是朝廷命婦，貿然召見，於禮不合。那知這一消息傳進羅迦陵耳中，受寵若驚，認為若有機會覲見當朝太后，這份恩典，比天還厚。覲見之後倘能得些好處，亦未可知。那麼身後在訃聞上也可記上一筆：『某年某月曾蒙孝欽皇太后召見，恩賜……』豈不榮耀。後來經過岑西林的夤緣進言，居然如願以償，用了救災捐款大慈善家的名義，太后特旨召見，確是一代異數。此事在慈禧無非是一時好奇，而在羅迦陵卻因此一遭，生活習慣起了很大的影響。

羅迦陵進宮以後，不消說得大大擴展了眼界。特別引起她興趣的，是宮庭生活的豪華氣派。她頗為後悔自己在進宮以前，錯過不少享受。此時，愛儷園正在準備建設，她和姬覺彌商量之下，預先訂妥一些辦法，以備愛儷園建成以後實行。他們擬出幾項措施，不但駭俗，而且驚世，不妨也記下一筆。

上尊號　效法皇室

第一，是為羅迦陵上尊號，選定「慈淑」二字。至於慈在那裡，淑在何處，都不必研究。後來哈同房產出現不少慈字排行的里弄，像慈惠、慈厚、慈昌等等，在南京路上還有慈淑大樓，與哈同大樓、迦陵大樓鼎足而三，就是這個出典。

第二，定出一些禮節，規定子女兒媳，當差婢僕，見主人一律半跪打千。每早按時到上房請安，夜間散值辭別，都要行打千之禮。

第三，宮庭裡有三宮六院，愛儷園當然不能。可是和尚尼姑卻不少，撥出幾所房子，作為家廟，去弄一批非僧非道之流，點綴點綴。

第四，愛儷園比不得大內，可不能設翰林院，但是聘幾位太史公充子弟西席，卻未始不可。

我在前面提過鄭沅、夏壽田、藍雲屏等，都先後榮任慈淑夫人的侍讀學士。逢到迦陵大壽，覺彌稱觴，太史公吟哦揮毫，大獻身手。等到哈同喪禮時，台銜重登黃榜，更是百年難逢的際遇。哈同的墳墓通體用大理石建成，所有墓誌銘，事略，大都是這幾位太史公恭撰謹書，還有拓本，流傳墨林。平日無事，就為園內廳堂樓閣，寫繪窗格，給園林生色不少。

第五，園內自辦一所大學，以「博古通今」的姫覺彌充校長，校名倉聖明智大學，專教古典文學與古禮。

第六，是慈淑夫人的衣食住行，千方百計効法慈禧太后。譬如衣飾，除了不能穿龍袍戴鳳冠以外，珍珠寶石，應有盡有。吃飯不和兒女同桌，平日除非「恩准」，一概不能平坐，祇合一旁侍立，夜裡睡覺，要有人在榻旁講書，講到他睡著為止。假使半途中醒過來，沒聽到人講，就發脾氣。這些差事，在兒子們成家以後，由兒媳婦承當。

講到迦陵出門，總有眷屬寵婢盛裝伴行，娶了兒媳以後，即由兒媳參加。他就坐一部前面提過有「屋頂花園」的老爺車，餘人另坐一車。隨帶菜盒、烟袋、茶具、衣服之類。她的那輛老爺車，以沒有領到第一號車牌深感遺憾。（第一號為富商周湘雲所有），所以想盡方法為她的司機領到了第一號駕駛執照，總算拉回一些面子。

等到滿清推翻，宮裡有十幾名太監遣送南下，內中有七名無家可歸。這事引起了羅迦陵的注意，私忖園裡色色俱全，獨缺此種人物，況乎人棄我取，功德無量。這七名太監職位不高，但年紀都不小了，除了愛儷園肯收留養老之外，實在也無人肯接收這批「奇貨」。這麼一來，自有不少好奇之人，都想見識太監究竟是那些模樣，於是有機會去愛儷園的人，無不要去看看這班「公公」，成為園內奇景之一。

設大學 別創一格

過去，稍有身價的人家，總是延聘西席，在家教育子弟，一般的就送到附近私塾，等年紀長大，書讀得深了，就得訪尋名師，至於把「大學」開在家裡，還對外招生，男女兼收。我想除了愛儷園的「倉聖明智大學」以外，大概不曾有過，也不會再有的了。這所從來未被教育當局承認的「高等學府」，以姬覺彌任校長，延聘了不少積學之士任教，在中國教育史上算得是空前之舉。校址即在園南一角，校舍相當寬敞，還有預科。近代大畫家徐悲鴻，早歲即曾在該大學担任過教師。這裡的學生，現在都是六十歲以上的老人了，有不少成為社會知名之士，不過他們從來不會把這個學歷寫出來。目前在此地有一位「六趾周郎」，生性幽默，亦曾就讀該校，祇因為他把這校名，喜稱為「蒼蠅蚊子大學」，因此被開除出校的。

羅迦陵還有個古怪的想法，那是想利用學校，在女生中為兒子找對象，這主意在她想來當然不錯，但亦曾鬧過一次笑話。有一次羅迦陵看中一個叫林慶珍的女學生，給第三子友三成婚，而且擇定吉日良辰，和大兒子友蘭同日舉行婚禮。誰想林慶珍打聽迦陵的兒媳和一位二房的孫少奶在迦陵的壓迫之下，過著奴才生活，經過反覆考慮，就在吉期的前幾天逃往南洋。當時羅迦陵手足無措，祇得再挑上一個名馮向華的女學生，做林慶珍的替身。經過這次事情，羅對兒媳也待得好一些。

習書法　怪詔百出

姮覺彌自從當了「大學校長」以後，經常和教授們週旋，心裡明白，腹中空虛，威信何來？於是想出一個主意，從書法上入手。他自命對小學與書法有獨得之秘。從小學方面來說，是暗查《康熙字典》，專找一些非常怪僻少見之字，強記下來。遇到人把那些生字寫出來問你，何音？何解？那種冷門貨，很少人答得出，於是他就滔滔不絕地大講特講。也有人樂得湊趣，當面捧捧他，日子一久，姮覺彌越來越自負，居然自稱是當代研究小學的專家了。

講到書法，他的秘訣乃是「用怪筆」「寫怪字」。所謂怪筆，除了各種毛筆以外，不論什麼東西，祇要能抓得上手，能濡墨水，都可當筆來用。諸如，烟斗、烟嘴、花瓶、洋刀、筆架、石子、磚頭、果核、手杖、洋傘、扇柄、拂塵、拖把以及女人的高跟鞋底等等，無一不被他大派用場。此外，還定做了許多奇怪毛筆，有的像釣竿，有的像雨傘，有的像刷帚，有的像排筆，光怪陸離，無奇不有，祇要有人幫他出怪主意，他一定如法泡製。至於寫字的方法，更是五花八門，想入非非，有雙管齊下式，那是左右兩手同時寫二個不同的字；有麟趾式，那是足趾握管來寫；有背射式，那是在背後用垂釣筆寫；有啣杯式，那是把筆啣在嘴裡寫，花樣繁多，不勝枚舉。他還把自己那些各種不同方式的寫字姿態，拍了幾十張照片，用上好連史紙珂羅版精印了一本冊子，逢人分送。可惜此地已經找不到這些畫冊，否則真可以大開眼界。有時他還寫草書，時常寫好以後，連他自己也不認得了。也有人見過他寫的楷書對聯，下款署「睢寧姬覺彌」，很有骨力，但那是鄭沅、鄭採花代筆的。

哈同死時為八十歲，那年，羅迦陵為六十八歲。所有遺產均歸羅迦陵承繼，凡是地產進出，押款交易，房屋修建，相賃關係等等都需羅決定簽約，每天上哈同洋行辦公。其實，一切都在姬覺彌掌握之中，羅不過是過目簽押而已。幾年後，羅迦陵得了目疾，眼力衰退，在臨死前幾年，已然雙目失明，但仍簽字如常，但大權操縱於姬覺彌之手，這是盡人皆知的事實。

收小費　生財有道

姬覺彌生財之道，單舉修建房屋和小租兩項，已夠駭人聽聞。記得某年在西摩路造慈惠南里，房子完工，羅迦陵和姬覺彌由承包的建築商陪同去驗收。想不當就在驗收的當時，一扇門上的橫窗，突然倒了下來，險些倒在他們頭上。當場這建築商自然有些尷尬。其實要徹底清查，恐怕除了羅迦陵之外，誰也脫不了干系。原來一幢房子，假定主人拿出造價八千元，承造商僅能到手四千五百元，其餘的三千五百元，哈同洋行、愛儷園二處上下人等按照職位高低、勢力大小，早就規定百分比，按份分派。大承包商還得層層剝削，小承包商那得不偷工減料？這樣看來，新房子塌下窗格，又何足為奇呢！

另一項收入是小費。在當時小費是經租賬房的額外進益，不足為奇。可是租過哈同房子的房客，有個共同體會，就是哈同賬房間手段之辣，心計之狠，是全上海的第一高手。那時租屋都有期限，長的五年，短的一年，甚至有半年的。一到滿期續租，索小費的機會就來了，按照地段，市價不同。你想吧！人家開了店舖或是住家，焉能年年搬場？裝修設備所費不貲，總想繼續租用下去。在這種環境之下，賬房間劈下來的斧頭，祇有忍痛領受。當時南京路上幾家著名商店，如新雅酒摟、老介福綢緞局、南華酒家、冠生園等，除了每月付租以外，早就陸續儲備了下次續租的小費。由於租戶多，這筆數目可真不小，周而復始，源源不絕。其中還有許多門檻，作為索收小費多寡的條件，如續租期的長短呀、收回自用呀、藉口違章裝修限期拆除呀，都是索詐的方法。房客為了要用房子，唯有忍氣吞聲，結果，還是照付小費了事。平日之間，房客還得逢節送禮請宴。在姬覺彌前，大爺長，大爺短，百般奉承。賬房裡的幾個高級職員隨身幾名保鑣，誰不是大小老婆，揮金如土。愛儷園裡一個總賬房叫楊瑞麟的，娶了園主的一個丫頭，卻自稱「姑爺」。園裡園外，有好處總要分一份。外面買來一毛錢的掃帚，進得園門，身價立刻上漲幾倍。上下其手，無孔不入。

憑蠻力　擊退綁匪

俗語說得好：「人怕出名，豬怕壯」。姬覺彌日進紛紛，臭名四揚，養得他那麼胖頭肥耳，早有人暗中覬覦，前後被綁過二次票。第一次，被匪徒架走了，趁車子停在紅燈下的一剎那，被他奮臂擊倒匪徒，奪門而逸。第二次，匪徒預先伏在慈惠北里姬的外寵公館門首，待姬跨進大門，匪徒一擁而入。正在用力劫持之際，姬覺彌往地下一躺，拳腳蹭蹬，匪徒不是他的對手，又怕時間耽久了陣上失風，亦得鼠竄而去。從這裡可以看出姬覺彌的機警和蠻力了。

羅迦陵自哈同死後，境遇大非昔比。上海有一個時期商業凋疲，倒閉累累。最繁榮的南京路上也有不少市房室關起來，就是勉強維持的商店，亦是大部份欠租，甚至有積欠到二三年的。姬覺彌在這種大環境之下，對房客亦逼不出油來，哈同洋行的收入，大打折扣，開支既不能樽節，但銀行的押款的利息和工部局的地捐，日積月累，欠額越來越龐大。一個人從窮到富，是順水行舟，到了天天担心人家來討債，這日子可真不易挨過。羅迦陵究竟是個平常女子，僥倖嫁了哈同，飛黃騰達，一朝碰到逆境，頓時束手無策，幾乎破產。幸虧她實際上的不動產，還有相當價值，總算勉強渡過了這場風浪。

患肺病　迦陵歸天

羅迦陵禁不起這樣日夜焦慮，究竟是上了年紀的人，就得了目疾和癆瘵。她鑒於哈同的病向由洋大夫治療，終未痊癒，所以她絕不信任外籍醫生，習慣地由中醫按脈處方，無非是吃些平肝順氣的藥。後來有人推薦一位西醫李大夫，確斷她患了晚期肺結核。羅迦陵原本對西醫沒有好感的，但對李大夫卻極有緣份，於是每天邀去診治。李大夫對這位年逾古稀的病家，事實上決不可把她治癒，不過是儘量使她不至於急速惡化，除了藥物之外，還用心理治療方法，因此很收效果。記得有一年暑天，大夫勸她多吃西瓜，可以清暑利濕熱，這原是一件很平常的事，想不到羅迦陵回說：「先生，聽說市上西瓜很貴，我現在吃不起呀……」。李大夫暗中好笑，第二天就買了一担叫人送去，羅迦陵十分歡喜，吩咐侍女好好放在外房，不准別人分食，她那知手下當差侍女的房裡，那一處不堆滿了西瓜呢？

李大夫為羅迦陵醫護了六年之久，祇不過是苟延殘喘。後來羅迦陵的體質一天一天的衰弱，病況跟著沉重起來，早有人報知住在北京的長子喬其哈同。喬其一到上海，就去請了美籍醫生史密司，不顧病人年老體衰，就用當時最新的人工氣胸手術，俗稱空氣針，當夜就發生氣喘狂汗，兩眼直瞪，過不了兩天，嗚乎哀哉。在羅迦陵臨終前，姬覺彌姊弟情深，還用口對口接氣方法，希圖他一生唯一知己，延長呼吸，當下大家都怪史大夫過於莽撞，輕舉妄動，其實史大夫如果不動手術，病人未必會轉好，史大夫的手術，僅僅是縮短了羅迦陵的壽命而已。

羅迦陵死後，就權厝在園內為她預建的壽穴中，待開奠以後再隆重下葬。那墓地並排兩穴，上首已葬了哈同。通體用白玉大理石，左右石階，可登上面平台，墓的四周，刻著墓誌銘和生平事蹟，另一邊是哈同全身銅像。按照計劃，迦陵的墓和哈同的墓一般做法。親友們都說哈同夫婦真是生榮死哀，人間難得，名園厚葬，想必可以永垂後世，誰知事實，並不如此。

捕竊賊　監守自盜

在羅迦陵死後的第二夜，南京路上發生一件踰牆破窗的竊案，竊犯當場被巡邏警察逮捕，帶回所屬捕房審問，隨後愛儷園接到捕房通知，方知地點是哈同洋行經理室；那個竊犯是經理的親信；贓物是一些賬冊、文件、銀行存摺等；主使人便是該洋行總經理姫覺彌。這真是千古奇聞，自己拿自己的東西，如此大費周章，捕房裡也認為內中定有玄妙，這件案子還是由當事人自己去解決，不予起訴。此案真相，不言而喻，乃是姫覺彌為了想湮滅自己的秘密，還怕自己的私有財產，公開出來，因而出此一策。為的是羅迦陵一死，喬其和二個外籍法律保護人商量之下，立即把一應遺物文件暫時封存，待喪事完畢再行處理，哈同賬房間當然亦在封存之列，想不到引起這位總經理的過慮，急不及待地用了這個釜底抽薪之策，可惜他派去的盜庫英雄，不是時遷而是李逵，如何能不陣上失風呢！非特弄巧反拙，而且連自己的存摺反被扣留。幸虧事出倉卒，一時間還未傳播到外面。因此他以治喪主持人身份，次日在愛儷園接待弔客時，人家見他哭喪著臉，滿以為他過份悲傷與疲勞之故。此事後來經過調解，念他歷年來對愛儷園的貢獻，況且他亦是遺囑上監護人之一，不好意思過份認真，也就不了了之。扣留的東西，凡是他私人的，都交還他。從此他在愛儷園的威風，也就大為減色了！

爭遺產　涉訟法院

羅迦陵初喪過後，接著就是遺產問題。前面曾經提過，哈同的遺囑，寫著一切財產均由羅迦陵承繼。現在羅迦陵死了，就得看她的遺囑了。冷不防羅氏兄弟竟提出一張羅迦陵親筆簽署的遺囑，把所有產業，分給羅氏子女。哈同子女與姬覺彌祇得到很小的百分比數。為此中外子女之間，起了爭執，雙方相持不下，祇有請法院處理，如此糾纏了不少日子。經過法院多次調解，成立協議。大概是動產方面，每人一份，各憑命運，抽籤領受。不動產則按值分派，分別組織經租處。愛儷園的地皮，則各房酌分若干畝，就此瓜分了事。

在本文開端時，記的是哈同死後的「哀榮」，現在羅迦陵死後的異聞趣事，少不得也要敘述一些，作為本文的結束。

焚冥器　火光沖天

羅迦陵五七設奠，前一天是焚燒冥器，這是一種迷信的風尚。尋常人家，化一些紙紮的箱籠衣物，應應故事。而愛儷園又大做文章，招了幾家大紙紮舖聯合承包，另聘北京的技師參加設計，共費半月時間，方始告成，足見工程浩大，非比等閒。就在羅迦陵生前所居東首草坪上，搭建一所紙製的陰宅，佔地面積，大約相當於二方網球場，按照陽宅依樣葫蘆，上下兩層，下層有舞廳、會客室、大菜間等；上層是正房、偏房、浴室等。有樓梯可以行人。房屋裡的傢具陳設，應有盡有，維妙維肖。到時親友故舊都來參加焚典禮。一時火光沖天，煙焰飛騰，足足燒了二個時辰。為了防患未然，還請工部局消防處派來幾輛救火車停在一邊，以防意外，設想倒也周到。當火焚冥屋烈燄一起，園外的人還以為是愛儷園失火，不免有些閑言閑語：說青天白日好端端弄得像天火燒一般，莫非是不詳之兆？

燒名園　弄假成真

事隔不久，正當一個朔風怒號的晚上，羅迦陵的陽宅突然失火，天寒物燥，容易著火。再加這一帶屋宇，鱗次櫛比，一霎時勢成燎原，不可收拾。等到救火車來撲滅，大部份住宅，悉成灰燼。幸虧園牆圍繞，和外界隔離，僅東鄰滄洲別墅一帶，飽受虛驚。事後查明失慎原因，是一個名叫靈芝閩的禍，她是羅迦陵身邊最親信的侍女，靈芝為了便於侍奉，臥室就在正房後面，這晚天寒寂寞，空房獨宿，不免勾起了身世之感。平日原愛杯中物，此時就在房裡自飲自酌起來。房裡備有一座落地電爐，一面取暖，一面暖酒煮菜，本來是經常採用的簡便方法。正在獨自陶醉之時，突然來了個小丫環，喚靈芝出去有事商量，就急忙把電爐往一隻紅木五斗梳妝台下一推，不讓小丫環進

曾國藩的幼女崇德老人

林熙

今年太歲在壬子，曾國藩最小的一個女兒聶曾紀芬生於前兩個壬子年——清咸豐二年（西曆一八五二年，今年壬子年是她誕生一百二十周年紀念了。聽說這位聶老太太也有兒孫在香港；二十年前，還有一位孫女在香港大學做事，他們未必為這位老太太做冥壽。我在上海嘗見過她幾面，在北京亦見過一面，又和她的次子聶其杰（字雲臺）很熟，她的女壻瞿兌之更熟，有此種種和感情，故在她誕生一百二十年逝世三十周年之日，談談她本身的故事和曾聶兩家一些事情。

曾紀芬於咸豐壬子三月三十日丑時出生於北京賈家胡同，曾國藩那時正做著禮部右侍郎。她的母親姓歐陽，先後養三男六女，曾紀芬在眾女中年最幼，長兄楨第在一歲多時出痘死了，次兄紀澤，時年十四歲，三兄紀鴻五歲。她的叔父曾貞幹因膝下無女兒承歡，向國藩索取第四女紀純及紀芬出繼，所以她在三歲時就養育在叔父叔母之所。十九歲，由叔父國荃作伐，許字衡山聶仲芳，附貢出身，直到二十四歲才出嫁。在舊日官宦人家的小姐很少到二十四歲才結婚的，赫赫侯門之女，何以耽誤至此，則因其父在同治十一年逝世，繼之其母又在十三年逝世；服喪滿一年；以降服故，始於光緒元年（西曆一八七五年）九月結婚。

民國二十年（西曆一九三一年），曾紀芬八十歲了，曾由其子婿瞿兌之執筆，寫成《崇德老人自訂八十年譜》一九三二年印成，書中歷述七十年間她所聞所見的事，敘至是年止，材料豐富，極有趣味。民國三十一年（西曆一九四二年）曾紀芬以農曆十一月二十三日在上海逝世，享年九十一歲。她的後人又印行《崇德老人紀念冊》一本，內容仍年譜之舊，只是加上瞿兌之在書後寫一篇跋語。（年譜是線裝大字鉛印本，紀念冊則改為洋紙老五號字鉛印，封面由名翰林邵章題字，邵乃國藩之年家子也。）

曾國藩生前自歎「坦運」不佳（「坦運」一詞，乃左宗棠所創，謂國藩對諸婿皆不甚許可），自今觀之，倒也有點近於事實。他的長婿袁秉楨，次婿陳遠濟，三婿羅兆升，四婿郭剛基（五女早殤），都沒有什麼建樹，只有陳遠濟曾隨他舅爺出使英法，算是認真做些事而已。至於六婿聶仲芳則飛黃騰達，以報捐道員，得簡授蘇松太道（俗稱上海道臺，肥缺也），從此扶搖直上，歷官安徽、浙江、江蘇巡撫，舊時上海有「聶中丞公學」（她捐出上海倍開爾路地畝，由租界工部局開辦學校，洋人援洋例，名曰聶中丞公學，以俗稱巡撫為中丞也。）又以聶氏在上海久，故上海人皆傳其富可敵國，於是製造出來的故事也不少。

一九五四年三月四日，本港某晚報曾刊載〈國家祥瑞聶老太太〉一文，就是誇張她怎樣富有。事隔至今已十八年，我不妨摘錄一些舊聞給讀者欣賞，所記雖都與事實不符，但讀之卻可發一笑。

究竟聶老太太是何許人呢？說起來頭也不小。她是清室中興名臣曾國藩幼女——曾紀芬女士，自幼父母愛同掌珠，曾國藩平定洪楊之亂，功蓋寰宇，威震人主，清朝為了酬答殊勳，另一方面也是籠絡權臣手段，將他的九歲幼女接入宮廷撫養，兩宮太后，視同誼女，恩寵之隆，無與倫比，除了覲見時應有的儀注外，平常與皇上太后同吃同坐，這在封建時代來說，真是了不起的恩榮，就是她父親曾國藩也不能如此。

她在清宮住了十二年，人緣很好，皇太后對她一直和顏悅色，她在宮中也常替各宮嬪妃在太后前緩頰，所以各宮嬪妃對她時有餽贈，連同太后的時時賞賜，確是非同小可，單是賞賜的荷包一項，就是數百個之多。

在她二十一歲那年。她父親曾國藩奏准太后，將她嫁給名翰林、後來出長江蘇巡撫的聶仲芳氏。夫婦感情極好，頗得唱和之樂，生有三男五女，女適名門，長子耕莘，曾出使外國，次子則為早年蜚聲實業界，創辦裕豐紗廠，曾任上海市商會長的聶雲臺，三子嘉餘，亦為當時實業界的巨頭。

據說她的財富是很難估計的，宮廷中十二年的賞賜和出嫁時兩宮太后以及王公大臣所贈的添粧，為數就相當可觀，當時聶家創辦裕豐紗廠的全部資金，僅不過是售出了她極小部份的珍寶的款項。

誰也想不到這位詩禮傳家，封建時代產生的聶老太太，卻有嶄新的頭腦，她的求知慾非常旺盛，寄居宮廷時，曾由太后聘請專家教授中英法三國文字，能詩詞歌賦外，並兼通英法文字。對於時代進展，有相當的認識，不再要她的兒子讀舊八股，而學習近代科學，所以聶氏的子孫，後來蜚聲外交界和實業界的很多。

她老人家唯一的嗜好是喜歡看戲，幾乎每天必看，不論京戲或電影，如逢看英語片，她還能將劇情和對白詳細的解釋給旁坐的親友聽。

最難得的聶老太太不獨富貴壽考兼全，且有異常人的特別健康，八十餘歲，望之如六十許人，猶耳聰目明，步履安健，上下汽車樓梯，還拒絕兒孫們的攙扶。據她說，從不知道生病是怎樣一回事，若非得天獨厚，是不克臻此的。

日軍佔領上海時，對這位碩德高年的老太太，卻也未曾騷擾過。直到抗戰勝利，她的子孫們從世界各地和大後方回到上海，為這位活祖宗做了百歲大壽之後的第二年，這位實際上九十餘高齡的聶老太太才無疾而終，離開了行將降臨炎難的人世。

十八年後重讀這篇文字，倒也有趣非常，作者竟然能在筆下為人添富添壽，把曾紀芬寫成為一個「財產很難估計」的富婆，又把她的死期延長了三年，添福添壽，更使人有趣的是兩宮太后因為籠絡曾國藩，把他九歲的幼女接入宮中撫養這件事了。想不到清末還有皇太后撫養勳臣弱女入宮之舉，可與順治太后後先媲美了。（孔有德降清後，封為定南王，鎮守桂林，後來全家被義兵所殺，孔自盡，太后遂養其孤女孔四貞於宮中，還準備要選她為順治之妃，四貞自言年幼時已許配孫延齡，乃罷其議。）

這位晚年自稱崇德老人的曾紀芬九歲到二十四歲出嫁那十六年中的她的蹤跡，我們不妨從她的《自訂年譜》中見之。

咸豐十年（一八六〇年）她九歲，跟著母親住在原籍湘鄉，是年四月，曾國藩奉署理兩江總督之命。

同治元年（一八六二年）十一歲，其《自訂年譜》中記云：

是歲以後，與仲栗誠公同從塾師鄧寅皆先生讀書。初讀《論語》，慮不能勝，乃改讀《幼學》。在塾不知用功，殊少成績。既而鄧師之子來附學，格於內外之別，遂中止讀書。又歐陽太夫人以雖貴而家非甚豐，雇用婢嫗無多，所著鞋襪須由余等自作，益無多暇日也。

同治二年，十二歲，記云：

是年九月二十九日，歐陽太夫人率兒女媳孫自家到安慶，惟仲姐未隨行，護送同行者為鄧寅皆先生及牧雲母舅。

同治三年六月，曾國藩兄弟攻入南京，九月，曾紀芬隨其母於九月初十日到江寧，入住眠署。她在南京一直住到同治八年，隱其母往直隸，因上年十一月，曾國藩調任直隸總督之故。同治九年。清廷又調曾國藩為兩江總督，她又隨父母到江寧。同治十一年國藩死於任上，四月下旬奉喪回長沙。她自結婚以後，仍居住在長沙，到光緒七年十一月，才帶了兒女到金陵與夫團聚，時年三十歲，其是聶仲芳任幫辦營務處差，月支津貼八兩而已。

由此我們可知曾紀芬自咸豐二年兩歲時出京，以至廿四歲結婚時，並未再入北京一步，可見所謂在清官住了十二年，完全是空中樓閣之談；直到民國廿二年癸酉（一九三三年）春間，因有平滬通車之便，遂約同親戚數人往訪隔別八十年之北京，在女婿瞿兌之家中住了差不多一個月，時已八十二歲了。

聶仲芳雖非科甲出身，但也是宦家子弟。他的父親名爾康，號亦峯，咸豐三年癸丑庶吉士，散館改知縣（榜名聶泰。字崇庵），歷任廣東石城、新會知縣，高州府知府，在廣東差不多二十年，死後宦囊積存六萬多元，在當時也算是富有了。聶仲芳之飛黃騰達，多少沾有曾家之光，否則不會這樣順利的。但他和曾紀芬結婚後，尚未出身，不過在家中做大少爺而已。光緒四年他的舅爺曾紀澤做出英法大臣，他的襟兄陳遠濟也帶了太太隨行。聶仲芳曾寫信給紀澤請求帶他出洋，希冀藉此獲一資格，怎知被紀澤教訓了一頓，他才息了出洋的念頭。這麼一來，反而對他有利，數年後得到左宗棠念他是曾家女婿，大加照拂，從此漸入佳境。

吳沃堯著的小說《二十年目睹之怪現狀》，有兩回描寫聶仲芳的官場趣事，寫得淋漓盡致，筆墨生動，蔣瑞藻《小說考證》，引缺名筆記談及此書的人物，有云：

書中影託人名，凡著者親屬知友，則非深悉其身世者莫辨。當代名人如張文襄、張彪、盛杏蓀及其繼室，聶仲芳及其夫人（即曾國藩之女），聶母張太夫人、曾惠敏、邵友濂、梁鼎芬、文廷式、鐵良、衛汝貴、洪述祖等，苟細繹之，不難按圖而索也。

可知聶仲芳與曾紀芬的故事，在光緒末年已流傳上海人士口中，吳沃堯是有根據的，雖然有時描寫得過火一點。書中第九十和九十一這兩回，就是寫聶仲芳、曾紀澤、曾紀芬、邵友濂的事情，書中以葉伯芬影射聶仲芳，聶葉音相近，伯對仲，芬對芳，頗相合。趙嘯存影託邵友濂，友濂是浙江餘姚人，字小村，趙嘯存即邵小村的諧音。邵在中國近代史裏也有一個小小的地位，到今日還有人提到他的。原來他以舉人出身，在京裏做官，考取當時的外交部（正名為總理各國事務衙門）漢章京，保至候補道。光緒四年，隨出使俄國大臣崇厚赴俄，充頭等參贊。五年署邵國欽差大臣，七年回國，八年二月實授江蘇蘇松太道。十三年升臺灣布政使，十五年升湖南巡撫，十七年任福建臺灣巡撫，二十年調湖南巡撫，他到上海即生病，告假很久，後來終於開缺，光緒廿七年死，《清史列傳》邵友濂傳末段說：「卒後，浙江巡撫聶仲芳以聞」，從優撫卹云云。可見兩人交誼之篤。甲午中日戰爭，清廷以張蔭桓與邵友濂為全權大臣往日本議和，日本人嫌他們的官不夠大，拒絕接待，後來才改派李鴻章。

《二十年目睹之怪現狀》這兩回書寫的是這樣一個故事。蘇州撫臺葉伯芬，出身紈袴，未遇時，因游手好閒的習氣太濃，為其身任外國欽差大臣的舅爺所不喜。現在摘錄如後：

> 這蘇州撫臺姓葉，號叫伯芬，本是赫赫侯門的一位郡馬。起先捐了個京職，在京裏住過幾年，學了一身的京油子氣。他有一位大舅爺，是個京堂，倒是一位嚴正君子，每日做事，必寫日記，那日記當中，提到他那位葉妹夫，便說他年輕而紈袴習氣太重，除應酬外，乃一無所長，又性根未定，喜怒無常云云，伯芬的為人，也就可想而知了。他在京裏住的厭煩了，大舅爺又不肯照應，他便忿忿出京，仗著一部曹，要在外省謀差事，又是一位赫赫侯府郡馬，自然有人照應，委了他一個軍裝局的會辦。這軍裝局的局面極闊，向來一個總辦，一個會辦，一個襄辦，還有兩個提調。總辦同來是道臺，……他一個部曹（按：「部曹」乃六部的中下級官員，即郎中、員外、主事等官兒），戴了個水晶頂子，去當會辦，比著那紅藍

色的頂子，未免相形見拙。……伯芬在局裏覺得難以自容，便請了個假出門去了。你道他往那裏去來？原來他的大舅爺放了外國欽差，所以他也跟蹤而去。以為在京時你不肯照應我罷了，此刻萬里重洋的尋了去，雖然參贊領事所不敢望，一個隨員總要安置我的。誰知千辛萬苦的尋到外洋……欽差一見了他，行禮未完，便問道：「你來做什麼？」伯芬道：「特來給大哥請安！」

於是曾紀澤就哼了他一聲，斥他言不由衷，萬里迢迢的特為請安而來，便不准他搬入公館居住，買了一張三等船票，逼他趁船歸國，從此伯芬恨他的大舅爺刺骨。伯芬附了船，仍回中國，便去銷假，仍舊到他軍裝局的差。在老婆跟前又不便把大舅爺待自己的情形說出，更不敢露出忿恨之色，那心中卻把大舅爺恨的猶如不共戴天一般。又因為局裏眾人看不起他是個部曹，好得他家裏有的是錢，他老太爺做個兩任廣東知縣，很刮了些廣東地皮回家。便向家裏搬這銀子出來，去捐了個候補道，加了個二品頂戴，入京引見過，從此他的頂子也紅了。人情勢利大抵如此，局裏的人看見他頭上換了顏色。也不敢看他不起了。伯芬卻是恨他大舅爺的心事，一天甚似一天，每每到睡不著覺時，便打算我有了個道班做底子，怎樣可以謀放缺，怎樣可以升官，幾年可以望到督撫；怎樣可以調入軍機，那時候大舅爺的辮子自然在我手裏，那時便可以如何報仇，如何雪恨了。……他卻又一面廣交聲氣，凡是有個紅頂子的人，他無有不交結的。一天正在局裏閒坐，忽然家人送上一張帖子，說是趙大人來拜。原來這趙大人也是一個江南候補道，號叫嘯存，這回進京引見，得了個記名出來，從前在京時葉伯芬本來相識的。

伯芬見他是官易紅人便竭力拉攏，兩人便拜兄弟起來，把關係拉得更密了。當時上海西薈芳里的一個妓女陸蘅舫，本來是伯芬的相好，已有嫁娶之約，不料兩兄弟花酒，嘯存看中了她，叫她轉局。葉不止不嫉妒，反而從中撮合，讓趙嘯存娶了她做姨太太。趙娶她後，官運一天好過一天，不到幾年，由臬司而藩司，而福建巡撫。葉伯芬再不敢盟弟兄相稱，將金蘭帖繳回，另遞門生帖子。不久後，趙嘯存的太太死了，陸蘅舫扶了正，成了不折不扣的朝廷命婦。接著趙嘯存調任江西巡撫，帶著家眷取道上海，前往赴任。這時候，葉伯芬已是上海道臺，也闊起來了。這便引起他和老婆一場大口角，勞動他的母親張氏出面排解。吳沃堯筆下寫這一場鬥嘴，寫得非常精采。

話說葉伯芬回到家中。便叫他太太預備著，一兩天內他的師母要來公館裏給老太太請安。書中寫道：

那位郡主太太便問什麼師母？伯芬道：「就是趙師帥的夫人。」太太道：「他夫人早就說不在了，記得我們還送奠禮的，以後又沒有聽見他續娶，此刻又那裏來的夫人？」伯芬道：「他雖然沒有續娶，卻把那一年討的一位姨太太扶正了。」夫人道：「是那一年討的那一位姨太太？」伯芬笑道：「夫人還去吃喜酒的，怎麼便忘了？」太太道：「你叫她師母？」伯芬這：「拜了師帥的門，自然應該叫她師母。」太太道：「我呢？」伯芬笑道：「夫人又來了，你我還有什麼分別？」太太道：「幾時來？」伯芬道：「方才師帥交代的，說一兩天就來，說不定明天就來的。」

太太回頭對一個老媽子道：「周媽，你到外頭去叫他們趕緊去打聽，今天可有天津船開？有啊，就定一個大菜間；沒有呢，就叫他打聽今天長江是什麼船，也定一個大菜間，是到漢口去的。」周媽答應著要走。伯芬覺得詫異道：「周媽！且慢著，夫人，你這是什麼意思？」那位郡主夫人，臉罩重霜的說道：「有天津船啊，我進京看我哥哥去；不啊，我就走江回娘家，你來管我！」伯芬心中恍然大悟。便說道：「夫人這個又何必認真？糊裏糊塗應酬他一次就完了。」夫人道：「完了，完了！我進了你葉家的門，一點光也沒有沾著，希罕過你的兩軸誥命，這東西我家多的拿竹箱裝著，一箱一箱的餵蠹魚，你自看得希罕，我看的拿錢買來的東西不是香貨。我們家的，不是男子們一榜兩榜博到的，就是丈夫們一刀一槍掙來的。我從小兒就看到，不希罕了你這點東西！開口夫人，閉口夫人，卻叫我拜臭婊子做師母！什麼趙小子長得那個村樣兒，字也不多認得一個，居然也撫臺了，叫他到我們家去舀夜壺，看用得著他不？居然也不要臉，受人家的門生帖子，也有那一種不長進的東西，去拜他的門！周媽，快去交代來，我年紀雖不大，也上三四十歲了，不能再當婊子，用不著認婊子做師母。」伯芬道：「夫人，你且息怒，須知道做此官行此禮，況且現在的官場，在外頭總要融和一點，才處得下去，如果處處要認真，處處擺身份，只怕寸步也難行呢！」太太道：「我擺什麼身份來？你不要看得我是擺身份！我不是擺身份人家出身。我老人家帶了多少年兵，頂子一直是紅的，在營裏頭那一天不是與士卒同甘苦，我當女兒的敢擺身份嗎？」伯芬道：「就請夫人通融點罷，何苦呢！」太太道：「你叫我和誰通融？我代你當了多少年家，調和裏外，體卹下情，那一樣不通融來？」伯芬道：「一向多承夫人賢慧……」說到這裏，底下還沒說出來，夫人把嘴一披道：「免恭維罷，少蹧蹋就夠了。」伯芬道：「我又何敢蹧蹧夫人？」太太道：「不蹧蹋？你叫我認婊子做師母！」伯芬道：「唉！不是這樣說，我不在場上做官呢，怎樣就怎樣；既然出來做到官，就不能依著自己性子了。要應酬的地方，萬不能不應酬。我再說破一句直捷痛快的話，簡直叫做巴結的地方，萬不能不巴結。你想我從前出洋去的時候，大哥把我蹧蹋得何等利害，鬧得幾幾乎回不得中國。到末了給我一張三等船票；叫我回來。這算叫他蹧蹋得夠了罷！論理這種大舅子一輩不見他也罷了。這些事情我一向不敢對夫人提起，就是知道夫人脾氣大，恐怕傷了兄妹之情。今天不談起來，我還是悶在肚裏。後來等到大哥從外洋回來，你看我何等巴結他，如果不是這樣那裏……」這句話還沒說完，太太把桌子一拍道：「嚇！這是什麼話！你今天怕是患了瘋病了，怎麼拿婊子比起我哥哥來？再不口穩些，也不該說這麼一句話。你這不是要蹧蹋我娘家全家麼？我娘家沒有人在這裏，我和你見老太太。評評這個理看，我哥哥可是和婊子打比較的？」

夫妻鬥嘴這段對白，吳沃堯描寫得真是出神入化，歎觀止矣。他們正在鬧到無法轉圜之際，旁邊的老媽丫頭，便夫通知伯芬的母親，所以老太太就到媳婦房中看看是什麼事情。老太太不便站在兒子一邊，派媳婦的不是，又不便一味責怪兒子，長媳婦的驕氣。我們且看老太太做和事老怎樣，她又說出些什麼大道理。

好個葉太太到底是詩禮人家出身，知道規矩禮法，和丈夫拌嘴時，雖鬧著說要去見老太太評理，等到老太太來了，她卻把一天怒氣一齊收拾起來，不知放到那裏去了。現出一臉的和顏悅色來，送茶裝煙。伯芬見他夫人如此，也便斂起那悻悻之色。老太太道：「他們告訴我，說你們在這裏吵嘴，嚇得我忙著出來看，誰知原是好好的，是他們騙我。」伯芬心中定了主意，要趁老太太在這裏，把這件事商量妥當，省得被老婆橫舀在當中，弄出笑話。因說道：「兒子正在這裏和媳婦吵嘴呢。」老太太道：「好好的吵什麼來？你好好的告訴了我，我給你們判斷是非曲直。」伯芬便把上文所敘他夫妻兩個吵鬧的話，一字不漏的述了一遍。老太太坐在當中，兩手拄著拐杖，側著腦袋，細細的聽了一遍，歌了一遍，歎了一口氣，對太太道：「唉，媳婦啊！你是個金枝玉葉的貴小姐，嫁了我們這麼個人家，自然是委屈你了！」媳婦嚇得連忙站起來道：「老太太言重了！媳婦雖不敢說知書識禮，然而嫁鷄隨鷄，嫁狗隨狗這句俗話，是從小兒聽到大的，那裏有什麼叫做委屈。」說罷，連忙跪下。老太太連忙扶她起來，道：『媳婦，你且坐下，聽我細說。這件事，氣呢，原怪不得你氣，就是我也要生氣的。然而要顧全大局呢，也有個無可奈何的時候，到了無可奈何的時候，就不能不自己開解自己。我此刻把最高的一個開解說給你聽。我一生最信服的是佛門，我佛說「一切眾生，皆是平等」。我們便有人畜之分，到了我佛慧眼裏頭，無論是人是鷄是狗……總是一律平等。既然是平等，那怕他認真是龜是鼈，我佛都看得是平等，我們就何妨也看得是平等呢！何況還是個人？這是從佛法上說起的，怕你們不信服。你們兩口子都是做官人家出身，應該信服皇上。你們可知道皇上眼裏，看得一切百姓都是一樣的麼？……然而你們心中總不免有貴賤之分，我索住和你們開解到底。媳婦啊，你不要說我袒護兒子，我是情平酌理的說話。如果說得不對，你只管駁我，並不是我說的話都合道理的。陸蘅舫呢，不錯，她是個婊子出身，然而伯芬並不是在妓院裏拜她做師母的；亦並不是做趙家姨太太的時候拜她做師母的；甚至趙嘯存升了撫臺。這邊壁帖拜門，那是還有個真正師母在頭上。直等到真正師母死了，嘯存把她扶正了，她才是師母。須知這個師母，不是你們拜認的，是她的運氣好，恰恰碰上的。何況堂堂封疆，也認了她做老婆，非但主中饋，主蘋蘩，居然和她請了誥命，做了朝廷命婦。你想皇上家的誥命都給了她，還有什麼門生師母的一句空話呢？媳婦，你懂得嫁鷄隨鷄，嫁狗隨狗，須知她此刻嫁龍隨龍，嫁虎隨虎了。暫時位分所在，要顧存大局，我請媳婦你委屈一回罷！』太太起先聽到不是在妓院拜師母一番的議論，已經跼蹐不安，聽得老太太說完了，越覺得臉紅耳熱，連忙跪下道：「老太太息怒，這都是媳婦一時偏執，惹出老太太氣來。」老太太連忙攙起來……又道：「伯芬呢，也有不是之處……我親家是何等人，你大舅爺是何等身份，你卻輕嘴薄舌，拿婊子和大舅爺打起比較來。」說著，掄起拐杖，往伯芬腿上就打……。

這一段雖然很長，但讀起來如大珠小珠落玉盤一般，令人欣賞不暇，讀完幾乎也要浮一大白。吳沃堯對這一段的描寫也很得意，在小說夾注中說：「寫此段畢，曾狂浮大白，吾願讀者讀此段畢，亦浮一大白。」按：近三十年坊間印的《二十年目睹之怪現狀》，已盡將原作者的注解刪去，殊可惋惜！吳沃堯是痛恨葉伯芬這種人的，因此，他在這兩回書的結尾上說「祇須狐媚善逢迎」，「泥塗便是終南徑」，又說：「葉伯芬的曳尾泥塗大抵如此。」

聶仲芳與邵友濂都做過上海道臺，這是全國道缺中首屈一指的肥缺，自然容易得罪了人，也自然是給人造謠的對象。清朝官場中有一特例，如果把兄弟在同一省做了上司下屬，則做下屬的那一個即不想拜門最好就將金蘭帖恭繳，以示不敢與上司平起坐之意。假如做上司的那一個是開明的，講友誼的，亦將婉拒。聶仲芳、邵友濂在上海同時做官的時間極短，光緒八年（西曆一八八二年），左宗棠委聶為上海製造局會辦（總辨為李興銳，亦湖南人，是曾國藩提拔的，後來官至兩江總督），這時候，邵正實授上海道臺。光緒十年，吳沃堯從廣東到上海，進製造局工作，職位甚微，聶和邵往來，當然吳也知道的，但吳只是個小職員，對於上司的日常生活情況及社交活動，未必一定知道得很清楚，也許他摭拾耳聞的資料，寫入小說，又加以煊染、誇大，遂成這兩回書的小說了。

關於聶仲芳的母親，我且引《崇德老人八十自訂年譜》所說的交代幾句。譜云：

先姑張太夫人家本湖南安鄉籍，其祖官奉天錦州，歿後諸子奉喪歸，僑居京師。太夫人自少明敏，持門戶，理家務，皆一身任之。作男子裝，豪邁倜儻，無閨閣態。亦峯公時以舉人困春圍，留官京師（按：「困春闈」，係指他入京會試不中。因會試在春天舉行，故曰春闈。）適前姑甘太夫人逝世，求主中饋者，媒妁以太夫人生庚進，公初殊無意，屬二伯翁春帆公退還，而春帆公忘未送往也。公久而始覺，念其已久未決，難於終卻，遂毅然許之。既成婚，相敬殊甚，公一以家事委之太夫人，且謝絕友朋徵逐，未幾遂第春官，入翰林，家自茲興矣。春帆公房無後，故日後以兒子其昌嗣焉。……張太夫人素性嚴明，雖不知書而無敢欺者，然太太人對余亦鮮有疾言厲色也。（按：這位張太夫人死於宣統三年正月，享年八十四歲。二月，聶仲芳亦死，只得五十八歲。）

曾紀芬的婆婆為人，約略可見，我們從小說中見她所說的一番話，可見她是一個城府甚深。精明能幹，久經歷練的老婦。

我在上文曾說聶仲芳的官運亨通，全靠曾家提挈，現在略談一下。首先從他要跟曾紀澤出洋說起。

光緒四年，曾紀澤奉命出使英法，以妹婿陳遠濟為二等參贊官（曾紀澤陛見兩宮太后時，面對西太后說，他「敢援古人內舉不避親之例」，帶陳出洋，並說他操守廉潔，具見紀澤日記），聶仲芳也請求同去，紀澤沒有答應，是年九月十五日曾紀澤的日記云：

> 午飯後寫一函答妹婿聶仲芳，阻其出洋之請。同為妹婿，挈松生而阻仲芳，將來招必怨恨，然數萬里遠行，又非余之私事，勢不能徇親戚之情面苟且遷就也。松生德器學識。朋友中實罕其匹，同行必於使事有益。仲芳年輕而紈袴習氣太重，除應酬外乃無一長，又性根無定，喜怒無常，何可携以自累？是以毅然辭之。

日記中對於這位妹夫大有微詞，是年仲芳廿四歲，松生則已三十歲，紀澤言仲芳年輕，亦自有理的。後來左宗棠做兩江總督，安置他在營務處，每月領津貼八兩，只靠湖北督銷局那五十兩乾修為活。（光緒七年，聶仲芳往南京走門路，尚未有差事，數月後，曾紀芬携兒女往團聚，路經武漢，其時李瀚章為湖廣總督，「曾李一家」，仲芳囑其夫人經過武昌時，憑著世誼去拜候李的母親，當然談及景況不好的話，第二日，李瀚章就送湖北督銷局的乾修五十兩。此乃聶憑藉曾家的關係也）。《年譜》中光緒八年條下云：

來寧就差，亦既兩年，僅恃湖北督銷局五十金，用度不繼，遂略向左文襄之兒媳言之，非中丞公所願也。是年始奉委上海製造局會辦。進見之日，同坐者數輩，皆得委當時所謂闊差而退。文襄送客，而獨留中丞公小坐，謂之曰：「君今日得無不快意耶？若輩皆為貧而仕，惟君可任大事，勉自為之也。」故中丞公一生感激文襄知遇最深。

又，光緒十年條下云：

初李君興銳為製造局總辦，曾稟文襄。欲不令中丞公駐滬，預送乾薪，文襄拒之，並催中丞公到差，不令在寧少留。李後為人稟訐，羅列多款，文襄密飭中丞公查覆。中丞復委員密查。覆按所控，多有實據。中丞公將據以稟覆文襄，稿已成，旋又毀之，別具稿，多為李彌縫洗刷。繼而李以丁憂去，居滬病足，中丞公時往視之，未嘗以前事介懷也。

這是曾紀芬自述左宗棠提提攜聶仲芳的經過。並竭力贊美她的丈夫是怎樣的一個不念舊惡，以恕待人的君子。李興銳對聶本無成見，他只是看了曾紀澤日記中批評聶仲芳的話，就認為聶只不過是個未曾做過事的紈袴子弟，為製造局著想，最好只送乾薪到南京給他，不必叫他到上海到差。（按：五十年前中國的官場中，有「差」、「缺」之分，缺是正印官，是有個限額的，差是隨時差遣的官，人數可增可減，而且人可以不到某地當差，只領薪水，例如聶仲芳以曾家的關係，李瀚章在督銷局名下給他一個差事，只掛名，不到差而領薪水，聶則在南京另有一份差事。）左宗棠不肯這樣做，有復李興銳一信，說明他的理由云：

（上略）聶仲芳非弟素識，其差赴上海局，由王若農及司道僉稱其人肯說話。弟見其在此尚稱馴謹，故遂委之。又近來於造船購炮諸事，極意講求，機器一局，正可磨勵人才。仲芳尚有志西學，故令其入局學習，並非以此位置閒人，代謀薪水也。來書所陳曾侯舊論，弟固無所聞，劼剛聰明仁孝，與松生密而與仲芳疏，必自有說。惟弟於此，亦有不能釋然於懷者。曾文正嘗自笑坦運不佳，於諸婿中少所許可，即栗誠亦不甚得其歡心，其所許可者，祗劼剛一人，而又頗憂其聰明太露，此必有所見而云然。然吾輩待其後昆，不敢以此稍形軒輊。上年弟在京寓，目睹栗誠苦窘情狀，不覺慨然為謀藥餌之資殯殮衣棺及還喪鄉里之費，亦未嘗有所歧視也。（按：紀澤字劼剛，紀鴻字栗誠，他是光緒七年三月因考不上進士，在北京鬱鬱謝世的，年止三十四歲。是年正月，左宗棠授軍機大臣，九月外放江督）劼剛去倫敦致書言謝，意極拳拳，是於骨肉間不敢妄生愛憎厚薄之念，亦概可想。茲於仲芳何獨不然？日記云云，是劼剛一時失檢，未可據為定評。傳曰：「思其人猶愛其樹」，君子用情惟其厚焉。以此言之，閣下之處仲芳，亦自有道。局員非官僚之比，局務非政事之比，仲芳能則進之；

不能則稟撤之，其幸而無過也，容之；不幸而有過，則攻之、許之，伴有感奮激厲之心，以生其歡忻鼓舞激厲震懼之念，庶仲芳有所成就，不至棄為廢材，而閣下有以處仲芳，亦有以對曾文正矣。弟與文正論交最早，彼此推誠許與，天下所共知，晚歲凶終隙末，亦天下所共見，然文正逝後，待文正之子若弟及親友，無異文正之生存也。閣下以為然耶否耶？至於薪水每月五十兩，具稟後會銜，均非要義，弟自有此處之，不必以此為說也。

曾左交惡，始自同治初年，左宗棠每喜譏詆國藩，即對曾之屬下亦如此，但自曾死後，惓惓故人之意，時時可見，我們今日讀他這封信，覺得此老深情，待人厚道也。宗棠又說：紀澤所說的話，他未有所聞，但我對此事，在過去三十年中也曾發生過疑問，一九三三年我在上海買過一部《曾惠敏公全集》，中有《曾惠敏公使西日記》一種，是摘自曾紀澤的日記的，遍查光緒四年九月所記，並沒有批評聶仲芳之語。又過了幾年，偶然在北京東安市場的書攤，買得《曾侯日記》（是申報館鉛印本，列為叢書）一部，與前舉者互有詳略，光緒四年九月十五日，則有記其指摘仲芳這一段話，李興銳所見的大概就是這一種了。我當時頗覺得奇怪，同是摘錄自紀澤日記，何以一有一無，後來加以研究，因申報館的《曾侯日記》，是光緒七年以前出版，《曾惠敏公使西日記》出版日期稍遲（上海書局石印本），這時候大概聶仲芳已在上海稍露頭角，曾家的人應為他留點面子，便把這段刪去了。我當時曾有個願望，希望將來曾紀澤手寫的日記會問世，到時便可釋此疑團。到一九六六年我知道紀澤的孫子約農，在臺灣影印紀澤的手寫日記，連忙託人買了回來，到手來，立即檢尋光緒四年九月份的日記，奇怪，並沒有記指摘聶仲芳之語，很是失望，過了一些時日，又重新把光緒四年、五年的日記全部讀了，仍然找不到有此記事，然後才知道曾紀澤一定後來因妹夫已漸「生性」，而且也出來替皇上辦事了，不好留下這些話給子孫，傷了兩家的感情，於是把這天的日記重寫，不留一些塗抹之跡。

據曾紀芬晚年所說，光緒八年曾紀澤忽然又打電報叫聶仲芳往歐洲。《年譜》紀云：

初惠敏之出使也，中丞公本有意隨行，以陳氏姐婿在奏調之列，未便聯翩而往，不果。及本年春間來電調往，則以堂上年高，不聽遠離，余又方有身，不克同行，復不果。郭筠老曾為往復代酌此事，其手函尚在。

這樣看來，曾紀澤拒之於前，數年後又招之以往了。紀澤日記中未見有記招仲芳之語，或偶然忘記寫入，亦未可知。

左宗棠自言對待曾國藩後人，無殊子弟，語非盡虛，紀澤嘗為宗棠所奏保，謂為人才，且稱之「聰明仁孝」。光緒十一年七月宗棠死於福州，其時紀澤尚在外國，有一聯寄輓云：

昔居南國，戲稱武侯，爵位埒前賢，評將略則更無遺恨；
慟哭西州，感懷謝傅，齒牙藉餘論，登薦章而忝冠群英。

下聯則有知己之感了。又有一事可證左宗棠對曾家子弟友善，當光緒二年（一八七六年）宗棠西征時，聽說曾國荃以河道總督調任山西巡撫，他便立即上奏清廷云：「曾國荃與臣素相契洽勇，於任事，本所深知，合應仰懇天恩，飭速赴晉撫新任，冀於時務有裨。」此亦可見一斑。（同治十一年二月國藩死於南京，四月十四日宗棠家書有云：「曾侯之喪，吾甚悲之，不但時局可慮，且交游情誼亦難恝然也。已致賻四百金」。又六月十四日家書云：「曾文正之喪，已歸湘中，賻致不受，劼剛以遺命為言，禮也」）

曾紀芬記其與左宗棠見面的事，甚有趣。《年譜》於光緒八年條下云：

文襄督兩江之日，待中丞公不啻子姪，亦時垂詢及余，欲余往謁。余於先年冬曾一度至其行轅，在大堂下輿，越庭院數重，始至內室，文襄適又公出。別此地正十年，撫今追昔，百感交集，故其後文襄雖屢次詢及，余終不願往。繼而文襄知余意，乃令特開中門，肩輿直至三堂，下輿相見。禮畢，文襄謂余曰：「文正是壬申生耶？」余曰：「辛未也。」文襄曰：「然則長吾一歲，宜以叔父視吾矣。」因令周視署中，重尋十年前臥起之室，余敬諾之。嗣後忠襄公至寧，文襄語及之曰：「滿小姐已認吾家為其外家矣。」湘俗謂小者曰「滿」，故以稱余也。

曾國藩生於嘉慶十六年辛未（西曆一八一一年），至同治十一年壬申（一八七二年）死，享年六十二歲，《年譜》述其死狀，有很多是其他記載所未詳者，錄如左：

是年正月二十三日，文正公對客，偶患腳筋上縮，移時而復，入內室時，語仲姐曰：「吾適以為大限將至，不自意又能復常也。」至二十六日，出門拜客，忍欲語而不能，似將動風抽掣者，稍服藥，旋即癒矣。眾以請假暫休為勸，公曰：「請假後寧尚有銷假時耶？」又詢歐陽太夫人以竹亭公逝時病狀，蓋竹亭公亦以二月乳四日逝世也。語竟，公曰：「吾他日當俄然而逝，不至如此也。」至二月初四日，飯後在內室小坐，余姐妹剖橙以進，公少嘗之。旋至西花園中散步，花園甚大，而滿園已走遍，尚欲登樓，以工程未畢而止。散步久之，忽足屢前蹴，惠敏在旁，請曰：「納履未安耶？」公曰：「吾覺足麻也。」惠敏亟與從行之戈什哈批掖，漸不能行，即已抽搐，因呼椅至，掖至椅中，舁以入花廳，家人環集，不復能語，端坐三刻遂薨。二姐於病亟時禱天割臂，亦無救矣。時二月初四日戌刻也。余本定是年於歸聶氏，其時中丞公侍先翁亦峯公於廣東，以二月初十日啟程就甥館，至滬始聞噩耗，乃電粵請進止，時電費每字銀四元，視今日幾十倍之多。復電命仍赴江寧弔奠，並謁歐陽夫人。時藩司梅君啟照於兩家皆有交誼，故寓於其署中，未幾由藩署派小輪送至九江，換小舟取旱道回粵，抵粵甫三日，亦峯公亦棄養。初，先姑張太夫人尚未知文正噩耗，方以為新婦偕至，迓於庭中，及是亦峯公始告之曰：「曾中堂去世，未辦喜事。」自此不復能言。竟以不起，時五月二十九日也。

譜中記曾國藩、國荃兄弟事，亦甚有趣。自曾家兄弟攻入金陵後，就有人傳說太平天國諸王府的財物珍玩，多歸曾九，又說，曾九亦以一部份進獻乃兄，而以極小部份貢於朝廷諸大老，已散見於前人筆記中，久已藉藉人口，而李伯元的《南亭筆記》更說曾國荃獲得天率的東珠百餘顆，晚年因哮喘病將死，醫生配藥要用珠粉，乃碎而用之。於是世人對曾氏之富更深信不疑了。《年譜》中特著一筆，述曾氏兄弟置產事，如同治三年甲子條下云：

> 文正在軍，未嘗自營居室，惟咸豐中於家起書屋，號曰思雲館。湘俗構新屋，必誦上樑文，工匠無知，乃以湘鄉土音為之頌曰：「兩江總督太細哩，要到南京做皇帝。」湘諺謂小為細也。其時鄉愚無知可見一斑。忠襄公每克一名城，奏一凱戰，必請假還家一次，頗以求田問舍自晦。文正則向不肯置田宅，澄侯公於咸豐五年代買衡陽之田，又同治六年修富厚堂屋費七千緡，皆為文正所責。文正忠襄所自處不同，而無矜伐功名之意則一也。文正官京師時，俸入無多，每年節嗇以奉重堂甘旨，為數甚微。治軍之日，亦僅年寄十二金至家，及功成位顯，而竹亭公已薨，故尤不肯付家中以巨資。至直督任時，始積俸銀二萬金。此及薨逝，惠敏秉承遺志，謝卻賻贈，僅收門生故吏所醵集之刻全集費，略有餘裕，合以俸餘，粗得置備田宅。

又咸豐九年己未條下云：

> 忠襄公於是年構新居，頗壯麗，前有轅門，後仿公署之制，為門數重，鄉人頗有浮議，文正聞而馳書令毀之。余猶憶戲場之屋脊為江西所燒之藍花回文格也。

曾國藩是讀書學道的人，對於物質之慾較淡，曾國荃就不免求田問舍了。趙烈文的《能靜居日記》述國藩批評國荃，其語甚趣，錄之如左：

同治二年六月十七日。滌師邀至客座久譚，言及沅師收城時事，師云：「本地人尚知感激，若非各營官統領獵取無厭，豈非萬全美事。」余云：「沅師已實無所沾，但前後左右無一人對得住沅師耳。」師云：「沅浦不獨盡用湘鄉人，且盡用屋門口周圍十餘里內之人，事體安得不糟，見聞安得不陋。」……

七月二十日。少選，師亦至劇談，問沅師收城時事。余曰：「沅師坐左右之人累之耳，其實子女玉帛無所與也。各員弁自文案以至外差諸人，則置一篚，有得踝開篚藏納，客至則傾身障之，醜態可掬。」師狂笑曰：「吾弟所獲無幾，而老饕之名遍天下，亦太寃矣！」余曰：「何寃之有，自古成大事功者，孰不蒙謗……嘗見沅師專弁入京，以八百金購箋紙，京中為之沸然。凡親沅師者皆為之諱，烈則以為正沅師過人可喜之處。今沅師大功已成，群謗久亦自滅，千秋論定，究之瑕不掩瑜，何傷之有。……

《能靜居日記》曾國藩談家境及其弟有「貪名」事，如同治四年九月初十日云：

滌師招飲餞行，肴饌甚豐，談話尤暢。師自言：「未受寒士之苦，甫欲求館而得鄉解，會議聯捷入館選。然家素貧，皆祖考操持，有薄田頃餘，不足於用。常憶辛丑年假歸，聞祖考語先考曰：『某人為官，我家中宜照舊度日，勿問伊取助也。』吾聞訓感動，誓守清素，以迄於今，皆服此一言也。而家中亦能慎守勿失，自昆弟妻子皆未有一事相干，真人生難得之福。親族貧窘者甚多，雖始終未以一錢寄妻子，顧身膺膴仕，心中不免缺陷。復得九舍弟手筆博寬，將我分內應做之事，一概做完，渠得貪名，而我償素願，皆意想不到。家中雖無他好處，一年常無病人，衣食充足，子弟略知讀書，粗足自慰。」……

因問「師故鄉山甚多，亦有園池之概否？沅師所居，聞有大池，然乎？」師曰：「鄉問塘濼所時有，舍弟宅外一池，聞架橋其上，譏之者以為似廟宇。所起屋亦極拙陋，而費錢至多，並招鄰里之怨。」余問：「費錢是矣，招怨胡為者？」師曰：「吾鄉中無大木，有必攻樹或屋舍旁多年之物，人藉以為蔭，多不願賣。舍弟必給重價，為之使令者，則從而武斷之。樹皆松木，油多易蠹，非屋材，人間值一緡者，往往至二十緡，復載怨而歸。其從湘潭購杉木，逆流三百餘里，又有旱道須牽挽，厥價亦不啻數倍。買田價比尋常有增無減，然亦致恨。比如有田一區已買得，中雜他姓田數畝，必欲歸之於己，其人或素封，或無產，不願則又強之。故湘中宦成歸者如李石湖、羅素溪輩，貪田何啻數倍舍弟，而人皆不為言，舍弟則大遺口實，其巧拙蓋有如天壤者。……憶咸豐七年吾居憂在家，劼剛前婦賀氏，耦庚先生女也，素多疾，其生母來視之，並欲購高麗參。吾家人云：『鄉僻無上藥，既自省垣來，何反求之下邑耶？』對曰：『省中高麗參已為九大人買盡。』吾初聞不以為然，遣人探之，則果有其事。凡買高麗參數十斤，臨行裝一竹箱，令人擔負而走，人被創者，則令嚼參以渣敷創上。亦不知何處得此海上方。」……

曾氏昆仲性行之稍有不同，可於此見一斑。當曾國荃攻破金陵時，趙烈文在軍中為記室，為二曾所重，他所見所聞，比較親切，非一般筆記家道聽塗說，率爾操觚者可比也。

國藩持家節儉，是其家訓，他規定嫁女的奩貲不得多過二百兩，當他嫁第四女時，國荃不信有這樣的事，後來打開箱奩一看，果然不錯，認為太少了，怎夠應用呢？因此他送多四百兩。曾紀芬自述其嫁粧云：

文正婚嫁子女，不許用多金，咸豐九年在江西軍營時，六月二十四日記云：「是日己刻，派潘文質帶長夫二人送家信並銀二百兩，以一百為紀澤婚事之用，以一百五十為姪女嫁事之用。又摹本緞線縐袍褂料各一，付為紀澤製衣之用并裏。又大呢套料、羽毛紗裙料各一丈，為五十製衣之用并裏。」（見《年譜》同治五年丙寅條下。）……余之奩貲，有靖毅所遺之一千兩，及文正公薨，又各分八百兩，益以子金，粗足三千，媵遺之豐，過於諸姐，愧於文正之訓誡矣。（見《年譜》光緒元年乙亥條下。）

最有趣的是曾紀芬記她的父親在兩江總督任上時，親自定有家庭功課單，規定婦女要做一些家務，雖不是全部家務都是自己做，而絕不用僕役，但以一位身兼將相、位冠百僚的大學士、一等侯、兩江總督的家庭中而有這種功課單，現在的人當詫為奇事了。《年譜》於同治七年戊辰條下記云：

是年三月，由湘東下至江寧，二十八日，入居新督署，五月二十四日，文正公為余輩定功課單如左：（見圖）

曾紀芬嫁往聶家後，聶氏日見興盛，她所生的兒女，大都成材，且多為舊日社會上的領導人物。她死後，家人為重印年譜，改名《崇德老人紀念集》，有瞿兌之跋語，藉見曾紀芬晚年生活一斑，今摘錄如左，以結束此文。

謹案：太夫人八十以後，神明迄未少衰，每日起居皆有定程。晨起在床略進流質食物；旋閱《聖經》一節，跪伏於椅背禱天片刻，然後作字閱報。乞書者頗多，或書吉語，或書格言應之。凡書文正公忮求詩數過，至九十一歲猶作一通，筆劃謹嚴，骨肉停勻，見者皆訝異稟。……晚年以麵包乳油及小米粥為常餐，於肴饌惟擇其溫軟者略進少許，雖常年不易味，不憎其數見也。所用庖人，年老不善調味，家人或以為不堪下箸，而老人輒優容之。癸酉（按：一九三三年）春間北上作舊都之遊，先是，老人以咸豐二年出京，八十年中足跡未履京華，久有此願，至是以通車穩速，自揣精神步履，尚能遠遊，遂約親串俞曾兩家同行，北方親故多年未見，歡然相聚，寓瞿宅經月始歸。丙子（一九三六年）又遊南京……丁丑（一九三七年）上海戰事發生，遼陽路宅正當炮火，老人向不願輕動，直至戰事無可避免，始徇家人之請移寓西區巨潑來斯路，倉卒之中不能攜物，事後檢點家中所有，已蕩然空矣。老人始終處之怡然……嗣又以寓宅為房主索回，改賃靜安寺路二〇二八號，僦居逼仄，亦未曾以之縈懷。辛巳（一九四一年）春逢九十正壽，無知與不知皆以為人世希

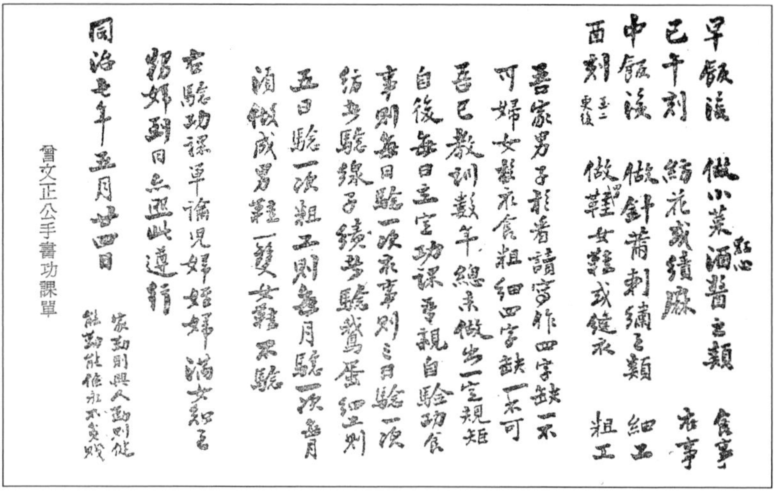
早飯後 做小菜點心酒醬之類 食事
巳午刻 紡花或績麻 衣事
中飯後 做針黹刺繡之類 細工
酉刻（三更後） 做男鞋女鞋或縫衣 粗工
吾家男子於看讀寫作四字缺一不
可婦女於衣食粗細四字缺一不可
吾已教訓數年總未做出一定規矩
自後每日立定功課吾親自驗功食
事則每日驗一次衣事則三日驗一次
紡者驗線子績者驗鵝蛋細工則
五日驗一次粗工則每月驗一次每月
須做成男鞋一雙女鞋不驗
右驗功課單諭兒婦姪婦滿女知之
甥婦到日亦照此遵行
家勤則興人勤則健
能勤能儉永不貧賤
同治七年五月廿四日

曾文正公手書功課單

有之盛事，特命止備素筵款諸至親，不許稱慶。壬午（一九四二年）春夏之交，屢患痰嗽……以後食量日減，衰象益呈……延至十一月二十三日申刻安然而逝，壽九十有一。……

清末四公子軼事——陳三立、譚嗣同、吳保初、丁惠康

高士

近人喜歡談掌故，往往提到所謂「民國四公子」。四公子這個名堂，是出在二千年前戰國時代，當時魏國有個信陵君，趙國有個平原君，齊國有個孟嘗君，楚國有個春申君。此四人者都是豪門人物，有的是金錢，所以孟嘗君能珠履三千客，上客個個客人都有大魚大肉吃，出門有「汽車」。他們雖是二世祖，但對政治有興趣，又能影響到政治，所以名噪一時，太史公作《史記》都要為他們作傳，而且描寫得很生猛可喜。

明末清末民國的四公子

自戰國四公子以後千餘年，到了明朝末葉，又出現了四公子的名目，這四人全是書生，詩文都有一手，他們是侯方域、冒襄（號辟疆，現代人多記得他，盡拜「歷史小說」及電視之賜，因為他有個侍妾董小宛之故）、陳定生、吳次尾。

明末四公子皆是有血氣的男子，對政治也有主張。這時候他們的國家已支離破碎，北方已是滿清的天下，只有南京還是明朝的庸劣無能的皇帝坐龍廷。他們在政治上的影響力雖然不大，但卻被康熙年間的孔雲亭寫入《桃花扇傳奇》裡，人人都知道明末四公子是什麼樣人了。

過了二百多年，到了清末光緒末年，又有四個大官兒的公子出現。此四人者，是湖南巡撫陳寶箴之子陳三立；湖北巡撫譚繼洵之子譚嗣同；江蘇巡撫丁日昌之子丁惠康；直隸提督吳長慶之子吳葆初。（有人說丁惠康不在四公子內，應是陝甘總督陶模之子陶葆廉。又有人說不是，丁惠康沒份兒，而是吳葆初。總之丁吳兩人似尚未能正其「名份」；不過四公子之說，是一班好事之人所傳，並非官廳批准立案，所以各張一說，愈見多采多姿了。）

清末四公子不單是文才好，而且又熱心愛國，對改革政治都抱有希望之心，戊戌政變時，譚嗣同以身殉國，陳三立因喜談新政，也被列入戊戌黨人內，得革職永不敘用處分。七八年後，雖然有赦免戊戌黨人之命，但陳三立對政治興趣大減，不想再做官了，遂以詩人終其身。吳葆初在光緒末年謝世，丁惠康在宣統初年死在北京，這兩人只是好談新政而未實行，故無什麼影響力。

到了民國十一二年間（公元一九二二——二三年），中國又有四公子的名目出現，人稱「民國四公子」，以別於戰國、明末、清末，劃清眉目。民國四公子者：廣東大元帥孫文之子孫科；東三省巡閱使張作霖之子張學良；浙江督軍盧永祥之子盧耀（筱嘉）；過氣北洋軍閥、在野政客段祺瑞之子段宏業。當時孫中山偈處廣東，手上兵微將寡，為了要摧毀直系軍閥，救民水火之中，不得不和另一派軍閥勾結，於是派孫科往杭州晤盧永祥，又往奉天晤張作霖。但後來為了保密，改在上海租界中舉行會議，段宏業、盧耀（字筱嘉，恃其父勢，一向在上海橫行，有惡少之稱）均承父命至滬為代表。

這四個公子都是庸俗不堪，張學良後來對國事有所主張，頗類譚嗣同收場，幸免身首異處，而換來四十三年軟禁失去自由，在四公子中的晚節最好。科仔則承父蔭，官居院長，「溦眷」一案，臭名遠播。四人者，僅得一人可與前代四公子媲美，其餘可謂辱沒了四公子三個大字。（中山先生死後，有人集社詩輓之，有「生兒不象賢」之句，傷心語也。）

以上是閒談，本文名叫「清末四公子」，現在就要泊入本題了。

——陳三立

四公子中，以詩文來說，自以陳三立的名氣為最大，當他八十歲生日時，他的老師陳寶琛贈詩有「餘事詩文世所宗」句，可見其成就。他是江西義寧人，字伯巖，號散原，他中進士後，在北京做京官。汪國垣《光宣詩壇點將錄》把他擬為「天魁星及時雨」宋公明。原贊云：

撐腸萬卷飢猶饜，脫手千詩老更醇。
雙井風流誰似得，西江一派此傳薪。

陳衍《石遺室詩話》對陳三立有如下評語：

散原為詩，不肯作一習見語，於當代能詩鉅公，嘗云某也紗帽氣，某也館閣氣，蓋其惡俗惡熟者至矣。少時學昌黎、學山谷，後則直逼薛浪語，并與其鄉高伯足（心夔）極相似。然其佳處，可以泣鬼神訴真宰者，未嘗不在文從字順中也，而荒寒蕭索之景，人所不道，寫之獨覺逼肖。

三立晚年隱居廬山，後來廬山變成國民黨「大粒野」的行營，那批大官僚慕名造訪，請他題詩，請他題字，他討厭極了，就遷往北平居住，他的兒子陳寅恪在清華大學教書，承歡膝下者六年，到日本寇軍攻入北平，不久後他才逝世，享年八十六歲，一說是絕食死的。抗日戰爭結束後，他的家人於一九三八年才把他的遺體移葬杭州。

陳三立早年的思想頗為「新潮」，戊戌政變前，他的詩充滿政治意味，而且還有澄清天下之志；到中年以後漸歸平淡，大有不食人間煙火之致了。現在鈔他寄黃公度一首，可說是這一時期的代表作。

千年治亂餘今日，四海蒼茫到異人。
欲挈頹流還孔墨，可憐此意在埃塵。
勞勞歌哭昏連曉，歷歷肝腸久更新。
同倚斜陽看雁去，天迴地動一沾巾。

到了晚年，陳三立不但不談政治，而且在詩文中深悔年少時那一股志士之氣，於國無補，大有今是昔非之感。一個人到了老邁，思想就會開倒車，這是很可惜的一件事。

——譚嗣同

譚嗣同是湘南瀏陽人，字復生，號壯飛。光緒帝行新政時，他是個得力的助手，後來被西太后所殺。遺著有《莽蒼蒼齋詩》。

嗣同豪放任俠，好讀書，又學佛，有新思想，所著的《仁學》，在今日看來平平無奇，但在八十年前就轟動天下了。當他辦理新政時，言論稍見激烈，又主張不用強硬手段，新政就辦不成，所以有人傳他打算叫袁世凱「清君側」，派兵圍頤和園，把西太后抓起來。袁世凱沒有幫忙他，反而入京告密，嗣同遂及於難。他在獄中的絕筆詩是寄給當時在北方有俠名之稱的大刀王五的，這首詩至今仍為世人傳誦。詩云：

望門投止思張儉，忍死須臾待杜根。
我自横刀向天笑，去留肝胆兩崑崙。

他的詩很豪邁，但有時又寫得很輕約，如〈邠州〉一首云：

棠梨樹下鳥呼風，桃李蹊間白復紅。
一百里間春似海，孤城掩映萬花中。

——吳保初

吳保初字彥復，亦字君遂，號北山。他的父親吳長慶曾駐軍朝鮮，張謇在他幕府中做事，袁世凱又是他的部將。保初年少時，讀書金陵的北山樓，故以此為號，人們也稱他為北山先生。這個公子的詩文都很好，著有《北山樓詩文集》，他的太太黃裳是合肥人，也能詩，她的遺著名《紫蓬山房詩鈔》，是一九三七年出版的。

北山在京做小官時，曾上書言變法圖張，由他的長官代轉；到庚子兩宮從西安回京以後，他又上書請西太后還政給皇帝，不要干預皇帝的行政權。這樣大膽的言論是西太后所忌的，他的長官怕因此發生大獄，不敢代他轉奏，他一怒就辭職，移居天津。

袁世凱這人是很念舊的，北山在天津的生活費全部由他照顧。北山有兩女，長名弱男，學問甚優，早歲留學日本，後來和章士釗結婚，後來在北京的章含之就是他們的女兒。吳弱男女士晚年居上海，近年才謝世。

吳北山贈章太炎詩一首，略可見其抱負，今摘錄如左：

支那有一士，戢影居越西。
結念抱冰雪，宅心高虹霓。
慷慨懷前修，惻愴憫群黎。……
賤子奮孤心，逆鱗嘗獨批。
荃莫察余情，信讒反怒憯。
邪枉固不容，悻直終見擠。……
宣尼未忘魯，子輿思王齊。
已而復已而，且俟聖人兮。

《光宣詩壇點將錄》以吳保初擬「地伏星金眼彪」施恩，注云：「北山品節極高，詩亦悲壯，遣詞命意，時近臨川，其迴腸盪氣之作，亦不亞海藏樓也。」所下評語甚恰當。此稿在《甲寅周列》登載時，章士釗認為汪國垣把他的岳丈列入步軍將校之內，頗不以為然，竭力主張應與陳三立、王湘綺等人等量齊觀；但汪以為認為吳公子的詩雖然很好，但做頭領則還尚有待，可惜他未及中壽，如果到了王、陳兩頭領那一把年紀，詩學大進，則庶幾矣。這一答卻很有幽默感，老虎總長也不再斷斷計較了。

陳衍《石遺室詩話》記吳保初有云：

（保初）以將門之子，儒雅能文，學詩於寶竹坡先生，詩中所稱師門者也。時人以君並譚嗣同、丁惠康、陳三立稱四公子。任子得官，在刑部數年，非其所好，前後與剛毅、端方齟齬，憔悴以死。……

陳聲暨所編《侯官陳石遺先生年譜》也提到丁惠康，是在宣統元年（公元一九〇九年）條下，注云：

夏，丁叔雅部郎（惠康）卒。叔雅為雨生督部公子，公嘗擬諸戰國四公子，明末四公子，而與陳散原、吳彥復、譚復生為清末四公子者也。丁氏藏書甲嶺南，叔雅既寢饋，復出交諸名流，在都兄事公。近年家中落，旅費常不給，而壁上古琴值千金，地上唾壺猶舊青花瓷。摯友曾剛甫先生每資之。隆冬無裘，不炭，積凍傷肺胃，病嗽上氣，繼以嘔逆，卒。醫藥殯殮，及歸其喪，皆曾先生一人任之。公哭之慟，有五古二首，并為撰行狀。

（按：聲暨是陳衍之子，年譜由其出名編撰，故稱石遺為公，其實乃石遺自撰，假其子名印行耳。）

——丁惠康

汪國垣《光宣詩壇點將錄》，以「地幽星病大蟲薛永」擬丁惠康。注云：「叔雅襟期高亮，詩亦如之，少與曾剛庵齊名，吐屬蘊藉，與曾詩取徑略同，但氣體差弱耳。叔雅交游遍海內，死時輓詩極多，皆足以傳叔雅也。」

丁惠康是丁日昌幼子，潮州豐順縣人，但丁日昌卻長住在揭陽。日昌官至江蘇巡撫，藏書之富，在清末是著名海內的，他的《持靜齋書目》，宋元精本不下百數十種，死後家道中落。惠康庶出，與家人不大和洽，長居北京。陳石遺和他交誼甚厚，《石遺室詩話》云：

> 丁叔雅為雨生撫部令子，標格直是晉宋間人，詩文雖未大成，而絕無一毫塵俗氣，卒年未四十。……雨生撫部精通流略，富於收藏，叔雅承其家學，淹雅閎通，詩絕無塵俗氣，早年所作，有惘惘不甘之情，晚居北都，始變堅蒼；四公子并有高名，益以感愴世變，亟瀹新知，先覺之稱，庶幾無愧。

我小時候就聽到師長和老一輩的人談到丁叔雅，但從未見過他的詩集。一九二三、二四年間，在從兄書齋中，見《訥庵詩存》薄薄一本，末附丁叔雅遺詩十餘首，原來訥庵是叔雅的哥哥，名叫乃潛。一九二五年我在暑假期間往汕頭小住，下榻自來水公司，丁訥庵也住在那裏，我們成為忘年之交。自丁日昌逝世後，打從一八八八年起，丁家已漸衰落；入民國後，持靜齋藏書流出市面，當時我還買過一部宋板《儀禮》，為趙子昂舊藏，書中有很多趙子昂的收藏印呢。

《石遺室詩話》說到丁叔雅，有云：

> 叔雅為丁雨生撫部少子，家有園林，富藏書，多精槧鈔本，旁及書畫金石瓷器，皆足雄視一時；而皆棄而不顧，一身流轉江湖，若窮士之飄泊無依者。能詩，善書，精鑒別，聲名藉甚。當世士夫無不知有丁叔雅，在同時三公子中，當兄事伯巖，弟畜彥復。後留滯京師，余識之不數年，蹤跡至相密邇，事余如兄長。余時方喪妻，君亦喪其愛妾愛子，支離憔悴，殆不可為懷。然余遇悲從中來，能痛自發洩，極之於其所往，雖根株確不可拔，亦所謂蹂躪其十二三，蓋拗怒而少息者。叔雅意既不廣，口復不能自宣其湮鬱，其不言而自傷者，臣精晤已銷亡，竟夭天年，聞者無不悼痛。年來每有所作，輒用舊紙錄存余所，若預知其將死者。……

丁叔雅死後，石遺感念故友，打算把他錄存的詩，印一小書為紀念，不知為什麼沒有實行。後來他為商務印書館編印《近代詩鈔》，才把叔雅那些遺詩編入。《訥庵詩存》所附錄的那十幾首，不知是不是從《近代詩鈔》錄入的。現在把《近代詩鈔》所載贈石遺二律如次：

〈石遺老人答以新詩覺前意有未盡重申一首〉

君為秋士悲多病，我久春明意未舒。
獨夜悽惶竅蚯蚓，盈裾塵淚泣枯魚。
繩床經案原非病，藥碗齋糜奈已癯。
萬事不如麻木好，可能言說亦刪除。

〈招石遺老人集江亭〉

精藍舊事傳江總，座上詩人是古靈。
半日浮生餘覺夢，十年小劫有孤亭。
無多名士垂垂老，如此長條故故青。
最是道心無住著，芳英滿甸眼曾經。

記辜鴻銘這個怪人

楊竹樓

三十年前，金梁寫的《瓜圃述異》有「燕山三怪」一則，三怪者是：吳佩孚、齊白石、賽金花。老實說：這三個人還未有資格稱得上怪，金梁的眼光短小，未嘗深入社會，隨便胡說罷了，倒不如他在《清史稿》為辜鴻銘立傳這個辜湯生才稱得上是怪呢？（另一怪就是金梁本人。他是滿洲駐防杭州的旗人，字息侯，溥儀曾派他做過紫禁城裏的「內務府大臣」，他卻偷了一些玉璽、龍袍、冊寶等物。後來因事為溥儀撤職，大概是東窗事發吧。近十年，他任北京文史研究館館員，一九六二年十月廿一日逝世，年八十四歲。）

《清史稿》的辜鴻銘傳

金梁「乘機搏亂」，打入清史館，大權獨攬，目中無人，搗亂一通，隨便私撰列傳，趕著印成，使既成事實，於是在民國逝世的人如張勳、林紓、辜鴻銘等也在《清史稿》佔上一個地位了。

我們且看金梁所作《清史稿》辜鴻銘傳吧。它說：

辜湯生，字鴻銘，同安人，幼學於英國，為博士，遍游德、法、意、奧諸邦，通其政藝，年三十始返而求中國學術，窮四子五經之奧，兼涉群籍，爽然曰：「道在是矣！」乃譯四子書，述春秋大義，及禮制諸書。西人見之，始歎中國學理之精，爭起傳譯。庚子拳亂，聯軍北犯，湯生以英文草〈尊王篇〉，申大義，列強知中華以禮教立國，終不可侮，和議乃就。張之洞、周馥皆奇其才，歷委辦議約、濬浦等事，旋為外務部員外郎，晉郎中，擢左丞。湯生論學，以正誼明道為歸。嘗謂歐美主強權，務其外者也；中國主禮教，修其內者也。又謂近人欲以歐美政學變中國，是亂中國也，異日世界之爭必烈，微中國禮教，不能弭此禍也。湯生好辨善罵世，國變後，悲憤尤甚，窮無所之，日人聘講東方文化，留東數年歸，卒年七十有二。（《清史稿》將辜鴻銘附於林紓傳內。）

金梁的議論和辜鴻銘的同樣是開倒車的，辜的思想，不足以影響中國，就是他所譯的什麼《四書》、《春秋》等書，在歐洲也影響不大，僅為小數所謂「漢學家」傳觀參考而已。（金梁是個沒有史才、史德的人，他寫這篇傳記，胡說八道，竟然謊洋人因為「中華以禮教立國，終不可侮。」然後那個辱國的《辛丑和約》才能完成，這種怪輪居然也入「正史」，亦咄咄怪事也！）

好辯罵世、鄙視洋人

辜鴻銘好辨，善罵世，確如金梁所言，而最令我所喜的是他在舉世捧洋人惟恐失洋人之歡的風氣中，膽敢罵洋人侵略中國，鄙視洋人，這一層確屬可愛。他少年時代就在英國的愛丁堡大學念書，回國後，才知道儘管你通五六國語言文字而對祖國的文字一竅不通，終為夷狄。他在湖廣總督張之洞幕府中辦理文案，大概是專門辦「洋務」這方面的。當光緒廿五六年間（一八九九－一九〇〇年），湖南衡州教案發生，後來議結，湖南巡撫俞廉三、衡州府知府裕慶、清泉縣知縣鄭炳皆革職永不敘用。衡州道隆文革職斬監候。這是辦理此案的人巴結洋人、教士、教民的表現，張之洞打算如此這般照辦。事為辜鴻銘所知，連忙去見之洞，請他不必怕洋人，他說：「教士在華傳教，只能『講基督道理』，不能干涉中國行政，前些時，麻城教案，就是因為教士請了保鏢同往麻城，欲佔地建造教堂，鄉民阻止，教士嗾保鏢打人，引起交涉，後來瑞典領事願息事寧人，承認教士不對。現今此案也與麻城相同，曲在教士，萬不可遷就，尤其是封疆大吏，不應因教案而輕予處分。教士皆狐假虎威，實不足懼，望大帥慎重考慮一下。」張之洞如夢初醒，於是電奏朝廷，略說俞廉三為人清廉明練，調和民教，保護周密，請薄與處分便可。這時候，李鴻章等正在北京與洋人議和，議結具奏，俞廉三革職留任，隆文遣戍極邊。

德國領事、啞口無言

辜鴻辜聽到這個消息後，雖然還是氣憤不平，但總算比較上好一些。恰好漢口德國總領事又因某事來到總督衙門辦交涉，辜鴻銘的德文差不多和他的英文一樣好，這個總領事是領教過的，但這次他到了督轅，氣燄比以前更高，眼中更瞧人不起，他以為辜鴻銘不過是一個辦洋務的文案、委員之流，現在德國的公使被義和團所殺，中國罪該萬死，我德國領事還不理直氣壯，要你們中國人賠命嗎？所以他一到了督轅的花廳就居然以戰勝者的姿態在叫囂。辜鴻銘倒也不罵他一頓，笑著問他道：「貴總領事是不是喝醉走錯了地方呢？這裏不是你的公館啊。」德總領事瞪他一眼道：「兄弟並沒有喝醉，辜先生你怎的看出我喝醉了？」辜鴻銘道；「既不是醉，為什麼在這裏搗亂咆哮，須知道這裏是總督衙門，並不是閣下的私人住宅，可以任你隨便使氣的啊！」那個總領事又瞪他一眼，冷笑一聲道：「你們的京城都沒有秩序，還說什麼總督衙門？難道京城已成了匪徒世界，總督衙門還講究規矩嗎？」辜鴻銘知道他指的是義和團殺死德國公使一事，也冷笑一聲答道：「閣下知道貴國公使現在何處嗎？」這一答是答得牛頭不對馬嘴的，德國總領事正想發發脾氣，給他提到德國公使，就乘機拍入本題，大罵中國，斥罵中國是個野蠻國家，甚至把友邦的公使也殺了。

到此時，辜鴻銘已忍無可忍，正式對總領事道：「如果敝國真有亂民殺死貴國公使，我們當然要緝兇將他正法，但閣下知道不知道，貴國公使在死前幾天，親自用手鎗殺死了幾個在路上閒行手一到上海，英國總領事先往拜訪，辜鴻銘一見面，就罵英國人怎樣不好，怎樣欺侮中國，然後又罵英國在華的領事館怎樣包庇傳教士和吃洋教的人。他滔滔不絕地罵了好一會。英國總領事對他說：「辜先生，英國人怎樣不好，傳教士怎樣不好，教民怎樣不好，這一切都是過去的事，現在說它也無益。只是你辜先生從遠路負有使命而來，我們談的是正經事要緊呢！」

英國領事不愧懂得幽默，辜鴻銘沒話可說，這次他可碰上一口軟釘子了。他是個好勝而又瞧不起洋人的中國人，不甘就此被人「幽其一默」，虧他聰明而又有辯才，忙道：「閣下要談事嗎，兄弟且說一個正經故事給閣下聽聽，然後談我們的正經事。二十年前，某國有個公使最刁蠻，自以為是強國的官員，一到了總理衙門就目中無人，正經事不談，專罵中國。那時候的王公大臣個個都怕他。某公使更自以為得意，每逢到總理衙門就罵人，人們也不和他計較，久之，也司空見慣了。一日，某公使叫他的馬車夫開馬車往郊外春遊。他的馬車夫是直隸河間人，孔武有力，他常聽人說某國公使常在衙門侮辱中國，心中不平，這次他們到了郊外，車夫認為報復大機會，就一直把馬車開到荒僻地方，突然大喝公使下車，一連把公使摑了六七個嘴巴。某公使雖是個『西方之強』，但到底已是五十開外的人怎敵得這個年青小夥子，便不敢抵抗。車夫打完後，請公使上車。公使覺得好生奇怪，問他道：『你是我僱用的僕人，膽敢打我，打後不走，還要叫我上車，送我回去，你不怕死嗎？這是什麼道理？』車夫答道：『我不怕死，我因為你們欺侮中國，我的力量又不能為國報仇，只好引你到這裏，將你薄懲一下，聊洩我心頭之恨。就算我逃走，遲早也會被官廳抓到的，不如同你一起回去，由你交官廳發落，辦我一個打官員之罪，死也死得風光。』公使上了車，一路尋思，這件事以不張揚為妙，一經張揚，就會成為笑話，傳之永久了。於是反以好言安慰那馬車夫，在荷包中拿出五兩銀子送給他買酒吃。車到公使館，某公使也沒有辦那車夫。但第二天車夫即辭職不幹了。」

辜鴻銘說到這裏，瞟了英國總領事一眼，問道：「閣下知道這個某公使是誰嗎？」總領事口雖說不知，但心裡至有數，知道這是某國公使的故事，氣為之奪，亦不敢開口了。（按：民國二年，辜鴻銘親口對林紓說此事，林即筆錄，記於《鐵笛亭雜記》中，即刊於北京《平報》，標題為〈某公使〉，今摘錄林記如下：

前三十餘年，某國公使挾其國力，頗淩蟣中國，時京師無玻璃之馬車，雖公使赫奕，出時亦以常車。有御者為河間人；被酒而尚俠。聞人言公使以力蹂踐我中國，則大怒。一日公使命車野行，御者驅至荒僻之處，叱公使下，批其頰者再。御者多力，公使不能抗，而又未挾手鎗。御者批後，請登車。公使曰：「爾奴耳，敢批我；顧既批而弗逃，仍御我歸，獨不畏刑戮耶？」御者曰：「然。我不堪爾蟣我中國至此，力又不能復，故引爾至此辱之。既辱而吾恨泄，今請歸死；逃亦為官中邏得，不如聽汝治之，我無懼也。」公使知不能屈，且引以為恥，轉笑慰之，終不付之官中，御者亦辭去。……

清朝亡後，辜鴻銘在北京仍以罵外國人為取樂之道，他的外國朋友多，因此中國的官場怕辜老頭向外國人講他們的閒話，於是對辜老頭特別尊崇敬畏。那班官僚本是見到洋人就打躬作揖，見到中國入就自尊自大的，辜老頭就最恨這些人。在北洋政府時代，外國貴人請官僚宴會，他們必定先打聽打聽辜老頭有份沒有，如果有，他們心理上就先存了威脅，不知到會時又要怎樣受辜老頭奚落，不赴會吧，又怕洋人不歡，其坐臥不安之態，實難以形容。知道辜老沒有份，他們就如釋重負了。

袁世凱死後，黎元洪做上總統，令全國為下旗志哀，並停止娛樂宴會三天，辜鴻銘聽到了，怒不可遏，罵道：「袁世凱是什麼東西！一個亂臣賊子，也值得這樣嗎？黎元洪太過不懂事了！你不准人家作樂，我偏要樂他一樂！」

老辜宴客警察無奈何

辜鴻銘連忙叫人去定了一個戲班到家裡上演，又寫帖請了二三十個客人來宴會，第二天客人來了，開席唱戲，鑼鼓喧天，值班的警察執行命令，進門勸阻，請辜先生遵守政府的命令，不要使他們為難。辜老頭破口大罵道：「袁世凱死了與我什麼相干！黎元洪偏要人替他守孝，真正豈有此理！總統既是人民所舉的，他就是公僕，你們見過僕人死了，做主人的不能請客唱戲嗎？笑話！」警察知道辜老頭不好惹的，只得賠著笑，低聲下氣的求道：「辜先生，袁總統死了，只停止娛樂三天罷了，你老人家給我們一個臉，等過了三天後才請客唱戲吧！」這一求，辜老頭更生氣了，大聲罵道：「袁世凱死，我辜鴻銘卻活著呢！今天是我的生日，我不能改到後天才慶祝的！」

警察無奈他何，又見賓客中雜著十多個洋人，便不敢再執行命令，連聲喏喏退出去，忙向京師警察總監吳炳湘報告一番。吳炳湘聽說是辜老頭的把戲，並且裡頭還牽涉到洋人，嚇到伸舌頭，對下屬們說：「不好惹，不好惹！京城地面，外國使館林立，辜老先生的外國朋友又多，認真干涉起來，一定大鬧笑話，罷休，罷休，罷休！」

辜老頭聽到後，掀髯大笑，高興起來，再續三日，鬧個不停，警察只得充耳不聞，不敢在他門前經過，這才相安無事。

許多貴人請洋客，在萬不得已時，不敢順便請辜鴻銘，恐怕他在席上又罵洋人，使主客不歡，金梁雖非大貴人，也有怕辜得罪洋人之忌。《瓜圃述異》云：

辜鴻銘博士湯生，性怪僻，好謾罵人，西人震其名，皆不敢與較。余嘗約柯鳳蓀、羅叔言公宴中外名人，議設東方學會，如鐸爾孟、鋼和泰、尉禮賢、福開森等均集。余不識西文，慮辜或失言，特囑徐森玉、沈兼士諸君代為留意。辜既自佔首座，左右顧，滔滔不絕，眾不得參一語，皆相視而笑。久之，狂態作，余詢知，已破口矣，亟起延客茗別室，辜醉呶呶猶不休也。……辜嘗譯《中庸》、《周易》等書，傳播海外，西人之尊經（讀者讀到這句「尊經」會覺得毛骨悚然嗎？——引注）實自此始。卒後，余為清史補傳，極稱之。

金梁是奉洋大人如神明的，但辜鴻銘久居外國，讀過洋書，知道洋大人的弱點，所以他「說大人則藐之」，不把洋大人放在眼內，兩人之優劣，於此可別。

兩個自取其辱的學生

辜鴻銘是懂得幾國語言文字的，大抵以英文、德文、拉丁文的認識程度為最深。因為他少年時候不懂中文，到外國讀書時，就有了拉丁文與英文的根柢。英國的大學，考入學試時，英文、希臘文或拉丁文為必考的科目，此外又要考第二種外國語文，所以辜鴻銘考愛丁堡大學時，他不懂中國語文，但已懂拉丁、德文了（中國留英學生，如懂中文，可以中文代替拉丁、希臘，因為中文也是世界古文字之一，所以中國留學生在這方面稍為佔便宜），他如果再學多意大利、法蘭西文，並不算怎樣困難。說他懂五六種外國文字，並不誇大，不過，並非是這五六種都精通，精通的只不過是二三種而已。有人說辜鴻銘在北京時，英國人來見他，他故意和英國人用法文或德文交談，弄到英國人非常尷尬（一般英國人多以為英文是「天之驕子」，不大肯學習外國語文）。遇到法國人來訪，他又故意用德語來和客人談天。他這樣捉弄外國人，不知真有其事否？不過他憎惡中國人對著中國人用英語來交談，這卻是事實。有一次辜鴻銘在北京東城一家相熟的澡堂洗澡，有兩個某教會大學學生見進門的一個老頭子怪模怪樣，背後還拖著一條小辮子，他們以為這個辜老頭是個鄉巴老，兩人便用英語來取笑辜老頭一番。辜老頭聽在肚裡，又好氣又好笑。等他們的英語「偉論」結束後，辜老頭才發出他的純正而文雅的英吉利口音，問他們是英國人還是中國人，他說：「看你們黃臉皮、黑眼睛，明明是中華民族，為什麼自己的語言不講，偏要對著自己人講英文？」辜老頭稍停一下，然後大聲叱喝道：「到底你們是外國人還是中國人，快講！」那兩個青年羞慚滿面，澡堂的浴客，個個稱快，兩個人澡也不敢洗，連忙穿回衣服走了。（這大概是一九二四、二五年間的事，北京的商學界中人多知之。辜鴻銘死後六年，北京有一個理髮師親口對我說，他受辜鴻銘的影響，曾用此法泡製一個大學生王鵬舉，附記於此，以博讀者一粲。王鵬舉是西郊某教會大學的三年級學生，一九三四年快要畢業了。這所大學以講英語出名，王鵬舉雖非華僑回國的大學生，但他喜歡和中國人說洋話。這一年，王府井大街新開一家高級的理髮店，價目表分兩種，一種用中文寫，自不在話下，另一種用英文，也不在話下，因為北京的洋人也要剪髮的。但不同的是，英文的價目表定價比中文的高一倍，中文價目表全套只收三角錢，英文的就收六角。王鵬舉和朋友在東安市場吃完午飯，經過這家新開的美白理髮店，兩人便進去理髮。他們坐下後旁若無人，互相以英語談笑，甚至理髮師同他們講話，他們也用英語回答。髮剪完後，理髮師向王鵬舉收費六角，三十年前北京的高級理髮最貴也不過三四角，收費六角是聞所未聞的，王鵬舉這才開口講中國話，問道：「你們的價目表明明是剪髮、洗頭、刮臉三角，為什麼要六角呢？」理髮師答道：「不錯，先生，中國人理髮收三角，外國人收六角，這是小店的例。」王鵬舉生氣道：「我是中國人啊！」理髮師笑著說：「先生，別開玩笑，你是外國人咧，你們進門來就講外國話，所以我們就把先生們當外國人辦，收六角。既然你肯說中國話，我們仍然當你是中國人，就收三角罷！」王鵬舉羞漸滿面，抱頭鼠竄。這個王某畢業後，在貝滿女子中學教物理，有一個時期，他住北辰宮寄宿舍，和我的房間相對，我一見到他，就想起辜鴻銘的影響之大。）

分表現在裡邊了。（見《乙酉知堂文編》九九頁。）

金梁說辜鴻銘譯《四書》、《春秋》等書，影響外國，其實影響不大，至於他的精神卻是十足表現是聽人吩咐的，周作人先生所描寫的並不錯，辜鴻銘是個十足擁護封建思想的人物，他贊成帝制復辟。（金梁在《清史稿》所作的辜鴻銘傳，說他官至外務部左丞，今查外務部自光緒廿七年成立以至宣統三年，任左丞者為瑞良、鄒嘉萊、張蔭棠、高而謙四人，辜鴻銘沒有做到那樣高的官，也許是丁巳復辟時溥儀封他的。某一年溥儀生日，辜鴻銘穿起清朝的官服欲入紫禁城叩賀，但是他在前清的官職太小，夠不上入宮叩謁，守門的護軍因為他榜上無名，不讓他進去，他在神武門外竟然大哭一場，他這一舉動也可以看出他的思想是什麼了。）嚴復、林紓都是介紹西洋思想、文學，有功於中國文化界的人，影響極大，但辜鴻銘卻沒有，因此在翻譯介紹中，他不及嚴林二人，所以他對中國的文化沒有影響力。他所有的思想，只是忠君思想，如果他拿這種思想來教中國青年接受，豈非十分危險？

一生不能忘約幾句話

辛亥革命，推翻滿清，是符合中國人民的願望，只有少數分子才反對此舉，辜鴻銘便是這一小撮中的一個。他在辛亥後常常喜歡對人談他「忠君愛國」、深惡新政府的事。他說：「宣統皇帝下詔讓位之日，沈曾植正在家中宴客，他也在座。一個僕人從外邊買了一份新出版的報紙號外，刊載清帝退位的好消息，主客見後相對愕然，個個都流淚滿面，北向三叩首。到深夜，辜鴻銘向主人告辭，並對沈曾植說：『大難來臨了，我們如何是好？』沈曾植緊緊握著他的雙手，流著眼淚對他說：『我們世受皇恩，現在到這個田地，有生之日都要忠於皇室，這就是我們報答列聖的深仁厚澤了。』辜鴻銘說，他聽了這幾句話之後，一生不能忘記。」（按：沈曾植字子培，號乙盦，晚號寐叟，浙江嘉興縣人，光緒六年進士，官至安徽布政使，是近代一位成就極大的第一流學者。王蘧常所著的《沈寐叟年譜》宣統三年辛亥條下記事云：「九月十四日浙江獨立，未幾江寧失守，時公適患瘧，聞訊力疾至滬，寓直隸路……一時滬堧達官學者，每日必詣公所，講求收拾時局大計。辜湯生□□鴻銘，欲北上商援於某鉅公，公握其手慨然曰：『豺虎從衡，去無幸理，慎自葆，我輩當圖共死之道，來日大難，自有同死之時也。』案：西本小傳云：『辜鴻銘者，為景仰先生最深切之一人。』按沈譜云：『十二月二十五日清宣統皇帝下詔遜位。』（案：是夜九點一刻下詔遜位，並命袁世凱籌設臨時政府。）」據此，辜鴻銘在沈宅宴會，當是十二月廿五日之事。他們並沒有為清朝而死，沈曾植於民國十一年安然死於上海，辜鴻銘亦於民國十七年安然死於北京，皆未達其「共死之道」也。）

辜鴻銘在死前數年，竟然也如願以償，得到他的故君「宣統皇帝」召見，使他受寵若驚，在「天威咫尺」之下，驚皇失措，連那種老氣橫秋愛罵人的態度都收斂起來了。據溥儀的英文師傅莊士敦說，民國十二年（一九二三年）下半年，溥儀特地指定御花園的養性齋給莊士敦居住，以一「外臣」居然入住宮禁，莊師傅也詫為殊榮，為中國封建帝皇未有之創舉。他說溥儀有時候也到養性齋和他吃飯。有一日，溥儀還帶了辜鴻銘到養性齋和他一同吃午飯。原來早一些時，溥儀召辜鴻銘入養心殿「獨對」，然後帶他往御花園見莊師傅的。據莊士敦所說，這一天的辜鴻銘簡直是另外一個人，大概他從來未見過「宣統皇帝」一面，也未曾被召見過一次，現在喜從天降，無怪他失去三魂七魄，在「君父」之前呆若木雞，一句話都說不出來了。莊士敦又說，辜鴻銘經此一召見之後，心裡感激到了不得，認為死也死得瞑目。這也是辜鴻銘精神表現之一。

要殺嚴復林紓謝天下

舊日中國人很重視留學生，希望他們把外國的文化介紹給落後的中國，使中國接受西方健全的文明來把國家重新建設起來，因此早期的留學生如嚴復、詹天佑等人回國後都介紹了西洋的思想和科學，影響極大。十九世紀末，中國需要的是民主思想，而辜鴻銘在此時卻大開倒車，認為要「尊王」，尊王中國才有救，與孫中山先生的革命救中國大相逕庭，到滿清覆亡，他還大吹大擂他的謬說，無怪莊士敦說他並不是第一流的中國學者了。

為什麼莊士敦說他不是第一流的學者呢？莊士敦這個人在思想上比辜鴻銘較為開明，他曾勸溥儀要注意五四運動後中國的文化界情形和當時的文化思潮，這一點總算是莊士敦有眼光之處，遠勝辜鴻銘萬萬。假如換了辜鴻銘做溥儀的英文師傅（當年曾有此擬議，後來因辜不是英國人，不能保鑣，故作罷），這個辜師傅還不是日夜以「尊王」思想灌給溥儀，那時候溥儀還不是連《新青年》

也看不到，胡適是何人他也不知道嗎？

辜鴻銘不僅仇視革命，仇視五四運動，仇視新文化運動，甚至嚴復、林紓譯《天演論》、《茶花女》，介紹西洋思想、文學，他也大罵。一九三六年四月六日，天津的《國聞周報》刊《凌霄一士隨筆》，中有一段記章太炎的學生孫至誠所述辜鴻銘軼事一則，今錄此以備讀者參考。文云：

孫思昉君書近人軼事二則見遺，甚有致，錄餉讀者：（一）辜湯生，字鴻銘，性傲兀，喜歷詆時賢。某公設宴，辜與嚴復、林紓皆在座，馬其昶亦預焉。辜大言曰：「恨不能殺二人以謝天下！」或問二人為誰，曰：「嚴復、林紓也！」嚴置若罔聞也者，林怫然問故。曰：「自嚴復譯《天演論》出，國人知有物競而不知有公理，於是兵連禍結矣。自林紓譯《茶花女》出，學子知有男女而不知有禮義，於是人慾横流矣。以學說殺天下者，非嚴、林而何？」聞者咋舌。馬私叩某公曰：「此為誰？」曰：「君不識辜鴻銘先生耶？」乃為之介曰：「此為某，彼為某。」辜曰：「去！何物馬其昶，莽大夫爾，亦集於此耶？此間無爾坐處！」以馬固袁世凱參政也。然其言議往往有談言微中者。雖通數國文字，極重國學，其論中西文化曰：「吾儒在陋巷簞食瓢飲不改其樂，西儒則高樓廣廈，乘堅策肥，而無以自樂，其長幼斷可識也。」嘗教於北京大學，有所詢，強某生起立以對，某生固不立，遂逐之。某生去，餘盡隨之去。怒曰：「禮教果墜地無餘矣！」遂去。始終辮髮不去，或勸去之，曰：「辮去而國富強，則去之；否則固不去也！」其奇特自喜如此。

辜鴻銘這種議論，在淺夫看來必然歎為有心人之言，但無非怪論而已。他胡塗到以為一個人做了袁世凱總統的參政（注意，此參政非「洪憲朝」的參政），就是「莽大夫」，大節有虧，其見解與鄭孝胥無異，怎能說他是學者？

辜鴻銘促進中西文化交流

月滿樓

辜鴻銘是福建同安人，名湯生，號立誠，自稱慵人，筆名漢濱讀易者，英文譯名作Amoy Ku（廈門辜）。他於清咸豐七年丁巳（一八五七），生於南洋，就讀於香港，根基深厚。及長，留學英國，造詣益深，精通拉丁、希臘、法、德、俄、英等六國文學。得愛丁堡大學文學碩士時，年才廿一歲。以後遍遊各國，獲得博士學位，凡十三個之多；一直到三十歲才回國，改弦更張，虔心研究四書、五經、諸子百家。由是認為我國文化的博大精深，為世界文化之冠，遂把許多典籍，翻譯成各國文字，把中國思想文化，傳播到歐美各國，使我國優美文化，發揚光大，的是近代文壇怪傑。

他雖是學貫中西，飽受西洋文化的薰陶，卻毫無崇外的觀念；反之，談到「民族精神的異同」之點，他肯定的認為：「英國人博大而不精深，德國人精深而不博大，惟有中國，既博大而又精深。」由此可見他是何等的服膺與推崇我固有文化。

與張之洞、關係密切

王亮疇（寵惠）生前曾讚佩地說：「鴻銘先生，學博中西，足跡遍天下，早歲遊學歐美，精研各種文化科目，均能擷英掇華，發其秘奧，著為宏論。曾榮獲博士頭銜，達十三個之多，其為國增光，馳譽國際，曠古未有，洵足多也。迨歸國後，專心講學。春風化雨，桃李盈門，數十如一日。更以餘閒，從事著述，獨具隻眼，尤以用西文迻譯之我國古籍多種，皆能盡信雅達能事，於中西文化交流之貢獻，厥功甚偉」。

秋浦許靜仁（世英）先生也說：「鴻銘先生，名德碩彥，久為世重，當其海外歸來，潛研漢學，客遊江湖間數十年，專心講學，以其餘閒，從事剞緝綈槧，編譯羣籍，藉抒懷抱，中文而外，著有歐文多種，風行寰瀛，一時紙貴。……」

庚子（一九〇〇）八國聯軍陷北京，慈禧太后挾光緒西奔，列強瓜分中國之說甚盛；辜鴻銘用英文撰了一文〈尊王篇〉，以尊君大義，申告於天下；此文對於和議之成，頗具有影響力。湖廣總督張之洞奇其才，羅致他入為幕僚，薦為外務部員外郎，升左丞，又先後任京師大學、南洋大學教授。服官講學廿年中，和張之洞一直保持著非常親密的關係。張與外人的交涉，以他協助的力量為最多，他也悉心為張策劃。

辦兵工廠、要找專家

漢陽兵工廠，是張之洞在湖北時所籌劃創設的，當初曾有「中國的克虜伯」之譽，規模宏大，設備齊全，出品精良，管理嚴密，在東方可算首屈一指，這一切縝密的佈置，都是辜鴻銘的策劃。在籌創之初，盛杏蓀（宣懷）介紹了一位名叫華德伍爾滋的外國人給張之洞，說是英國的兵工專家。到漢之後，見了張之洞，張很是高興，把他安頓在賓館裡，厚予招待，過了二日，張叫人傳見，戈什哈回來稟告：「那西洋人，昨天被辜師爺打發回上海去了。」張大為詫異，便請辜鴻銘來問，辜見面便說：「盛宮保薦來辦兵工廠的伍爾滋，和我敘起來，算是同校後輩，比我低了五六年級，他是學商科的，現在上海開設洋行，道地是個商人，根本不懂兵工，因此我打發他回去了。」說完光，順手從袖管子裡拿出一個洋信封，掏出一封信，說：「這裡有個威廉福克斯，是我同學，這人才是研究兵工學的，現任德國克虜伯兵工廠的監督。我國不辦兵工則已，要辦的話，就要找個這樣的專家；絕不能含糊，認為外國都是專家。盛宮保辦洋務，祇是利用洋人做招牌，不管阿貓阿狗，拿來做晃子，嚇唬朝廷，誇示新政的！」張之洞一向倚重他的，聽了他的話，便請他函邀威廉福克斯來華協助建立兵工廠。

威廉福克斯是德皇的親戚，學生時代和辜交誼深篤，得函後便來到我國，規劃籌辦兵工廠，但約明以半年為限。辜得張的同意，一切照允。福克斯到達湖北後，張之洞盛宴歡迎，洋人素好豪飲，張之洞也善飲，辜鴻銘恭陪末座，自然是盡情招待；舊雨新知，大有相見恨晚之概。席間福克斯信口縱談，把克虜伯廠的機密，通盤洩漏。言者無心，聽的人卻一一紀錄起來，不久《泰晤士報》忽然登了出來，福克斯大為驚慌，找到辜，自悔酒後失言，給記者聽了去，辜笑著安慰他，拿出柏林的電報給他看，原來福的夫人子女已應中國政府的邀請，即日首途東來。辜並告訴他，督署已在黃土埔建造豪華巨宅給他夫婦居住。福感激知遇，遂接受了總辦之命，悉心為兵工廠籌劃了。

湖北新政、辦得像樣

光緒末年，各省競辦新政，卻以湖北辦得最起勁但最像樣，張之洞對用人用錢，最是放得開手，這其中自然是得力於辜鴻銘者居多。世人但知湖北教育辦得好，是由梁鼎芬在主持，卻很少知道是辜在幕後為他做軍師的。以後，兼筦學部，奉旨釐訂學堂章程，那套「端正趨向，造就通才，忠孝為敷教之本；禮法為訓俗之方；練習技能致用治生之具。愛眾親仁，恕己及物；希賢慕善，訖於成才，為立教之大本。申其要義，以為強生於力，力生於知，知生於學」的基本原則，也是以辜氏的計劃為重點。辜平常不離口的說：「歐美主富強，務其外池；中國主禮教，修其內也。」他是力崇國教的，與張的中學為體的論調，如出一轍。

極力宣揚、孔子之教

對外國人，他更是極力宣揚「孔子之教」，滔滔之論如長江大河。日本伊藤博文於甲午後漫游旅武昌，恰好辜的《論語》英譯本完成，便送一部給伊藤。

伊藤說：「聽說你精通西洋文學，難道還不知孔子之教，能行於數千年前，不能行於廿世紀之今日嗎？」

辜說：「孔子教人的方法，譬如數學家之加減乘除，前數千年，其法三三得九；至今廿世紀，其法仍是三三得九，不能三三得八的。」

又一次，他的外國朋友在家宴客，客人中只有他一個中國人，大家推他坐首席，坐定，大家談論中西文化。洋主人問他：「孔子的教育究竟好在哪裡？」

辜答：「剛才諸君你推我讓，不肯居上座，即是行孔子之教。若照爭競原理，以優勝劣敗為主，勢必等到勝敗決定，然後定坐、然後舉箸，只恐怕這一餐大家都不能到口了。」

批評時政、一針見血

宣統二年庚戌（一九一〇），距張之洞死後的第二年，辜鴻銘著作《張文襄幕府紀聞》一書，序文稱：

余為張文襄屬吏，粵鄂相隨二十餘年，雖未敢云以國士相待，然始終禮遇不少衰。去年文襄作古，不無今昔之慨，今夏多閑，摭拾舊聞，隨事紀錄，便爾成帙，亦以見雪泥鴻爪之遺云爾。其間係慨當世之務，僭妄之罪，固不敢辭，昔人謂漆園南華一書，為憤世之言，余賦性諫野，動觸時諱，處茲時局，猶得苟全，亦自以為萬幸，又何憤焉？惟歷觀近十年來，時事滄桑，人道牛馬，其變遷又不知伊於何極，是不能不摧愴於懷；古人云：作易者其憂患乎！識者諒之。

書中評論當世人士，除誇讚曾國藩、文祥為大臣，郭嵩燾為上流人之外，其餘甚少見許；即以對於「以國士相待」之府主張之洞，亦時有微詞。對端方、袁世凱、盛宣懷等更是罵到入木三分，挖苦得淋漓盡致。除當面幽默盛宣懷「賤貨貴德」；謂端方「質美而未聞君子之道，雖屬有情，亦如水性楊花之婦女，最易為良心事。」說袁世凱則最為不堪，有「袁在甲午以前，本鄉曲一窮措無賴也，未幾暴富貴，身至北洋大臣，於是營造洋樓，廣置姬妾；及解職鄉居，又復構甲第、置園囿，窮奢極欲，擅人生之樂事，……人稱袁世凱為豪傑，吾所知者袁世凱實賤種耳」語，罵得非常苛刻毒辣。如譏誚「各督撫之好吹牛皮」；笑出洋考察憲政之五大臣為「出洋看洋畫」；指摘李鴻章為曾文正之「罪人」等等，大多是有因而發；卻不是無的放矢。至於引張爾歧《蒿庵閒話》：世人相見訴窮，便是貪欲影子，這窮字斷送多少豪傑一段，說「吾人居今之世，當以增長氣骨，開通識見八字，書諸紳以自儆。」以及說「中國自咸同以來，經粵匪擾亂，內虛外感，紛至迭乘，如一叢病之軀，幾難著手，當時得一時髦郎中，湘鄉曾姓者，擬方名曰：洋務清火湯，服若干劑未效；至甲午症大變，有儒醫南皮張姓者，另擬方曰新政補元湯，性燥烈，服之恐中變，因就原方略刪減，名曰憲攻和平調胃湯，自服此劑後，非特未見轉機，而病乃益加劇，勢至今日，恐非別擬良方不可。」一條條是道，說出當年時政扼要。那些年頭裡，弊病叢生，已臨無可救藥的邊緣，所謂預備立憲的狗皮膏，根本醫不了千瘡百孔，辜氏這一段話，真是一針見血，卻也是痛心之論。

淑姑蓉子、缺一不可

清隆裕后宣佈遜位後，他悲憤殊甚，以遺老自居，腦後髮辮長垂，寬袍大袖，一般人以狂士視之，他卻悠然自得。當他在北京大學講《易經》時，住在北平的椿樹胡同十八號一個小獨院裡，雖老猶壯，開起口來，口若懸河，詼諧百出，和後生小輩閒聊，侃侃不絕，談今說古，淵博之極。

劉二是辜老家裡佣人，跟著他幾十年，從沒離開過。一走進椿樹胡同，敲兩下門，便會有一個老頭從側門趷了出來，紅絲結頂的小帽，花白鬍子，藍布長袍，雙梁鞋，腦後垂著麻繩似的短辮。沒有見過辜氏本人的，每以為他便是學貫中西的辜鴻銘。不等你打招呼，這老頭便會很禮貌的「哦」一聲，「你是找家大人的？」辜氏也明知會叫人誤會的，因是常笑對友人說：「劉二是我的影子，我和他二人穿著打扮差不多，所不同者我有齊人之好，劉二則是皮硝李的把子。」皮硝李即李蓮英，這是說劉二打一輩子光棍，而他除大太太淑姑之外，還有日本籍的如夫人蓉子也。

淑姑夫人自幼纏就纖瘦如羊蹄般的小腳，他視如瓌寶。每於握管寫文時，偶而文思枯竭，便高喊：「淑姑，請到我書房裡來！」這太太也真是賢淑，立刻便移金蓮寸步，在書桌邊坐下，辜氏右手執筆，左手揑著那三寸金蓮，像玩佛手柑一樣，揑揑嗅嗅，於是靈感便如泉湧，下筆千言，倚馬可待。辜老對小腳的嗜好，曾戲言是一貼「興奮劑」，這話是早已傳聞士林的，他說：「小腳女士，神秘美妙，講究的瘦、小、尖、彎、香、軟、正七字訣；婦人肉香，腳其一也，前代纏足，實非虐政。」

二夫人呢，辜老視為「安眠劑」。他沒有這位夫人便「寢不安席」，一夜不在身旁，就輾轉不能入睡，通宵失眠。有一次，不知為何，把蓉子惱怒了，不許他進房，接連兩三夜，老人眼睛泛起紅絲，任他怎麼賠不是，蓉子夫人睬也不睬，晚飯一過便關起房門睡了。他實在猴急得莫可奈何了，這天的傍晚，他持了自製的釣竿，登上椅子，從窗外伸入房內案上大玻璃缸裡釣金魚，蓉子愛金魚如寶，看見這老頭在搗亂，急嚷起來：「喂，別搗蛋好嗎！怎麼在我金魚缸裡釣魚來啦？」他嘻皮笑臉說：「好人兒，你肯和我說話了！我怎敢向你搗蛋，祇不過是要釣出你的話訝！好了好了，現在該不生我的氣了。……」

見解獨特、近乎頑固

民九、十兩年間，全國各地都風湧雲起的鬧學潮，反對軍閥，辜氏對學生運動，反對最激烈，他說學生在求學時代，不宜參加政治運動，猶袁子才所說的要生子不可存有祖宗之心一般。他也討厭報紙，說「秦始皇焚書坑儒，所要焚的書，即今日之爛報紙；所要坑之儒，即今日出爛報紙之主筆，勢有不得不焚、不得不坑者。」這話以今日觀之，實在近乎荒謬頑固之至。

民國初期，盛倡一夫一妻制，對多妻蓄妾，都被指為反潮流。辜氏卻妙論稱：「妾者，立女也，當男子疲倦之時，有女立其旁，可作扶手之用；故男子不可無扶手之立女。」他把一夫多妻，喻為一個茶壺，可以配上多隻茶杯，這一類的言論，都是被人作為笑談資料的。

還有一回，在六國飯店的宴會上，有位德籍的貴婦人問他：「你主張男人可納妾，那麼女人也可以多招夫婿了。」

他卻大搖其頭說：「不行，論情不合，說理不通，對事有悖，於法不容。」那位婦人正要提出質問，他緊接著說：「夫人代步是用洋車？還是汽車？」德婦以為他另有問題提出，便答「汽車。」

他說：「汽車有四隻輪胎，府上備有幾付打氣筒？」此言一出，閧堂大笑，弄得那位貴婦人啼笑皆非。

他對自己腦後垂垂的髮辮，說是他個人獨特的審美觀念，與政治思想無關，他說：「中國之存亡，在德不在辮，辮之除與不除，原無多大出入。」其怪誕有如是者。晚年他曾到日本去講學，至民國十六年才回國，第二年老病復發去世，享年七十二歲。

血歷史227　PC1054

新銳文創 INDEPENDENT & UNIQUE

晚清遺事

原　著	高伯雨等
主　編	蔡登山
責任編輯	夏天安
圖文排版	黃莉珊
封面設計	劉肇昇

出版策劃	新銳文創
發 行 人	宋政坤
法律顧問	毛國樑　律師
製作發行	秀威資訊科技股份有限公司 114 台北市內湖區瑞光路76巷65號1樓 電話：+886-2-2796-3638　傳真：+886-2-2796-1377 服務信箱：service@showwe.com.tw http://www.showwe.com.tw
郵政劃撥	19563868　戶名：秀威資訊科技股份有限公司
展售門市	國家書店【松江門市】 104 台北市中山區松江路209號1樓 電話：+886-2-2518-0207　傳真：+886-2-2518-0778
網路訂購	秀威網路書店：https://store.showwe.tw 國家網路書店：https://www.govbooks.com.tw

出版日期	2022年9月　BOD一版
定　價	430元

Printed in Taiwan

國家圖書館出版品預行編目

晚清遺事 / 高伯雨等著 ; 蔡登山主編. -- 一版. --
臺北市 : 新銳文創, 2022.09
面 ; 公分. -- (血歷史 ; 227)
BOD版
ISBN 978-626-7128-28-2(平裝)

1.CST: 晚清史 2.CST: 近代史 3.CST: 通俗史話

627.6 111009957